潜能

CHEERS

与最聪明的人共同进化

HERE COMES EVERYBODY

MASTERS of SCALE

高成长思维

里德·霍夫曼（Reid Hoffman）

[美] 琼·科恩（June Cohen）　　　著

德伦·特里夫（Deron Triff）

毛大庆 译

浙江教育出版社·杭州

你具备高成长思维吗？

扫码激活这本书
获取你的专属福利

扫码获取全部测试题及答案
一起了解你具备高成长
思维吗

- 当你有了好的想法，应该首先告诉朋友和家人，听听他们的意见，这是对的吗？

  A. 对

  B. 错

- 女性求职网站 The Muse 的联合创始人凯瑟琳一共收到过投资人的 148 个"不"，但最终依然创业成功，其中的原因是：

  A. 运气好

  B. 坚信自己的产品没有问题

  C. 市场环境好

  D. 将每一个"不"都视为一条线索

- 在激烈的市场竞争中，初创企业最好不要：

  A. 缓慢地发展

  B. 战略性地选择正确的时机

  C. 迅速而果断地采取行动，使竞争者望尘莫及

  D. 时刻留意周边的环境变化

扫描左侧二维码查看本书更多测试题

致每一位曾经跳下"悬崖"并在降落途中建造飞机的企业家!

在创业的旅途中，遇见更好的自己

    诚如本书作者里德·霍夫曼所言，这本书将带领你完成一次创业之旅。

    全书共分为十部分。在正式开始阅读前，希望你可以先翻到目录页，按照顺序浏览每一章的标题，然后在脑海中回想自己刚刚读到的那些带有一定侵略性语气的短句……它们就像十条路标，指引着你在创业的旅程中避免迷路。

创业是一场无尽的旅行

    我经常对媒体讲的一句话是，创业没有尽头。从这个角度讲，创业和旅行很像，对于一个热爱旅行的人而言，探索未知世界中每一个隐秘角落的好奇心是不会穷尽的，总有背上行囊走出家门的第一步，也会有带着一身倦意回到家的那一刻。

走出去是开始，但归来并不意味着结束，而是下一次出发前的休整。

创业亦如是。

一开始，你总想做些什么，"改变世界"的想法或许会被人嘲笑，但至少改变现状的勇气是值得敬佩的。你的想法或许大胆，甚至被某些人认为不切实际，荒诞不经，于是他们拒绝了你。

这就是创业之旅的第一步——"将每一次拒绝视为一次机会"，也是本书首章阐述的精彩故事想要说明的道理。

遇见旅途中每个阶段的自己

随着里德·霍夫曼的讲述，你将体验到创业旅程上的快乐与辛酸。初创期：权衡粉丝与用户关系，思考如何保有初心并将其转化为深入人心的企业愿景；扩张期：读懂资金这把双刃剑的"使用手册"，把握企业规模化过程中在执念与执着之间的左右徘徊，了解追随用户并不意味着向用户妥协这一学问；成功后：当你见到这趟旅程最绚丽的风景（市占率、IPO、关注度）时，要思考如何让自己成为睿智的领导者，如何为世界创造更多有益的价值而不是成为当初自己最讨厌的那个角色……

对于里德·霍夫曼源源不断的商业灵感与旺盛的生命能量，包括我在内的很多人一直充满好奇，并为之赞叹。这位生于20世纪60年代的投资天才，比杰夫·贝佐斯（Jeff Bezos）小3岁，比埃隆·马斯克（Elon Musk）大4岁，有着那个时代美国创业者群体所特有的洞察力与敏感度。

《高成长思维》的英文版书名 *Masters of Scale*，来自里德·霍夫曼参与主持的一档经典播客节目，多年来，节目已经成为全球创业者寻找创投机会与灵感的重要资讯平台。

在此，我很高兴可以通过自己的译文，将这档节目最精华与浓缩的部分介绍给广大中国读者。

成长型思维是创业者的基本素质

做企业，最无法回避的就是"增长"，因为只有增长，才能让企业获得发展。我们将增长的概念转换到心理学的概念上，也就是"成长型思维"。

创投圈的共识是，成长型思维是创业者应当具备的基本素质，企业可以走多远，商业模式可以获得多大的成功，在很大程度上取决于创始人、决策者的成长型思维。

在心理学上，与成长型思维相对应的，就是固定型思维。

简而言之，具备固定型思维的人会认为，一切都是恒量，具备成长型思维的人则相信，有效的努力可以让我精进，正确的决策可以让企业发展。说到底，固定型思维是一种悲观心态，而成长型思维则是一种乐观而积极的心态。也就是说，具备成长型思维的人相信自己可以成长，相信自己的企业、商业模式可以发展。

接下来的问题就是，你将如何获得成长，又将如何把自认为可行的商业模式拿到市场上去验证并兑现。不但要让自己相信，还要让投资人、粉丝、家人、用户都相信你所说的和你所展示的这一切。

"里德·霍夫曼的经验分享"

一如里德·霍夫曼过往的精彩作品，本书中也准备了大量来自播客节目的鲜活商业案例，但不限于此，他还在每一段故事之后，给出了自己的独到见解——"里德·霍夫曼的经验分享"。

"里德·霍夫曼的经验分享"并非泛泛的经验之谈，也不是以过来人的语气对后辈的训导，而是丝丝入扣、有条不紊地将那些看上去非常模糊的大道理具象为一个个操作法则。如果你在读这本书时读得投入，可能会有一种让硅谷最好的投资人手把手带着创业的体验。

里德·霍夫曼说，伟大的想法都是反其道而行之。单听这句话，似乎又是一句盛行于创投圈里的"鸡汤"，但里德·霍夫曼会深入浅出地解释，到底什么样的想法才能称之为伟大，这些想法又是如何生发出来的，在生发的过程中到底发生了什么。

里德·霍夫曼会告诉你，新想法往往与传统的思维模式相悖，甚至很可能是由于其他大公司和竞争对手尚未尝试过，也可能是由于其他创业者尚未成功。他列举了谷歌的早期发展阶段、TED 演讲的传播方式，还有爱彼迎那个当初被太多人视为荒谬想法的好点子……

为什么是《高成长思维》

作为硅谷最优秀的投资人之一，里德·霍夫曼可能是世界上为数不多的懂创业者之一，他尤其理解创业过程中最大的痛点在哪里——如何将模式转化为商业。

无论是在美国还是中国，都存在着大量优秀的技术型创业者，他们的优势是技术，劣势也是技术，技术让他们创造了令人耳目一新的产品或模式，但技术也可能让他们困在自己的思路里，找不到更适合市场的商业途径，简单说，就是如何变现。

本书中，里德·霍夫曼通过大量真实发生的成功商业案例，向读者阐明了很多令人茅塞顿开的方法论。因此，书名之所以没有直译为"规模大师"，而是采用了"高成长思维"的表述，正是想向广大读者、创业者、企业家朋友们传递一种本书独有的内涵：在时间有限、条件有限、市场空间有限的情况下，如何让更多人相信并以实际行动支持与推动你的企业增长？答案就是要让自己拥有一种高成长思维。读完本书，相信你会明白，创业不是在误打误撞随缘碰运气，而是在刻意地挑战自我潜能的上限，并用更多不同视角去思考问题的本质与多元化的解决路径。

在寻找答案的过程中，永远不要固定自己的思维，永远对自己的方案保持迭代的心态，永远不要关闭批评者的大门。

实话实说，这并不是一本适合所有人的"闲书"，毕竟，本书的作者里德·霍夫曼本就不是一个闲人，他是如此忙碌而精力充沛，他将几十年的创投心路与心得归纳到点滴文字中，如果你和他一样，相信自己也是一个拥有成长型思维的人，那么，本书中呈现的那些原则与故事，将协助或激励你完善、打磨、精进自己的商业梦想。

愿你在开卷有益的过程中，成为一名对世界有益的规模大师。

持续保持竞争力的高成长思维

每个人都渴望拥有独特的影响力，尤其是对于最亲近的人，比如家人、朋友和同事。有一些人把眼光放得更高，希望能够拥有更大范围的影响力，渴望走出朋友圈，影响社区，甚至影响那些不曾谋面的人。

我们还有一些人的梦想更为远大，梦想改变世界；梦想做一些前人从未做过的事情，或者至少不要采用之前用过的方法；梦想破旧立新；梦想着商业不断进步，梦想着社会变革实现持久的快速增长。

我们梦想扩张，实现商业的再发展。

本书将告诉你，创业不仅是一门学问，也是一种心态，是一趟既充满信心又不畏失败的旅程。

作为创业者，我们认识到创业与风险并存，尤其是在新业务前景充满了不确定性，而传统思维也不再适用的时候。我们明白，创业的路上充满矛盾和意外，是一次艰难的冒险之旅，但我们也相信，每个人都有能力培养自己的创业心态，这是创业成功的基石。

当你与那些已经取得成功的创业者进行交谈时，你会发现一些反直觉的事实。通过大量且深入的交谈，我们总结出如下几条：

- 最好的创意，往往看起来最令人难以置信。
- 在创业之初就遇到阻力反而是一件好事。
- 在创业初期，从正确的人那里得到诚恳的意见，对帮助你完善想法有重大的积极影响。
- 做一些亲力亲为的"笨"事情，尤其是在创业初期，可以让你在以后实现公司扩张。
- 即使你原来设想的一切都被证明是错的，只要能接受现实并及时调整，你仍然可以实现目标。

这些宝贵的经验教训，来自本书中提到的 70 位杰出人物的亲身经历。他们都是最具代表性的、杰出的企业家，他们的公司都具有颠覆性的意义，正是这些公司，为我们的社会发展添上了浓墨重彩的一笔。

本书将与我们分享创业故事的商业代表分别是：比尔·盖茨、马克·库班（Mark Cuban）、星巴克的霍华德·舒尔茨（Howard Schultz）、奈飞（Netflix）的里德·哈斯廷斯（Reed Hastings）、苹果的安杰拉·阿伦茨（Angela Ahrendts）、谷歌的埃里克·施密特（Eric Schmidt）、雅虎的玛丽莎·梅耶尔（Marissa Mayer）、爱彼迎（Airbnb）的布莱恩·切斯基（Brian Chesky）、YouTube的苏珊·沃西基（Susan Wojcicki）、在线音乐播放软件声田（Spotify）的丹尼尔·艾克（Daniel Ek）、在线平面设计软件可画（Canva）的梅拉妮·珀金斯（Melanie Perkins）、比特币钱包 Xapo 的文斯·卡萨雷斯（Wences Casares）、内衣品牌 Spanx 的萨拉·布莱克利（Sara Blakely）、"剧本黑名单"（Black List）的富兰克林·莱纳德（Franklin Leonard）、健身课程服务商 ClassPass 的帕亚尔·卡达基亚（Payal Kadakia）、多语言学习平台"多邻国"（Duolingo）的路易斯·冯·安（Luis von Ahn）、艺术品电商平台 Minted 的玛利亚姆·纳菲茜（Mariam Naficy）、神级汉堡 Shake Shack 的创始人丹尼·迈耶（Danny Meyer）、有色人种健康美容公司沃克 & 康帕尼（Walker & Company）的特里斯坦·沃克（Tristan Walker）、设计师托里·伯奇（Tory Burch）、投资者兼慈善家罗伯特·F. 史密斯（Robert F. Smith），以及媒体专家阿里安娜·赫芬顿（Arianna Huffington）。

这些来自各个行业以及非营利组织的领导者遍布世界各地。在接下来的章节中，你可以了解他们的获胜策略和他们曾遭遇的至暗时刻。有时，你可能会觉得像是在偷听他们和里德·霍夫曼之间的私人谈话。

由于具有创业者和投资人的双重身份，里德·霍夫曼对如何创办一家公司有着切身的体会和丰富的经验。他不仅参与创办了我们这个时代最成功的一些公司，比如 PayPal 和领英（LinkedIn）。作为格雷洛克公司（Greylock Partners）的天使投资人以及后来的重要合伙人之一，他还是第一批发现爱彼迎、Facebook、星佳（Zynga）、极光（Aurora）和 Dropbox 在内的一系列范式转移类公司潜力的投资人之一；甚至，里德·霍夫曼还创造了一个新名词"闪电式扩张"，指的是将速度优先于效率以达到快速增长的目的，或称为风险智能化扩张。

作为《规模大师》播客的主持人，里德·霍夫曼推动了该节目的发展，使其成为同类节目中最受欢迎和最具影响力的节目之一，成为一个值得信赖的提供真知灼见的平台，一个令企业家和商业领袖随时可以寻求帮助的平台。

播客系列节目的粉丝都知道，《规模大师》是一个与众不同的商业播客，它有最真实的创业故事、原创音乐和丰富的幽默感。如今，它在 200 多个国家拥有数百万的狂热粉丝，75% 的收听率足以证明它是拥有全球最活跃的听众群之一的播客。

自 2017 年以来，《规模大师》成功对话了世界上最受尊敬的一群创始人，音频时长达数百小时，最终 80 多集播客节目应运而生。每一集，以一位创始人的故事和他的职业生涯为基础，分享一条创业的锦囊妙计。之后这个节目就像侦探小说一样展开，而里德·霍夫曼作为听众的向导，从受访嘉宾那里获得洞见之后，再来评估他们的创业是否可行。

《规模大师》节目的吸引力，一部分是源于里德·霍夫曼自身的创业知识能够帮助他与受访嘉宾展开深入的访谈。作为一名创业的亲历者，里德·霍夫曼与一般的主持人不同，他能够让受访嘉宾畅所欲言，谈及更具深度的话题，能够问出普通主持人想不到的问题。但是，里德·霍夫曼也认识到，这些现代商业传奇人物也是人，一些最丰富、最吸引人的素材都来自他们对人际关系、问题解决、创业的目的和意义的思考。

《高成长思维》不仅仅是一本访谈合集，与播客节目不同的是，它共分10 章，每章都有一个核心主题。这些主题会带领你完成一次创业之旅。整个旅程始于一个令人意想不到的开端，让你逐渐认识到自己的好想法，进而完成创业的早期挑战。在此期间，你还要脚踏实地地做一些"笨"事情，为真正的创业打好基础。

本书的中间部分讨论了一些实际问题，诸如如何筹集资金和应对快速增加的挑战，包括学会应对无法预期的意外和曲折，并时刻准备好进行调整。

最后几章将重点介绍创业成功之后，当你成为一名真正的领导者，当你有机会成为你周围世界中的一股向善的力量时，又会发生什么。

如果你已经开始创业，在这些鼓舞人心的故事中，你也会看到自己的故事——你的起起落落、你的奋斗和胜利，你将发现共性、归属感和勇气。

通过这些故事的综合呈现，以及里德·霍夫曼贯穿全篇又恰到好处的引导和分析，我们将看到一位企业领导者的见解是如何与他人的想法发生奇妙共鸣的。在这一过程中，还有一些商业世界之外的创作者和思想家也参与其中，他们的故事和独到见解为我们提供了不同寻常的视角。

现如今，我们比以往任何时候都需要这本书，因为我们生活在一个瞬息万变的时代，一个剧变的时期。我们的世界迫切需要具有非凡毅力又意志坚定的人来应对艰巨的挑战，来适应困难多变的环境，并为我们提供新的解决方案。

如果你想给这个世界带来一些新的东西并让它发展出一定的规模，你不一定非得是工程师或程序员，更不必是硅谷的成功人士。你甚至不需要大笔的启动资金，你真正需要的是知识、洞察力和灵感。事实上，本书中许多成功的初创公司的起步资金都不足 5 000 美元。

这就是本书提到的这些嘉宾的价值所在。阅读他们的故事，倾听他们的心声，听取他们的忠告。然后开始行动吧！

MASTERS OF SCALE

Surprising Truths from the World's
Most Successful Entrepreneurs

第 1 章

将每一次拒绝视为一次机会

我们总想尽可能快地得到"是"，
但通过"不"可以获得更多。

———————

MASTERS OF SCALE

凯瑟琳·明谢尔（Kathryn Minshew）下意识地数了数，她共遭到 148 次拒绝。那是她最初向投资者介绍她的求职网站时的情形。

> 确实有好几天，"不"的声音不断传来。我吃早餐时收到"不"，喝咖啡时收到"不"，吃午餐时还是"不"。下午 2 点，不感兴趣；下午 4 点，有人提前离开了会议室；甚至，我去喝酒的时候，似乎也能感觉到被嘲笑的氛围。当我们成功拿到种子轮融资时，我回头数了数。看着那些投资人的名字，我感到既痛苦又高兴，我记得他说"不"，我记得他们说"不"，我记得很多人说"不"。每个"不"都让人感到刺痛。

凯瑟琳是女性求职网站 The Muse 的联合创始人兼首席执行官，她的想法和许多伟大的创业想法一样，都是从创始人自身的经历中产生的。年轻时，凯瑟琳一直梦想着从事国际关系事业，希望成为"特工凯瑟琳"！但是，在美国驻塞浦路斯大使馆工作了一段时间后，她意识到自己对外交事业的幻想与现实并不相符。因此，她在麦肯锡找了一份顾问工作，一干就是三年。当她考虑重新找一份工作时，找工作的过程带给她的体验十分不好，她觉得求职网站使用起来一点儿也不人性化。

在巨兽网（Monster）这类求职网站上输入关键字，你会得到

5 724 个结果，而且它们看起来没什么差别。我觉得，职业生涯刚起步的人，一定希望在求职网站有更好的体验。

她开始与麦肯锡的前同事，也就是她未来的合伙人亚历克丝·卡沃拉科斯（Alex Cavoulacos）进行头脑风暴。她们假设："假如你创建一个求职网站，将个人体验放在首要位置会怎样？假如他们在投简历之前，可以先看看公司的办公室是什么样子会怎样？假如你协助联系求职顾问，来帮助求职者学会谈薪水、克服第一次做管理岗时会遇到的问题会怎样？如果求职者足够幸运，对于所有这些求职过程中可能会面临的问题，都会有一位导师或老板亲自指导他。"

越讨论，越清晰。凯瑟琳说："经过几个长夜的讨论，我们确信创建一个值得信赖、受人喜爱、个性化的一站式求职网站将大有可为，这个网站会专注于为职业早期阶段的人群提供建议。"

对于她们构想的这个网站——The Muse 在用户生活中扮演的角色，凯瑟琳和亚历克丝有着清晰的愿景，但这种愿景不是每个人都能看到的。

凯瑟琳开始向投资人推广时，经常会遇到几个问题。

一是大多数投资人不符合产品的用户原型。典型的风险投资人都已经事业成功，上过顶级院校，在银行或私募行业工作过，他们通常是凭着广泛而优越的社会资源获得工作，但并非每个人都如此幸运。所以，当凯瑟琳向投资人阐述她的理念时，投资人都很困惑。

二是对现状的自满。"我们遇到了很多人，他们无法超越当前的范式和做事的方式。"凯瑟琳说，"在我完成演讲之后，一位投资人打开了巨兽网表示他不明白，他认为这个网站看起来很棒了。我心想他已经 20 年没找过工作了，怎么知道它是否能满足一个 31 岁女性在职业早期到中期的需求呢？"

"不"不断地出现。凯瑟琳回忆说：

> "这对我们来说有点太早了，但请保持联系。"（不）
>
> "这个想法有点愚蠢。"（不）
>
> "太贵了。"（不）
>
> "这个平台不太技术化，也不是一个可扩展的平台。"（不）
>
> "你不担心一旦用户到了 30 岁都回家生孩子了，从而导致用户的流失吗？"（不）
>
> "我知道纽约和旧金山的女人会喜欢这个产品，但我认为在其他地方，很难找到关心自己职业发展的女性。"（不）

当你初入职场，资历尚浅，当硅谷和纽约那些最聪明、最成功的投资者对你说"不"时，你很难不怀疑自己，"如果他们是对的呢？"但你必须听从自己的直觉。凯瑟琳相信自己的直觉，她记得，当她听到这些男人对自己说"不"的时候，她会想，这些人认识很多女人吗？

凯瑟琳是对的，相比这些白种人、中年男性投资者，凯瑟琳更加了解 80 后女性，也更加了解自己的生意。在艰难的投石问路过程中，她的坚持获得了回报。网站上线之后，她的所有直觉都得到了证实："我们得到了用户的积极反馈，他们大多是 22 ～ 35 岁的女性和男性，他们没有说'不'，而是说，'我喜欢这个网站。它解决了我的问题，这正是我所需要的'。"

随着 The Muse 获得越来越多求职者和雇主的青睐，凯瑟琳开始接到很多电话。突然，两年前那些奚落她、嘲笑她的人说："与职业相关的丰富内容可以吸引专业人士，这个方法不错。"

如今，The Muse 为近亿用户提供服务。凯瑟琳赚到 2 800 多万美元，拥有 200 名员工。通常，人们能想到的仅仅是，尽管有那么多人说"不"，她还是做到了。但事实上，每一个"不"都蕴藏着一条线索，正是这 148

个"不"，最终使凯瑟琳的事业越发强大。比如，有些"不"使她更加清晰地知道哪些人是她的用户，而哪些不是；有些"不"帮助她理解竞争对手的想法；有些"不"给了她一个早期警告，从而避免了潜在的失败。在寻找投资的过程中，凯瑟琳获得了这样一张路线图，上面标明她需要绕过的每个潜在陷阱，以及可以先于竞争对手探索的未开发领域。

凯瑟琳的故事与大多数成功的创业公司的故事有许多相似之处。我们总想尽可能快地得到"是"，但通过"不"可以获得更多。

事实上，早期创业者最容易忽视的机会是从不同的"不"中收集信息。一个"不"可以把一个好创意变成一个重写游戏规则的创意；一个"不"可以让你知道你的想法有多大的潜力；一个"不"可以帮助你确定战略和目标。简而言之，"不"的背后蕴藏着巨大的宝藏。

这一章都是关于"不"的故事，以及为什么这个可怕的字眼并不总是如你想象的那般可怕。当创业者用一个想法挑战世界时，他们会遇到各种形式的"不"。值得注意的是，他们愿意倾听更多的反馈，欣然接受反对者的"不"，以便调整产品并让它更强大。

别人说"不"时，你要找到"是"

数百年来，理发师一直使用直刃剃须刀为客人刮胡须。他们好像拥有某种魔力，用一把锋利的刀片将胡须刮平抹净，不拉不扯。但问题是：自己在家里使用直刃剃须刀却很困难，你必须去理发店才不至于割伤自己。1904年，一个名叫金·吉列（King Gillette）的人有了一个想法。他看到了另一种可能性：如果把刀片放在一个套子里，再装上一个把手，是不是就可以在家刮胡子了？众所周知，这开启了大众剃须产业的发展。

但在短短几十年内，吉列有了很多竞争对手，部分原因是金·吉列失去了安全剃须刀的专利。为了脱颖而出并获得自己的专利，新入局的竞争者开始在刀身上增加越来越多的刀片。安全剃须刀从 1 个一次性刀片增加到 2 个、3 个，甚至 5 个、6 个。这种不断增加刀片的设计确实改善了男性的剃须体验，但是，多刀片设计并不适合所有人，比如对于黑种人那种卷曲的胡须，多个刀片通常会弄疼他们，造成红肿和划伤。实际上，他们的剃须体验变得更糟了。这就是 100 多年来剃须刀市场的真实写照。

特里斯坦·沃克是沃克 & 康帕尼的创始人兼首席执行官，他的产品是斜面剃须刀，一种专为质地较粗或形状卷曲的胡须设计的单刃剃须刀，其公司致力于为有色人种设计健康和美容产品。

当特里斯坦在硅谷创办沃克 & 康帕尼时，这家公司至少在三个方面显得与众不同：它是一家诞生于科技公司摇篮里的消费品公司；大多数投资者都是白种人，但它瞄准的是有色人种消费者；在一个偏爱科技首席执行官的生态系统中，特里斯坦却不是一个工程师。当然，这并不是说能在硅谷成功创业的只能是 22 岁的白种人电脑程序员，穿着沾满食物的连帽衫，但硅谷确实需要特里斯坦这样好奇心极强的人。

特里斯坦说："我想说我有一个完整的'从混凝土中生长的玫瑰'的故事。"他自称是纽约皇后区的"补贴孩子"，他们一家曾一度靠政府补贴过活。他一生只有一个目标，那就是尽快致富。

特里斯坦看到了三种致富的方法。"第一种方法是成为一名演员或运动员，但这对我来说并不可行。"他说。第二种方法是在华尔街工作，但他只是短暂地尝试了一下，就对它深恶痛绝。所以特里斯坦对自己说："我已经使用了三种方法中的两种。最后一种就是创业。在我想到这一点的那天，我向斯坦福大学商学院提出了申请。"

2008 年，特里斯坦来到斯坦福大学，并迅速融入了硅谷蓬勃发展的生态系统。当时他 24 岁，他看到其他 24 岁的年轻人不仅赚了数百万美元，而且从根本上改变了世界。他想，为什么之前他不知道这个地方？

很快，特里斯坦不仅成为一名商学院的学生，而且成为周遭每一次技术变革的主导者。他算不上什么极客，但确实对新想法很着迷。当初 Twitter 是一个仅有 50 万月活用户的社交媒体平台，他便开始对 Twitter 如痴如醉。特里斯坦表现得非常活跃，那他的同学们呢？"他们都不感兴趣。"特里斯坦说。直到看到说唱歌手麦克·哈默（MC Hammer）和特里斯坦在 Twitter 上打得火热，这些同学才反应过来。

> 我在上会计课，当时传说麦克·哈默要来学校演讲，大家都对他是否真的会来表示怀疑。我打开 Twitter，问麦克·哈默："你真的会来吗？" 30 秒后，他回复了我，我转过身对同学说："是的，他会来。看到了吗？" 得到一位白金级艺术家的回复？这让特里斯坦对自己发现趋势的能力充满信心。

> 那时，我意识到 Twitter 在信息交流方面的创新是多么重要。这是我第一次意识到看似糟糕的想法很可能是个好创意。因为其他人都在说："你为什么要泡在 Twitter 上？这有什么意义？我根本不在乎你今天早餐吃什么！"这一切都表明我必须深入研究它。

特里斯坦不仅预测到社交媒体的力量，他还学到了一个重要的本领，即相信自己的直觉。在其他人看到"不"的地方，特里斯坦看到了"是"。**在很多人都认为"不"的领域中，你越早预测"是"，你的机会就越大。**

他不仅是 Twitter 的早期用户，他还想加入 Twitter 公司。于是他开始打电话，寻找能找到的一切关系。

> 我给 20 个人发了电子邮件，但他们与 Twitter 只限于雇用的关系。

最后一封电子邮件，我发给了大卫·霍尼克（David Hornik），他是斯坦福大学的教授，也是奥古斯特资本（August Capital）的合伙人。

事实上，大卫·霍尼克是 Twitter 第一任首席执行官埃文·威廉姆斯（Evan Williams）的老朋友。在与大卫·霍尼克会面的两天后，特里斯坦收到了埃文的一封电子邮件，后者向他提供了实习机会。这是 2008 年，当时 Twitter 的员工规模是多少？总共 20 名。特里斯坦不仅早于他的同学，而且早于市场发现了 Twitter 的潜力。

在 Twitter 实习期结束后不久，特里斯坦又一次开启了他的电子邮件攻势，他"轰炸"了一家名为四方（Foursquare）的初创公司的创始人。首席执行官丹尼斯·克劳利（Dennis Crowley）回应了他。

我给他们发了 8 封电子邮件。第 8 次丹尼斯给我回了邮件。我能一字不差地记得这封邮件的内容，永远不会忘记。他说："特里斯坦，我想和你谈谈这件事。你能来纽约吗？"当时我在洛杉矶，我和妻子坐在沙发上，我想该怎么回答这个问题呢？ 10 分钟后，我给他发了一封电子邮件，告诉他我计划明天去纽约。那天晚上我订了机票，第二天早上就出发了。我和他们一起待了一周，一个月后，我开始为四方公司进行业务开发。

这让我们看到，特里斯坦不仅有先见之明，还有坚持。有些人因为运气好，偶然登上了"火箭飞船"。但是两次都能登上"火箭飞船"仅仅是因为运气好吗？当然不是，种种迹象表明，他可以发现一些同龄人不以为然的想法。就像蜘蛛侠的感应，一直有刺痛感[1]。特里斯坦有看到事物潜力的本领。当他说"是"的时候，全世界仍在大声说"不"。

---

[1] 蜘蛛侠的"蜘蛛感应"通过头骨后部的刺痛感提醒他注意迫在眉睫的危险。——编者注

2012 年，特里斯坦离开了四方公司。"我刚进入公司时，我们的平台上没有商家，没有品牌，而几年后我离开的时候，我们有超过 100 万的商家；当我开始在四方公司工作时，我们只有 3 个人，而当我离开时，我们已经有 150 人了。坦率地说，我想走出去，建立属于自己的事业。"

特里斯坦"降落"在一个完美的地方，并着手计划他的下一步行动。风投公司安德森－霍洛维茨（Andreessen Horowitz）的创始合伙人本·霍洛维茨（Ben Horowitz）邀请特里斯坦作为他们的常驻企业家[①]。他的工作就是在办公室闲逛，然后寻找创意。特里斯坦花了几个月的时间来思考自己的各种设想："我想解决货运和卡车的运输问题；我想解决这个国家和世界的肥胖问题……"

这时，一个扎心的念头冒了出来："剃须的经历让我感到很沮丧。"

更佳的剃须体验、货运、肥胖与风投的创业问题似乎不搭边，而且，听起来也不像一个想法。但是，可扩展的想法不必解决戏剧性的问题，只需解决被忽视的问题。特里斯坦越是审视剃须的历史，就越意识到有一个被忽视的人口统计学的问题。男性，他们的头发粗糙，部分人的毛发卷曲，长期以来一直生活在被剃刀划伤导致面部红肿的烦恼中，而且，他们甚至已经习惯了生活中的这种烦恼。

特里斯坦设想的不仅仅是用一个产品来解决剃刀划伤男性面颊的问题，而是作为健康和美容公司，与全球品牌（如宝洁公司）一样，努力为不同肤色的男性和女性提供更好的产品和服务。对他来说，这家公司的存在是必然的。但是，当你在一个充满白种人、男性、直发投资者的房间里进行阐述

---

① 常驻企业家英文为 Enterepreneur In Residence，简称 EIR。指的是已经具有成功创业及运营经验的创业家被吸收进风投公司，成为一名全职员工，与风投合作寻求新的商业机会。——编者注

时，很难让他们认可这些与他们格格不入的产品和服务，这与凯瑟琳在推广
The Muse 时面临的困难极为相似：投资人总是错过为陌生人群服务的机会。
对于这样的计划，聪明的风投会进行自我反省，但更多人只是无知地回答
"不"！

> "这是利基市场。"（不）
>
> "我想人们认为自己不需要这个。"（不）
>
> "这个行业是多刀片使用案例的主导，拥有数十亿美元的专利保
> 护。"（不）
>
> "在硅谷这样做太疯狂了。"（不）

通常情况下，当一个大胆的想法被提出来时，就会出现一个孤独的创业
先锋。但是在这个故事中，那个邀请特里斯坦在办公室闲逛几个月并想出大
招的人——安德森 - 霍洛维茨公司的本·霍洛维茨，让迷惘中的特里斯坦知
道自己该怎么做。

"我知道，如果我提出的想法很糟糕，本·霍洛维茨一定会告诉我这个
想法到底是否可行。"特里斯坦说，"因此，当我把最终的想法告诉本·霍洛
维茨时，他说就是它了！那一刻，我知道我该怎么做了。"值得注意的是，
本·霍洛维茨的家人都是黑色人种。

为什么这样一个简单的认可要胜过一群投资者齐声说的"不"？ 这听起
来似乎是一种奇怪的乐观反应。

简单来讲，同样是说"不"，意义却不同。"实质性否定的'不'"可以
改变你的想法；"怀疑性否定的'不'"会迫使你重新思考机会的大小。这些
都是值得倾听和学习的"不"。但是，也有一些"懒惰的'不'"，对你没有
任何意义，转身离开就好。

特里斯坦敏锐地注意到了这些"不"的区别，甚至都能精确到，在他讲到哪张幻灯片时，在哪一时刻观众不再注意他的演讲了。

当时我放了一张幻灯片，我想应该是第 14 张幻灯片，我谈到了高伦雅芙的抗痤疮系列，作为一个很好的类比，可以帮助阐述我们正在做的事情。如同露得清和高伦雅芙一样，这就是吉列和斜面（Bevel）的区别；高伦雅芙的抗痤疮系列能解决非常重要的问题。令我难忘的是，一位风投一直看着我，他说不确定我提到的这些剃须引起的问题，是否和痤疮问题一样令人困扰。在这个问题上，我表示明白他的意思，但他要做的就是和 10 个黑种人通电话，其中 8 个会说："这是我一直想解决的问题。"然后他和 10 个白种人通电话，其中 4 个会说同样的话。也可以打电话给女性，得到的结果是一样的。

当时，特里斯坦知道风投的评论与他的想法本身无关，他们只是不愿意去深入地了解，不想去做功课。"那只是懒惰，我无法理解的懒惰。"他说，"所以我一直往前走，直到找到一个能理解我想法的人。"

值得注意的是，在他们三心二意的问题中，特里斯坦发现了"懒惰的'不'"，很快，他将注意力转移到下一个投资者。在中间阶段，当问题的质量下降时，他知道真正的对话结束了，剩下的只是噪声。"硅谷的投资者会希望被投资的人能够表现出某种洞察力，比如他们能看到巨大的空白市场和巨大的机会。而对于我们来说，经过了一次次地筛选，最后 99% 的人都说'不'。"特里斯坦说，他认为风投们错过了大局。

很多人往往没有意识到，你得到多少"不"并不重要，重要的是你得到了唯一需要的、正确的"是"。

对特里斯坦来说，这个"是"来自说唱明星、投资者纳斯（Nas）。

我通过安德森 - 霍洛维茨公司与纳斯会面，我们坐在桌子的两边。我们都来自皇后区，纳斯是我一直敬仰的人，他也以发型炫酷而著称。我觉得，斜面非常适合他，所以我从这一痛点开始。5 分钟后，他投入了对话中，并想要了解下一步我们做什么。

当斜面剃须刀设计完成并准备推出时，特里斯坦向纳斯发送了一条彩信，纳斯的脸部特写被印在盒子上。他回复说："特里斯坦，在我的一生中，我一直都想成为剃须刀广告的模特。谢谢你。"特里斯坦回忆道："对我来说，这个时刻太真实了，我倍感珍惜。"

纳斯在 2016 年夏季的一首热门歌曲的副歌部分再次提及斜面，使其销售量提高了 3 倍。

在特里斯坦从投资界收到的所有这些"不"中，也许对投资者来说最尴尬的是那些误以为特里斯坦的想法太"小"的人。正如特里斯坦在 2017 年所说："很多人说我们正在努力为有色人种打造类似宝洁的品牌，似乎有色人种的市场是个小众市场。但是有色人种才是世界的大多数，如果我们是有色人种的宝洁，那么宝洁算个啥？"

2018 年，沃克 & 康帕尼公司被收购，特里斯坦继续担任首席执行官。买主是谁？正是宝洁公司！

让"不"成为创造力的催化剂

如果特里斯坦和凯瑟琳的故事让你得出这样的结论：一个有经验的白种人可以让风投更容易地说"是"，那么家庭健身和媒体公司派乐腾（Peloton）的创始人约翰·弗利（John Foley）会告诉你"不"。

事实上，约翰自认为的最重要的个人价值，即多年的技术领导经验，在投资者眼中反而是一种负担。"到了 40 岁，我已经在公司里苦干了 20 年，"约翰说，"我有足够的生活经验和足够的信心创办自己的公司。然而，在硅谷投资人的眼里我已经'老了'。"

事实完全出乎约翰的意料。按说，约翰的背景应该会吸引投资者：曾就读于佐治亚理工学院的工程专业，是哈佛商学院的 MBA，同时担任两个著名且成功的在线企业 Evite 和巴诺书店（Barnes&Noble）的首席执行官。他确信风投会青睐他，因为他的商业想法十拿九稳，十分成熟。"数据、销售额、留存率、支持者以及一切都一应俱全，"他说，"之前我认为自己是一个很好的推销员，但后来我觉得自己显然不是，因为我在这些会谈中的成功率仅为 1%。"

用硅谷的话说，约翰不仅在 40 岁时就"老了"，而且他的好创意是在非固定消费领域，因此风投很容易说"哦，不，下一个"。

在向数百名风投和数千名天使投资人推广派乐腾的三年时间里，约翰说："我没有从风投或机构筹集到一分钱。困难重重，每个人都有不同的理由。这太令人沮丧了……"

约翰成了"不"的鉴赏家，并把它们"分门别类"：

"你太老了。"（不）
"硬件是资本密集型。"（不）
"健身是一个昏昏沉沉的行业，没有软件，没有媒体，没有创新。"对此约翰会回答，"没错！我们将成为健身领域的技术颠覆者。"但得到的回答仍然是"不"。

有些"懒惰的'不'"是地理因素造成的。

"哦，你是纽约的公司。我向家人承诺过，只投加州的公司。"（不）

硅谷的许多人在很大程度上不了解高端动感单车课，因为这是东海岸精英生活模式中常见的活动。

"我们这里只有两种自行车：山地自行车和公路自行车。"（不）

其中，最夸张的一个"懒惰的'不'"是"创意虽好，但不适合我们"。有时，整个投资团队都喜欢约翰和他的派乐腾的想法，但最终还是拒绝了，因为他们只投消费互联网或医疗保健，不能告诉他们的有限合伙人他们投了一个奇怪的业务，这并不符合他们的投资理念。

对于直接面向消费者的业务，传统的风投可能持怀疑态度，这是真实存在的。因为这些品类是未知的、不可预测的。虽然他们当面不会这么说，但如果你的产品看起来不像是能为他们赚大钱的东西，他们是不会感兴趣的。

最终，约翰通过寻找其他融资方式攻克了风投和金融机构的所有"不"，用他的话来说，是"100 位天使投资开出的 100 张支票"。最终，他找到了一位叛逆的投资者，纽约老虎全球管理公司（Tiger Global Management）的前合伙人李·菲塞尔（Lee Fixel），他欣赏派乐腾的颠覆性前提，并且看到了某些可以成功的迹象，并迅速给出了"是"。

约翰最终认识到，在穿越这座史诗般的"不"的迷宫的过程中，如果他把融资目标重点放在更古怪、更特立独行的风投身上，可以节省大量时间。**与其把时间浪费在质疑者身上，不如积极寻找拥有非同凡响想法的风投。**比如像李·菲塞尔这样的投资者。

面对如此无情的拒绝，约翰怎么能坚持这么久？"是我的父母给了我信心，而且我对自己也深信不疑，"约翰说，"是信念支持我们埋头苦干。"

对于那些多年来无数次被风投说"不"的人来说，也许有一条好消息：如果风投们不认同你的想法，可能也不会为有同样想法的其他人提供资金。因此，与潜在的竞争对手相比，尽管你会有一个漫长的开端，但你终将成功。

Masters of Scale
里德·霍夫曼的
经验分享   ▶

伟大的想法通常都反其道而行之

创业和投资的第一个真理：出色的创意往往是反直觉的，它们甚至"有违常理"，似乎不仅有风险，而且荒谬可笑，它们会招致很多的"不"。

这里面有道理可循：一个新想法与传统思维相悖，很可能是由于其他大公司和竞争对手尚未尝试过，也可能是其他创业者尚未成功。当你有一个相反的、几乎每个人都说"不"的想法时，它会给你创造发挥的空间。也就是说，要创造出"大"的东西，就需要很大的空间，这就是为什么我将"逆向原则"纳入《闪电式扩张》（Blitzscaling）中的 4 个基本原则之一。同时，正确的做法会让你在创业之初就领先一步。

我们一直在用真正伟大的想法来看待这一点。在谷歌发展早期阶段，人们将搜索视为一种可怕的广告赚钱方式。因为广告投放的效果是通过页面浏览量和页面停留时间来衡量的，而搜索能做什么？其实，搜索可以让你尽可能快地访问网站，很多人不认为这是一个好的商业模式，而谷歌却坚持了这一点，并因此改写了在线广告的规则。

或者想想 TED 演讲。当《规模大师》制作团队的同事琼·科恩第一次提出将 TED 演讲放到网上时，人们普遍认为这是一个作用非常小、非常糟糕的想法。把演讲录像放到网上？谁会看？而且，免费发布内容不会扰乱原有的成本高昂的商业模式吗？但情况正好相反：TED 演讲立即产生了病毒式传播，需求量暴增，以至于门票价格在随后的几年中上涨了 5 倍，达到了 1 万美元。

或者以爱彼迎为例：一开始，爱彼迎的概念似乎很荒谬，谁会愿意把家里的空房间租给一个陌生人住一晚？有人要去一个陌生人家里租一个房间吗？这个怪胎是谁？当你的新想法远远超出人们对事物运作的传统理解时，聪明人会告诉你：根本不可能。但是，聪明人就一定对吗？他们很可能是错的。

因此，如果你提出一个反直觉的想法，一个挑战现状的想法，想以一种不同的、更好的想法做事，那你就需要做好准备，从一连串的拒绝中学会承受、学会成长。当你听到"不"时，就去寻找其他"是"的迹象。

最好的想法介于"不"和"是"之间

"不"有多种形式，每种形式都有自己的内容。即使人们同时说"是"和"不"，你只需要知道如何识别"不"中的内容。

每一位企业家都有一个关于人性的基本理论来指导他们的工作。里德·霍夫曼的观点是：人们从他人那里得到意义与快乐。因为，人类是群居动物，其中一些人是内向的，一些人是外向的（顺便说一句，里德·霍夫曼认为自己是一个六人外向者 ① ），我们中的绝大多数人都是从周围人中获取快乐与意义的。

2002 年，领英刚开始推出时，里德·霍夫曼知道自己想建立一个平台，利用人与人之间的联系，让他们的生活更有意义和满足感。他确信，真实的身份和真实的人际网络将会成为寻找机会的平台。在人们上网的所有诉求中，找工作是最为紧迫的一个。因为人们在找工作的时候最有动力去尝试新东西。

里德·霍夫曼在寻找一种能够将这个想法实现最大化、最具变革性的途径，他能想象出投资者会有截然相反的反应，有些人会说："我明白了！"但很多人会说："你疯了。"

里德·霍夫曼完全清楚领英的价值。但一开始他与周围的人谈论领英的时候，却没有人感兴趣。人们直截了当地告诉他："不知道你在说什么。"因此，里德·霍夫曼得到的"不"达到了一个惊人的数字。他听到有人说："这是为那些喜欢交际的人提供的服务吗？如果是的话，肯定不适合我，有时社交就像牙线一样，我知道它很重要，但我不喜欢，能免则免。"

2002 年，人们还没有完全理解，一个社交平台，比如领英，如何帮助人们建立真实的人际关系，并改善糟糕的社交体验。每个人似乎都认为领英的社交方式对于其他人来说也许是个好创意，而对于自己却不是。领英一次又一次地听到"不适合我们"的响亮声音：年轻人会说，这对经验丰富的专业人士来说是一项有价值的服务；经验丰富的专业人士会说，这对年轻人来说是一项很好的服务；技术专家认为这是对传统产业的服务；传统产业认为这是为新兴的科技产业服务的。

里德·霍夫曼和他的联合创始人必须决定，如何应对他们听到的那些从

---

① 此处的六人为泛指，意思是里德·霍夫曼在小圈子里更外向，更自在。——编者注

中性到负面的反馈。"我们是应该停手，还是实现它？"当他们仔细聆听各种反对意见和矛盾时，感到非常疑惑。

例如，领英团队一直在激烈争论是应该关闭他们的网络注册，用户只能通过推荐加入，领英则为联系提供便利（在某种程度上，最初的领英成员群里的成员彼此都认识，都是创始团队邀请的），还是应该开放，人们可以自己注册，然后自己发送邀请。事实上，在所有矛盾的反馈中，既没有强烈的赞成者，也没有强烈的反对者，这表明人们并不清楚领英的价值。这让他们有勇气尝试更激进的路线：开放网络。

虽然开放网络从一开始就没有排他性，但是开放网络有一个优势，建立一条尽可能快的路径，让一组用户说："我相信这个网络可能对其他人有价值。"然后与他人分享。

因此，里德·霍夫曼和团队全力以赴建立一项服务，使用户可以公开分享他们的专业信息，扩大他们的专业网络。领英似乎创造了一个病毒循环式的传播方式，让人们一次又一次地介绍朋友来使用。随着病毒循环式传播的全面展开，领英的用户数量增加到 5 亿，收入超过 60 亿美元。2016 年，微软以 262 亿美元收购了领英。

Masters of Scale
里德·霍夫曼的
经验分享 ▶

寻找"犹豫的'不'"

当我向格雷洛克的合伙人提出一个想法时，他们都说："太好了！我们应该这样做！"我的回答是："哦！"当你有一群高智商、老练精干的投资者，却没有人提醒你："小心！"我就知道这太容易了。

一方面，获得一致认同，说明这个创意显然很好，我已经能听到竞争对手踩踏我的希望之火的声音，一致看好是一个令人担忧的迹象。另一方面，我不希望每个人都说："里德，你疯了。"如果与我交谈的每个人都认为这是一个糟糕的创意，我会想：难道我被灌了某种迷魂汤？

我想要的是极化反应，想要的是有些人说："你疯了。"有些人说："我觉得很不错。"

以我投资爱彼迎的决定为例。大卫·史（David Sze）是我在格雷洛克的合伙人，他认为我在这项投资上犯了一个巨大的错误。我记得他对我说："好吧，里德，每个风险投资人都会有一个不起作用、用来交学费的交易，而爱彼迎就是这样的交易。"需要说明的是：大卫·史是一个超级聪明的风投。他投资了领英、Facebook和潘多拉（Pandora）。仅他个人就向格雷洛克的基金返还了25亿美元。所以我仔细权衡了他的反对意见。如果像大卫·史这样聪明的人对我说"不"，我会担心，但我也很兴奋，因为也有可能我是对的。这是我期待的极化反应。

另一件我期待的事是"犹豫的'不'"。当你把你的想法带给潜在的投资者，你希望看到他们中至少有一小部分人在"犹豫"。你不必让他们回答"是"，但希望在他们推理为"不"的过程中，你能察觉到他们内心的某些矛盾和纠结。这个"犹豫的'不'"介于"不"和"是"之间，是一个线索，通过它你可能会发现一些真正重要的事情，因为最好的想法会让人们同时想说"是"和"不"。对包括投资人在内的每个人来说，这都是一次情绪过山车。

至于爱彼迎的投资呢？这算是一个不错的赌注。

从"不"中找到你做对了什么

"我对无糖饮料上瘾,"卡拉·戈尔丁(Kara Goldin)说,"我喝的是无糖饮料,但减肥还是失败了。我每天锻炼 30 到 45 分钟,却长了可怕的粉刺,还感觉没有精神。"当卡拉放弃了无糖饮料,开始喝白开水时,一切都得到好转。

喝了将近一年的白开水后,她感觉比以往任何时候都好,但她厌倦了这种味道,或者更确切地说,厌倦了毫无味道的感觉。为了说服自己多喝水,她把新鲜水果扔进一杯水中。她在想:为什么没有人卖这种饮料呢?为什么市场上没有这样的产品?于是,她决定亲自去开发这个产品,看看到底会发生什么。

卡拉开始研究一种不含糖或防腐剂的饮料配方,并开始与潜在的合作伙伴和投资者会面。在一次决定命运的会议上,饮料行业的一位大佬给了卡拉一个明确而不屑一顾的"不",但在不知不觉中,他也给了卡拉最好的建议。

卡拉向他游说这款产品是只加一点儿香料的纯天然饮料,他的回答是:"宝贝,美国人喜欢甜食。"暂且不说在商业环境中称呼他人为"宝贝"是多么不合适,仅就这轻慢的语气,让卡拉眼前一亮。她意识到,这位派头十足的大型饮料公司的高管的决策是基于这样一种假设,即美国人对不甜的瓶装饮料不感兴趣。

有些人可能会认为这是一个简单的否定或直接的拒绝,但卡拉认为这个"不"是一个礼物,它传递了一个重要的信息:饮料公司将保持它的"甜蜜",让卡拉有机会拥有"不甜蜜"。"我看到他们走偏了,"她说,"在他们纠偏之前,我需要加油,发展这项业务。"

结果,卡拉的反对者错了,卡拉一年从该产品中赚取了 1 亿美元。这就是现在摆满大大小小杂货店过道的水饮料（Hint Water）的收入，是每年从那些甜食至上的美国人那里获得的收入。饮料公司的高管漫不经心地否定了卡拉的想法，这是一个"肯定的'不'"，这个"不"可以确切地告诉你为什么你是对的。不要总是相信反对者，而是要仔细倾听，因为他们可能会在不经意间加速你发展的步伐。

"我一路上遇到许多企业家，他们感到很挫败。他们和行业里的某某某都谈过，这些人都认为这是个差劲的创意。"卡拉说，"一家大公司说你错了，或者对你说这不是一个好创意，并不意味着这真的是个糟糕的创意。事实上，你可以从这些高管那里获得一些宝贵的信息。这些信息恰恰可以证明你所做的事情是多么的与众不同，并促使你真正付诸实践。"

当然，并非只有企业家才会遇到专家们的反驳。凡是有与众不同的想法的人都会有类似经历，安德烈斯·鲁佐（Andrés Ruzo），一位研究自然能源的国家地理探险家和地质学家就是例子。

2010 年，安德烈斯开始寻找一个从未被记录的传奇。他的祖父来自秘鲁，曾给他讲过许多西班牙征服秘鲁时期的传说：可以生吞活人的巨蛇，手掌大小的食鸟蜘蛛，被划一个小伤口就能致命的毒箭和背着它的战士之类的神奇故事。在安德烈斯听到的所有传说中，最吸引他的是一条河的故事。

"我曾经的每一位同事，共事过的每一位地质学家，都被我问过是否听说过亚马孙河流域中部的一条沸水河，那是一条很大很大的河。"大多数人会持怀疑态度。但安德烈斯是在秘鲁和尼加拉瓜之间的地区长大的，他对亚马孙河如痴如狂。作为一名科学家，他相信沸水河的存在，找到它意味着可以获得一种清洁的、自然循环的几乎无碳的能源。

一次在一家矿业公司做完演讲之后，安德烈斯与坐在后排的一位年长的地质学家聊天。"我问他是否知道沸水河。他的回答是：'安德烈斯，你的地热工作很有趣，很有创意，但不要问愚蠢的问题。'无奈，我灰溜溜地走出了会议室。"他回忆说。

安德烈斯花了整整两年的时间，向各行各业的专家们提出了同样的问题，他听到了我们在本章中谈到的"不"的每一个变体：这太疯狂了，那太愚蠢了，那是愚蠢的事，不要浪费我的时间！但他从未放弃，最终，他发现了传说中的沸水河 ①。

今天，安德烈斯正在研究这条河流，了解驱动它的热液系统，以及生长在其中的独特微生物。他还投身于保护正在迅速消失的秘鲁雨林以及相关的人类文化的工作，努力避免滥砍滥伐的发生。

对于企业家和有着离群想法的人来说，从安德烈斯的戏剧性故事中可以得到很多启发：很多人跟你说"你疯了"，让你对原本深信不疑的一切产生怀疑。**你不能让"不"统治你，而要让"不"为你加油**。在"说'不'"的例子中，反对者带给你的更多的是他们自己的假设，而不是世界实际运行的真相。对于你机敏的耳朵来说，他们的"不"应该听起来像"是的，传统思维忽视了这个机会"。

从"不"中找到你做错了什么

这是典型的创业英雄之旅：你有一个想法，并艰难缓慢地去实现它，其间要忍受无休止的"不"，最终你获得了投资，成功地创办了一家企业，并向你的批评者证明他们是错的。

但是，如果你的想法真的非常糟糕呢？如果说"不"的人是对的呢？

———————————
① 你可以在他的著作《沸水河》（*The Boiling River*）中读到更详细的内容。

1996 年的一个下午，马克·平卡斯（Mark Pincus）和他的商业伙伴苏尼尔·保罗（Sunil Paul）站在纽约市的淘儿唱片行（Tower Records）外，向路人提供免费电脑。这是一个聪明但非传统的方式，来向纽约人推销他们下一个创业公司的想法：一台内置互联网接入的计算机。

马克·平卡斯确信玩转互联网这件事"对消费者来说太难了"，他想到了一种一体式设备，可以让人们轻松上网。通过免费电脑快速、无障碍地接入互联网。谁能对此说"不"呢？

事实是所有人都说"不"。马克·平卡斯一个"是"也没有得到。有些人拒绝免费的个人电脑，因为他们觉得马克·平卡斯是个骗子；有些人拒绝的原因更简单：他们对于买一台新电脑根本不感兴趣。"阻止人们购买新电脑的首要原因是不想重装软件、孩子的游戏和其他应用程序，"马克·平卡斯说，"我想，这个问题应该可以解决。"

但是，要解决这一特殊问题，马克·平卡斯就要承认一体化互联网理念是行不通的，所以他放弃了。

想法可能落空了，但他的直觉依然强烈，他发现在帮助用户提升使用体验方面蕴藏着一个巨大的机会，这促使他创建了一款名为 Move It 的软件，可以帮助人们将数据轻松地转移到一台新电脑上。而这一核心技术又成为他下一个大创意 Support.com 的基础，即技术支持和云服务的先驱。正是由于马克·平卡斯听取了批评意见，并利用这些信息反复迭代他的想法直至成功，否则，这一切都不会发生。

这并不是马克·平卡斯最后一次从"不"中学到东西，继 Support.com 之后，在他的初创公司中，类似的情况再次发生。2003 年，他创立了早期名为 Tribe 的社区平台，与 MySpace 诞生在同一年，比 Facebook 早一年。

马克·平卡斯回忆说:"我那时 30 岁出头,我想大家都生活在城市部落中,就让我们在网上把这些记录下来吧。"于是他问自己,如果我们能彼此建立联系,然后利用它找到公寓、工作、沙发和汽车,那会是什么样子?

虽然 Tribe 最初并不针对社会的特定阶层,但事实证明,它在某些亚文化中非常受欢迎,其中最著名的群体是参加了在内华达州布莱克罗克沙漠举行的"火人节"①的人们。

虽然 Tribe 拥有一小众死忠用户群,但它未能吸引更多的普通用户。回首往事,如果马克·平卡斯听到那个决定性的、坚定的"不",他本可以扭转局面。

"我当时的女朋友对 Tribe 失去了兴趣,"马克·平卡斯说,"她在 Tribe 上收到了很多不请自来的信息和关注,这把她吓坏了。她觉得这不适合她。"

值得注意的是,一个诚实的伴侣几乎总是你最好的想法和批评的来源。但是马克·平卡斯却忽视了这个反馈,而是把它作为一个焦点问题记了下来,因为他不愿意为这种主流群体的诉求而改写 Tribe,最终它失败了。

这段与 Tribe 有关的痛苦经历让马克·平卡斯刻骨铭心:"我们在创业过程中要学会区分成功的直觉和失败的想法。根据我的理解,如果你是一个好的企业家,你可以假设你的直觉有 95% 是正确的,你的想法有 25% 是正确的。"

马克·平卡斯说,从这一认识中他产生了一种"我不拘泥于任何想法"的心态。"不管是我的,你的,还是别人的。我会尝试它,也会扼杀它,并且会很快扼杀它。但我不会因为扼杀一个想法而扼杀了成功的直觉。"

---

① 在内华达州布莱克罗克沙漠举行的年度聚会以其反主流文化创意而闻名。

识别成功的直觉和扼杀或重新定义失败的想法是成为成功企业家的必备能力。时间是你最宝贵的资源，不要把时间浪费在一个没有意义的创意上。当你意识到反对者可能是对的，他们的"不"可以帮助你从失败的 A 计划转向更有希望的 B 计划。

Masters of Scale
里德·霍夫曼的
经验分享 ▶

在应该说"是"的时候说了"不"

无论多么聪明老道的投资者都有一个"失策清单"，即他们当初没有投资、但后来取得了巨大成功的公司名单。当他们应该说"是"的时候，却说了"不"。

Etsy 就是其中之一。在 Etsy 的早期，Flickr 的联合创始人卡特琳娜·费克（Caterina Fake）把它作为天使轮的项目介绍给我，而我一直后悔错失了它。

在我的理解中，网站是售卖手工制品的，而手工制品实际上是不可扩张的。在我看来，你要么创建街角书店，要么创建亚马逊；你要么成为一名美食巧克力师，要么去做新的歌帝梵（Godiva）或雀巢。所以我当时的反应是，"嗯，Etsy 很酷，但这不是一个好的投资"。毕竟，即便你可以雇用一群人来制作手工制品，但他们又能做多少呢？如何发展这项业务？它可扩展性如何？

我的错误是没有意识到，一旦进入互联网的世界，人才库会比我意识到的要大得多。与旧金山的美食巧克力店不同，Etsy 更像是一个在线市场，你可以从一个城市中任意的美食巧克力店或家庭巧克力制造商那里订购。如果我意识到这一点，我可能会说："能早点投资它可真棒。"

卡特琳娜在这一点上是对的，因为她在寻找与众不同的迹象，她在 Etsy 上看到了一种反主流文化运动的雏形，一场即将浮现规模的运动，它重视自制、手工和本地化。

当卡特琳娜仔细观察前 2 000 个 Etsy 卖家时，她看到的不仅是殷勤的商人，还有热情的社区成员，Etsy 展示了社区繁荣的所有迹象。

我眼中的 Etsy 仅是个小摆设，因为我没有看到它背后的网络，这让我遗憾不已。

尽可能地倾听"不"的声音，并善加利用其中建设性的、诚恳的批评，不过规则总有例外的情况。

萨拉·布莱克利的创业之旅始于她剪掉连裤袜的袜脚。当她着手实现 Spanx 的时候，做样衣、优化改进、申请专利、推广宣传样样不少，唯独一件事她没有做。

整整一年，她都没有告诉朋友或家人她的想法。

这是一种智慧。事实上，接受反馈，尤其是接收负面反馈，是成功拓展想法的重要因素，但并非所有的反馈都有这样的效果。你最好尽早从外部专家那里得到建设性的反馈，而不是听从你的核心圈子里的声音，因为后者可能会为了保护你避免失败，而在无意中给你泼冷水。

我不想告诉朋友和家人，是因为我不想过早地让自我意识参与这个过程。因此，对生活中的每个人，我都是保密的，不寻求验证。但我与制造商、专利律师以及能够帮助我推动这一进程的人分享了我的想法。因此，我没有把第一年的宝贵时间用来解释和捍卫我的想法，而是花时间去追求它。

并不是萨拉·布莱克利不接受意见，而是她知道去哪里寻求有帮助的意见，比如那些了解商业的来龙去脉的人，同时也知道要避免收到不利的批评。

"一个想法在襁褓时是最脆弱的，"萨拉·布莱克利说，"这也是人之常情，当我们有一个新想法时，就想立即向同事、朋友、伴侣或老板说这个想法。出于爱和担心，我们会听到很多阻止我们前进的劝告：'亲爱的，如果这是个好创意，为什么没有人做过？'而且'即使这个想法真的成功了，行业里的竞争者也会很快把你从这个漩涡中赶出去。'"

你也可以在琳达·罗滕伯格（Linda Rottenberg）的故事中听到这一点。今天，琳达是 Endeavor 的首席执行官，Endeavor 是一个在全球建立创业社区的非凡组织。但在 20 年前，她刚刚毕业，心怀梦想，一个即将破灭的梦想。

"我父母吓坏了，"琳达说，"他们无意中听到我和我的联合创始人的谈话，我们正在策划这个支持新兴市场的高增长企业家的全球组织。我母亲看着我父亲说，'你必须阻止这一切'。我父亲走过来温和地提醒我，我需要在财务上独立，因为我没有可以依靠的东西，而这个想法听起来也不像是有保障的工作。"

琳达把这称为她的"餐桌时刻"。"告诉你的家人你要做一些非传统的事情是很可怕的，"她说，"你必须做出选择：是做安全可控的事情，还是冒险进入未知领域？”

　　最终，琳达选择了冒险。“我只是觉得，如果我按部就班地生活，当 10 年或 20 年后感到痛苦的时候，我将永远不会原谅自己。”琳达仍然坚信，创业者面临的第一个也是最大的障碍之一，就是如何度过他们的“餐桌时刻”。

懒惰的"不"

潜在投资者可能完全没有理解你的想法，或者只是不了解。无论哪种方式，一旦他们明确表示不想进一步去理解，你就需要迅速摆脱这些反对者。他们的"不"不会带给你更多的信息。

犹豫的"不"

最好的、最具潜力的想法会让投资者既想说"是"又想说"不"。这表明尽管它可能是一场非常严重的灾难，但这个想法可能真的很棒。

肯定的"不"

有时候，专家的"不"恰恰证明你正站在正确而与众不同的道路上。关键是你需要有效的理论来解释为什么你是对的，专家是错的。这不仅是一种直觉或勇气，也是一个有潜力的想法所具有的重要的信号。

诚实的"不"

通常情况下，专家们是对的，你应当毫不留情地扼杀糟糕的想法。一个"诚实的'不'"可能是把糟糕的想法变成好想法的生命线，或者能帮助你找到更好的想法。

没有帮助的"不"

如果你是那种很容易泄气或很容易被人说服而放弃的人，你需要让你的想法远离你的朋友、亲人。

MASTERS OF SCALE

Surprising Truths from the World's
Most Successful Entrepreneurs

第 2 章

创业初期要做一些"笨"事情

最聪明的创始人永远不会完全放弃
烦琐但具有温度的"手工"制作。

——————————

MASTERS OF SCALE

会议确实没有如他预期的那样进行。

2009 年，布莱恩·切斯基是一位胸怀远大理想的年轻创业者，这是他与硅谷创业孵化器 Y Combinator 的联合创始人保罗·格雷厄姆（Paul Graham）的一次会面。布莱恩·切斯基的公司爱彼迎已经进入 Y Combinator 的投资流程，他已经准备好接受保罗·格雷厄姆的赞叹，他的非传统业务——人们将空余房间或沙发床出租给陌生人，有着光明的前景。

虽然爱彼迎已经开始运行，但在早期阶段似乎没有多少人知道它。愿意提供房间或沙发的用户数量很少。但这并不能影响布莱恩·切斯基，他准备将雄心勃勃的计划和乐观的预测与保罗·格雷厄姆分享。

虽然保罗·格雷厄姆不是人们印象中那种典型的投资者，但他是一位极具煽动性的思想家，发表过一系列的文章，涉及从"经济失衡"到"为什么书呆子不受欢迎"等主题，有记者曾称他为"黑客哲学家"。

在与企业家会面时，保罗·格雷厄姆很少使用各种数据或市场评估之类的资料，而是主要依靠直觉和他的反直觉理论来推测业务的发展情形。在硅谷，保罗·格雷厄姆以其苏格拉底式的谈话风格而闻名，他常常提出尖锐的、

有时也令人倍感困惑的问题。布莱恩·切斯基回忆说，与保罗·格雷厄姆的
交流是这样的：

保罗·格雷厄姆："那么……你的生意在哪里？"

布莱恩·切斯基："什么意思？"

保罗·格雷厄姆："我是说，你的抓手在哪里？"

布莱恩·切斯基（怯怯地）："嗯……我们没有太多的抓手。"

保罗·格雷厄姆："但人们一定在使用它。"

布莱恩·切斯基："嗯，纽约有几个人在用它。"

保罗·格雷厄姆："所以你的用户在纽约。"

布莱恩·切斯基："是的。"

保罗·格雷厄姆："那你还在山景城。"

布莱恩·切斯基：……

保罗·格雷厄姆："你还在这里干什么？"

布莱恩·切斯基："什么意思？"

保罗·格雷厄姆："去找你的用户，去找他们聊聊，挨个聊，一个
不落。"

布莱恩·切斯基："我认为这对我们的帮助不大，因为如果业务规
模庞大，可能会有数百万客户，我们无法满足所有人。"

保罗·格雷厄姆："所以现在才应该去做。"

在保罗·格雷厄姆看来，这些预测、数据、宏大的营销计划都不是最重
要的。最重要的是，你需要构建出一个一小部分用户喜欢的东西，并逐渐把
它完善。如果这部分用户喜欢，那么大概率有数百万人也会喜欢。因为人们
对真正喜欢的东西会自发地去分享，这就是你的产品或服务最好的营销方
式，这是金钱买不到的，而且会不断增长。

保罗·格雷厄姆的观点是，为了构建布莱恩·切斯基的核心用户真正喜
欢的东西，布莱恩·切斯基需要在他们居住的地方与他们见面，与他们交谈，

倾听他们，观察他们，并尽力了解他们的需求。正如保罗·格雷厄姆告诉布莱恩·切斯基的那样，现在正是抓住这个机会的时候。"这是唯一的一次，"保罗·格雷厄姆说，"你将来再也不可能与所有的客户见面，了解他们的喜恶，直接为他们服务。" 2013 年，保罗·格雷厄姆将这一建议编入他那篇著名的文章《做些创业之外的"笨"事》（*Do Things That Don't Scale*），这也是里德·霍夫曼的《闪电式扩张》中反直觉规则的第 6 条。

本章我们将深入探讨在产品发布的早期发生了什么或应该发生什么，这是一个你再也回不去的创业前时刻。这是一个你基于用户的直接反馈信息定义和完善产品，直到亲手打磨出一个令人满意的产品的机会。尽管当时看起来可能并非如此，但包括布莱恩·切斯基在内的一些世界上最成功的创始人都将这一发展阶段视为一个黄金时期。

当你开始构建一个产品，或者为一个成功的、可扩张的公司打地基的时候，你会发现自己做了很多琐碎且在当时看来并不重要的事情：编码、设计、做客服、培训新员工、接听客户热线，你不可避免地要亲力亲为很多事情。然而，正是这些琐事决定了你的公司在未来几年的发展方向。就像里德·霍夫曼所指出的，这给企业家们带来了一个谜团：扩张的第一步是放弃扩张的念头。

100 个热情的粉丝胜过 100 万个用户

"手工"打磨，即让每一个细节都恰到好处，是一件缓慢而艰苦的工作。这是每一个手作匠人本能的追求。就好比甜点大师多米尼克·安塞尔（Dominique Ansel）的糕点与杂货店货架上的流水线糕点的区别。工匠们明白为什么他们需要手工制作。但是创业家呢？创业家的想法大相径庭。

当创业者考虑创业时，他们通常考虑的是影响力和知名度；他们想到的是闪电式扩张或病毒式增长。这是合乎逻辑的，要想成为大人物，必须做大事。按照这一思路，产品细节或客户体验并不重要，重要的是找到一些引起轰动或引起关注的方法。"手工"制作？大多数 MBA 会告诉你："这是不能复制和量产的。"

2014 年至 2019 年，萨姆·奥特曼（Sam Altman）担任 Y Combinator 总裁。他的观点是，从长远来看，忽视细节是行不通的。作为保罗·格雷厄姆的助手，萨姆坚持 Y Combinator 的核心格言：拥有 100 个爱你的用户比拥有 100 万个有点喜欢你的用户要好得多。

但这是违反直觉的！你可能会想，如果有 100 万人"有点喜欢"我的产品，足以产生一定的销量，从商业的角度看这不是比拥有 100 个痴迷的怪人拥趸更好吗？萨姆会说："事实并非如此"。

Y Combinator 已经孵化了超过 50 家价值达到 1 亿美元甚至以上的公司，对于什么样的公司能创业成功而什么样的公司不能，Y Combinator 有相当成熟的见解。"如果你看看那些后来变得有价值的公司，"萨姆说，"它们往往都有狂热的早期用户。"狂热的用户会长期伴随着企业的成长，有很强的黏性，始终支持你，更重要的是，他们会把你的产品分享给他们的朋友。

相比之下，昙花一现的产品虽然在早期受到关注，但无法持续。使用一个聪明的增长技巧，你可以让很多人来尝试你的产品，但是除非他们爱上这个产品，否则，这个聪明的策略早晚会失效。这是"规模的错觉"，100 万用户出现了，然后很快又消失了。原因很简单，正如萨姆所说的，人们很难坚持使用他们不爱的产品。

这就是为什么为早期用户提供超级服务，用心了解他们想要的和真正爱的是有意义的。**当你与早期用户的核心群体建立忠诚度时，这会成为一个**

"精准的切入点"，一个坚实的扩张基础。例如，当 Facebook 推出时，它只对哈佛的学生开放。第一批学生邀请了他们的朋友，这些朋友又邀请了他们的朋友，直到整个学生群体都在互相比着更新状态。随后，Facebook 从哈佛大学扩展到哥伦比亚大学、斯坦福大学、全美的所有大学，并最终扩展到更广阔的世界。如果社交网络没有受到早期用户的如此喜爱，它怎么可能传播得如此之广？

"在 Facebook 和 Twitter 获得成功后，"萨姆回忆说，"每个人都希望能很快'杀死'模仿者。"而这些"作为模仿者"的企业家们说："我只是想再做一个分享照片的应用软件而已。"

相反，Y Combinator 对一些更具雄心的创业公司产生浓厚兴趣。萨姆称之为"原子比特公司"，他们具备软件，同时也必须在现实世界中做非常复杂的事情。正是因为这些公司尝试做一些艰难的、与众不同的，甚至有可能改变游戏规则的事情，所以他们的竞争没有那么激烈。而爱彼迎就是这样一家公司！

在保罗·格雷厄姆的敦促下，当布莱恩·切斯基和他的合伙人乔·杰比亚（Joe Gebbia）来到纽约时，他们有一个明确的任务：拜访用户。因此，他们联系了出租房间的用户，并表示愿意派遣专业摄影师为爱彼迎客户的房间拍照。摄影师是谁？布莱恩·切斯基和乔·杰比亚。在布莱恩·切斯基的记忆中，有一次特别的拜访。

当时是冬天，外面在下雪，我们穿着雪地靴。我们走到公寓，去给房间拍照。我们跟房东说："我们会把你的照片上传到网站上。你还有其他要反馈的信息吗？"房东走到后面的房间，并带着一个活页夹回来，里面有几十页的笔记。活页夹中写满了一页又一页的建议，内容涉及房东希望在爱彼迎上看到的所有变化。感觉那就是他为我们设计的一个路线图。

相比一些企业家可能会将这些丰富的建议解读为仇恨者的批评，而布莱恩·切斯基明白这其实是个好兆头。他认为，这种详细的反馈是一种线索，表明有人对你所提供的东西非常感兴趣，希望与产品建立更深入、更牢固的关系。"这路线图一直萦绕在我们的脑海中，"布莱恩·切斯基说，"通常，它存在于我们专门为之设计的用户的头脑中。"

最终，这种逐家拜访的方式成为爱彼迎的秘密武器。"即使只有 10 个用户，要想做出一个他们都会为之着迷的产品也是一件很难的事。"布莱恩·切斯基说，"你要花大量的时间和他们在一起，一直问他们这样调整感觉怎么样，那样调整感觉怎么样。"这样的对话持续了很长时间，涉及了一些深层次的问题，比如，你如何看待同行评议？你最需要的客户支持是什么？什么时候需要？"我们不仅与用户见面，还与他们一起生活，"布莱恩·切斯基说，"我曾经开玩笑说，当你买 iPhone 时，史蒂夫·乔布斯并没有睡在你的沙发上，而我睡过我们用户的沙发！"

家访时，布莱恩·切斯基发明了一种巧妙的谈话方法来获取有价值的反馈。他会询问人们对未来将要开发的产品的想法，而不是询问人们对现有产品的看法。"如果我问还能做些什么可以让这个产品更好？他们会指出一些小问题。"布莱恩·切斯基解释道。所以他会问更大的问题："我们要做些什么才会让你感到惊喜？"或者："我需要设计一些什么功能，会让你愿意把它推荐给每一个人？"在这个过程中，他邀请用户和他一起想象一个更大胆的爱彼迎版本。

大胆设计 11 星级体验的产品

要想成为一名成功的企业家，你不需要具备特定的学位或知识，而是需要正确的心态。尽管绝大多数科技公司的首席执行官都拥有商业或计算机科学学位，而布莱恩·切斯基毕业于罗德岛设计学院，拥有工业设计学士学位, 设计思维是他的 "超能力" 之一。

一般人对设计的理解是让事物变得更好看, 但布莱恩·切斯基对设计有不同的定义。史蒂夫·乔布斯有句名言: "很多人误以为设计就是打造产品的外观, 而实际上设计是打造产品的工作原理。" 换一种说法是: "设计就是产品的本质。"

布莱恩·切斯基知道如何运用设计思维来重新想象事物是什么或可能是什么。他可以把一次普通的头脑风暴会议提升为一场创造未来的崇高运动。这是他的看家本领之一。不管怎么强调头脑风暴的作用都不为过, 仅我们《规模大师》的团队就已经使用了数百次。

最重要的是, 它会促使你去想象一些可能你永远都做不到的事情。为什么? 因为只有这样你才能取得成功。布莱恩·切斯基说: "核心论点是, 如果你想建立一家能取得巨大成就的公司, 你需要打造一个让人们交口称赞并乐于分享的产品。如果你想这样做, 你还得回到那些 '笨' 事情上。"

要从放弃平庸开始。布莱恩·切斯基认为, 如果你想打造一款真正的病毒式增长的产品, 就必须创造一种全方位的思维体验。因此, 作为一次演练, 他将从产品的一个部分开始推演: 5 星级体验是什么样的? 也就是说, 什么样的产品或服务会获得 5 星级的评价? 让我们跟随布莱恩·切斯基, 推演一个从令人失望的 1 星级体验, 到目前的 5 星级, 再到可能赢得 11 星级体验的爱彼迎虚拟入住过程。

1 星级、2 星级或 3 星级的体验是什么样子的呢? 当你到达在爱彼迎预订的公寓时, 没有人接待, 你敲门也没人开门, 这是 1 星级; 或者你到达后必须再等 20 分钟才能入住, 这可能是 3 星级; 但是, 如果一直没人出现, 你需要退款, 那就是 1 星级的体验, 这种体验的结果是, 你再也不会使用爱彼迎了。

　　5 星级体验是当你敲门时，有人开门并接待了你。这样很好，但也没什么大不了的，你也不会因此就跑去向每个朋友推荐它，你可能会说："我用了爱彼迎，感觉还行吧。"

　　6 星级的体验会是什么样子？当你到达预订的公寓时，你敲门，主人会热情地为你开门，并表示"欢迎来到我家"。桌上有一份为客人准备的礼物，可能是一瓶酒，也许是一些糖果；当你打开冰箱时，里面有充足的饮用水；你来到洗手间，那里也已准备好洗漱用品，一切都安排得恰到好处。你肯定会说："哇，这比酒店好太多了。我下次肯定还会使用爱彼迎。"

　　那么，7 星级体验是什么样子？当你到达预订的公寓，敲门后是里德·霍夫曼为你开门。"欢迎你。我知道你喜欢冲浪，这里配备了冲浪板，并为你预订了课程。顺便说一下，我的车供你随时使用。另外还有一份惊喜，我给你在旧金山市最好的餐厅订了一桌美食。"你说："哇！这远远超出了我们的想象！"

　　那么，8 星级体验是什么样呢？你下飞机之后，会有一辆豪华轿车等着你，并把你接到预订的住所，这绝对是一个惊喜。

　　那么，9 星级体验是什么样呢？你下了飞机，会有人列队欢迎，甚至还有一头大象在那里，就像传统的印度仪式那样。

　　那么，10 星级体验呢？ 10 星级体验会类似 1964 年甲壳虫乐队举行北美巡演时得到的礼遇。你下飞机时，会有 5 000 名高中生欢呼你的名字，他们拿着卡片欢迎你来到这个国家。

　　那么，11 星的体验会是什么样呢？你走下飞机时，埃隆·马斯克已经恭候多时，他对你说："你将体验一次太空之旅。"

　　显而易见，那些更高的星级是富有想象力甚至异想天开的，但每个星级都有着严肃的目的。"进行头脑风暴的重点是，也许 9 星、10 星、11 星是不现实的，"布莱恩·切斯基说，"但是如果你能大胆地发挥想象力，在'客人到了并打开门'和'太空之旅'之间会有一个最佳击球点，要找到这个最佳击球点，你必须先将它推演到极致，然后再往前倒推。"

Masters of Scale
里德·霍夫曼的
经验分享 ▶

热情用户的反馈是扩张的基础

在过去的 20 年中，我曾为许多公司工作，也投资了很多公司，这些公司的用户规模达到 1 亿人甚至更多。但问题是：你的创业并不是从 1 亿用户开始的，而是从几个用户做起的。

所以，你应当停止思考大问题，要思考小问题。要亲自为顾客服务，一个一个地把他们争取过来。

如果你雄心勃勃，想要征服全球的市场，这样的建议也许听起来有些奇怪。毕竟谢尔盖·布林（Sergey Brin）和拉里·佩奇（Larry Page）也没有亲手为 20 亿人提供搜索结果，但他们制造了一个很棒的产品，用户们照样蜂拥而至，难道不是吗？不完全是！那些做出一流产品的企业家，对于他们的用户，特别是早期用户，曾经投入了极大的关注。他们观察用户在做些什么，倾听用户在说些什么，接听客服热线，不断地优化和完善产品。

早期这段"纯手工"打磨产品的日子，是值得回味的。大多数企业家对这段经历的反应很有趣，他们可能会对此一笑而过；可能会说这些工作乏味至极；可能会庆幸自己雇了个好帮手处理这些琐事。而那些善于思考的创业者永远都不会说，"这完全是在浪费时间。"他们会经常回顾这段时期，会认为这是他们职业生涯中最具创造性的阶段之一。

要特别留意那种超级粉丝，几乎就是他们帮助你编写了产品路线图。事实上，从一些早期用户那里获得非常详细的反馈是典型的现象。他们会制作一整本写满建议的活页夹，就像布莱恩·切斯基在一次早期客户拜访中遇到的那位超级房东。事实上，如果你不曾遇到过用户对你说："我太喜欢这个产品了。它对我非常重要，能帮助我更好地完成工作。"通常情况下，这意味着你可能已经偏离轨道。热情的反馈是一个线索，表明你的产品确实对某个人很重要。如果你仔细倾听他们的反馈意见，可以从拥有一个热情的用户发展到拥有许多热情的用户。

在初期定义产品时，尽早获得此类反馈是至关重要的。如同一位建筑师，在建造一座摩天大楼之前，肯定要先建造坚实的地基，用户反馈就如同坚实的地基，确保你不会在不稳定的沼泽地上建造十几层楼。

读过我的《闪电式扩张》的读者也许会觉得这条建议与我之前的观点有些自相矛盾。在书中，我阐述了一条反直觉的规则：忽略你的用户。与热情的客户一对一地交谈和忽略你的用户之间的共同点是：找到并关注那些与你的创业理念一致的用户，而忽略其他用户。花费宝贵的时间和资源来回应那些诉求最强烈的用户，这可能会分散你的注意力，但将会为你赢得数百万忠诚、热情的潜在用户。

如今，布莱恩·切斯基不再敲房东的门或睡在他们的沙发上。爱彼迎现在已经是一家上市公司。与初创时期相比，它已经取得了巨大的成功。但对布莱恩·切斯基来说，与长期用户保持密切联系非常重要。每当考虑一个大胆的新产品方向时，或者推出新的设计和战略部署时，他都会本能地从一个用户的角度来思考问题。

例如，当他们最初构思爱彼迎旅行项目时，作为核心业务的延伸，布莱恩·切斯基和团队首先为一位用户"手工"打造了一次度假体验。他们发出邀请："寻找一位旅行者。如果你允许我们与你同行，我们会拍下你的旧金山之旅。"来自伦敦的里卡多幸运入选。

里卡多以往的旅行都不是很理想。他去过所有耳熟能详的旅游景点，但也就是去过而已。他一个人去恶魔岛①度假，戴着耳机，住在每晚 300 美元的经济型酒店；他一个人去酒店的酒吧喝酒，尽管酒吧里有一群男人，但由于性格内向，他也不太跟其他人说话。在整个行程中，他要么在排队，要么独自一人，总之，一直游离于当地人的生活之外。

之后，爱彼迎联系了里卡多，向他发出邀请："我们想为你打造一次完美的旧金山之旅。"与此同时，布莱恩·切斯基的团队与一位皮克斯（Pixar）剧情艺术家合作，为里卡多逐场地设计旅程内容，讲述了一次充满变革性的旅行将如何展开。这里值得听一听布莱恩·切斯基的思考过程。是什么创造了变革性的旅行？答案是建立新的连接并离开舒适区。"当你第一次去一个城市，需要在前 24 至 48 小时内有一个欢迎活动，要和当地的人在一起，"布莱恩·切斯基说，"到第 2 天或第 3 天，你需要挑战你的舒适区。如果你不离开舒适区，你是不会铭记那次旅行的。"

> 只有先走出舒适区，新的事情才会发生，这将是转变的时刻，曾经的你以一种十分微妙的方式"死"去，一个新的、更好的你重生了。如同你所熟悉的电影叙事：一个平凡的主角，要离开平凡的世界，他首先需要跨过这道门槛，这就是人们所说的英雄之旅。

这一次，当里卡多来到旧金山的时候，等待着他的将是一次英雄般的旅程。爱彼迎团队为里卡多预订了一位超赞房东的公寓，他们带里卡多去参加

---

① 美国加利福尼亚州旧金山湾内的著名景点。

宴会，还为他预订了旧金山最好的几家餐厅，甚至在午夜带里卡多参加了神秘的自行车之旅。

旅行结束时，布莱恩·切斯基与里卡多见了面，目的是亲自了解里卡多对整个旅程的感受。当谈话快结束时，里卡多忍不住流下了眼泪。"这是我经历过的最好的旅行。"他告诉布莱恩·切斯基。

显然，里卡多的旅行不会被扩展为一项业务，因为爱彼迎不可能为每个用户量身打造每次旅行。但这次尝试为爱彼迎旅行构建了一种模式，向用户展示了最重要的元素。"我们将这些元素应用在爱彼迎旅行中，并在过去的几年中一直在研究如何实现业务的拓展。"

布莱恩·切斯基决心重新设计爱彼迎的用户体验，以个人案例进行实验，然后将获得的经验用到更大的项目中。但随着公司规模的扩大，采取"手工"打磨的方式已经变得越来越困难。正如布莱恩·切斯基经常对那些正处于设计阶段的小企业家所说的那样："我怀念早期那段日子，最有意义的蜕变、最重要的创新都发生在创业初期的萌芽阶段。"

创始人要与用户直接沟通

梅拉妮·珀金斯在澳大利亚的珀斯市长大，她的第一份工作就与手工制作相关。事实上，她在 15 岁的时候就学会了手工编织围巾。"我在珀斯，这个被称为世界上最偏僻的城市的一些女装精品店推销手工编织的围巾。一开始，我打电话给这些商店推销我亲手织的围巾的时候非常紧张。"

梅拉妮走上创业之路源于母亲的鼓励。

妈妈的教育理念很好，她鼓励我们 3 个孩子自己创业。虽然赚不了多少钱，但让我明白，只要能克服恐惧去做一些事情，最终就会取得成功。这也意味着我可以自己创业，而不是只有打工这一个选择。

梅拉妮学会的另一件事是如何定位不完美的产品。她给所有的围巾贴上了小小的"手工 NWA"标签。因为她觉得这个标签可以让人们原谅她编织得还不够完美。

这种美丽的瑕疵，被日本人称作"佗寂"，它恰恰体现了手工制品的魅力。我们喜欢这种美丽的瑕疵所主张的个性以及充满温度的人性化的理念。但具有讽刺意味的是，我们在这里谈论的那种"手工"打磨的意思与之刚好相反。**与其说是为用户提供一款不完美但很有魅力的产品，不如说是与用户一个个地确认，找出瑕疵并把产品打磨至完美，消除所有可能会绊倒用户的小绊脚石。**

这就是梅拉妮在推出可画时打算要做的事。这一灵感来自她的第二份工作，在大学期间，她教授 Photoshop 等设计软件，这些软件的用户体验太差了，简直令梅拉妮震惊。"这些程序真的、真的很复杂，"梅拉妮回忆说，"学生要花整整一个学期的时间才能学会最基础的操作。哪怕是做最简单的任务，也需要大量的操作才能实现。"

梅拉妮发现自己一直在问："为什么设计得这么复杂？为什么只是最基本的设计却要学习这么长时间？"当时，Facebook 越来越受欢迎，两者之间的对比十分鲜明。梅拉妮回忆说："Facebook 只要一打开就可以使用了，并不需要经过漫长的学习过程。因此，我们想把设计也变成一件容易上手的事，让每个人都能动手做设计，而不是只有能力过人、接受过大量训练的人才可以。"

梅拉妮设想着如何将一个想法发展为一家公司。"我有一个非常宏大的计划，就是如何将整个设计功能都整合到一个页面上，让全世界都能看到。

但那时我才 19 岁，除了推销围巾，我几乎没有任何商业经验。"

梅拉妮和她的合伙人克利夫·奥布雷希特（Cliff Obrecht）成立了他们的第一家公司 Fusion Books，不久演变成可画。可画是一款有吸引力的、可共享的在线设计平台，它的目的就是让设计像拖曳图标一样简单。从一开始，他们就尽最大的努力确保每个人都能轻松使用该产品。

梅拉妮说："每次我们给别人开通新账户的时候，我或者我的合伙人克利夫都会给用户打电话，让他们上手操作一遍。因此，我们与成百上千的人进行了交谈，深入地了解了他们需要什么，他们有什么问题，以及他们第一次使用时不清楚具体作用的按钮信息等。"

通过观察用户在登录过程中犯的错误，他们对每个按钮、每次点击和拖动操作进行了测试。他们对遇到的每一个有价值的挑战都展开讨论，然后又遇到了新的障碍——用户的创造力普遍较为贫乏。

"人们一直都被告知他们没有创造力，没有设计细胞，"梅拉妮说，"于是当他们开始使用设计工具时，他们变得畏首畏尾。"该如何克服？让可画的用户像玩游戏一样使用产品。"当人们第一次接触产品时，几分钟内就能玩得很开心，觉得很好玩，他们觉得自己也可以做设计。然后非常重要的是，他们会分享它。"

这种好玩的方式彻底改变了可画用户的设计体验，但如果梅拉妮和克利夫没有看到个别用户不知所措、紧张并最终成功使用的这段经历，他们就不会知道在哪里增加清晰度，在哪里增加奇思妙想的设计。通过一次次地优化用户体验，他们成功地消除了阻止用户尝试、成功和分享的潜在障碍。

它成功了。可画现在每月有 5 000 万的活跃用户，创作了超过 30 亿份设计作品，即每秒就产生 80 个新设计。

在创业初期就制定自己的"宪法"

如果你曾经在网上分享过照片，或者关注过某个人，或者在发布自拍照时使用过标签的方式，那么就可以说卡特琳娜·费克已经塑造了你生活的一部分。

作为第一个照片共享平台 Flickr 的联合创始人，卡特琳娜开创了许多后来被社交媒体普遍采用的功能。她就像社交媒体的诺亚，在洪水暴发前就做好了准备。虽然她很快就谴责了社交媒体的发展现状，但早在 Flickr 发展壮大之前，就意识到其早期所做的事情将催生随后的许多产品。

在卡特琳娜看来，一家公司的创始人有责任创造自己的文明。不仅是在公司内部，还包括整个用户和用户社群，创始人需要示范和展示他们推广的规则和标准。用卡特琳娜的话说就是："你是自己'宪法'的制定者。"而且这部"宪法"要在创业的初期就着手制定。

公司的"宪法"不一定要写在羊皮纸上，也可以通过创始人的日常行动来表达。例如，在 Flickr 的早期，卡特琳娜亲自问候 Flickr 上的每一位新用户。

> Flickr 是一个在线社区，我们所有人都参与其中。作为领导者，你就是平台和社区的代言人，引领着这里的价值观和习俗，就像我们在这里要这样说，而不那样说。或者我们这里有向人们打招呼的习惯。

Flickr 的初创团队只有 6 个人，他们每人每天都会发布 5 次帖子，直接与早期用户交流。许多成功的创始人都有类似的经历，在创业初期，他们与客户进行密切的个人接触，甚至允许用户拨打他们的个人手机且不分昼夜，有时这的确会侵犯他们的个人生活，但相对于那些大公司，这也是初创公司的一个关键优势，因为大公司与用户联系的工作已经趋于程式化了。**如果你**

早期能与前 100 名用户建立某种关系和行为准则，那么，它们也将被传播到下一个 100 名、5 000 名、100 000 名用户那里。

作为新世界的缔造者，你在早期可能会遇到挑战和考验。卡特琳娜和 Flickr 就遇到了这样的情形。像许多网站一样，Flickr 很快就吸引了全球的用户，这些用户有着不同的文化背景、使用不同的语言，对网站有不同的期待，这很容易带来文化冲突的问题。例如，Flickr 的许多早期用户来自阿联酋，一个以伊斯兰文化为主导、以着装保守而著称的国家。与此同时，流行歌星布兰妮·斯皮尔斯（Britney Spears）的照片充斥在 Flickr 上，当时的布兰妮身材火辣，衣着性感。"这是两种完全不相容的文化。"卡特琳娜说。

当人们投诉布兰妮的照片时，Flickr 不得不做出决定，这让 Flickr 损失了大量的用户。"露脐装让我们的用户减少了大半。"卡特琳娜说，"听起来，这个露脐装问题可能微不足道，但类似的问题将决定着产品的命运，不一定每个决定都是正确的，所以必须以公司的价值观为依据。"

> 如果你不做决定，那其实是一种虚假的中立。可能偏激的用户最终会为你做出决定。当今的社交媒体平台，依然存在态度含糊、模棱两可的问题。它们不知道自己是谁。它们没有明确的道德准则。

在创业初期就制定自己的"宪法"。没有哪个网站或平台能够 100% 地控制用户的行为，特别是当他们拥有数百万到数十亿的用户时，这会让人发疯的，这也是提前设置护栏的理由。卡特琳娜引用她 Flickr 的同事希瑟·钱普（Heather Champ）的话一言以蔽之："你允许什么就会发生什么。"

绝不放弃烦琐但有温度的"手工"制作

你很难再找到一位这样的创始人，他的故事是以"我想让我的学生读

《草原上的小木屋》(*Little House on the Prairie*)"开始的。查尔斯·贝斯特 (Charles Best)是纽约布朗克斯区的一名小学教师,他几乎没有基本耗材的 预算,更不用说买书的钱了。所以,他说:"每天早上 5 点左右,我会去美 国办公用品公司史泰博(Staples),给我的每个学生复印当天要读的《草原 上的小木屋》的部分章节。"

像世界上许多尽职尽责的教师一样,查尔斯和他的同事们习惯了自掏腰 包复印和购买部分教学用品,包括铅笔、蜡笔和黑板。他们每个人都有一个 长长的愿望清单,上面列着他们想给学生的许多东西,这些东西在富裕社区 的学校都是最基本的物资,但在布朗克斯区却想都别想:"我同事想带学生 们去现代艺术博物馆参观。艺术老师想和她的学生一起做一床被子,她需要 布料、线和缝纫针。"

2000 年的一个清晨,当查尔斯在史泰博复印时,他想,我要建一个网 站,老师们可以在那里张贴教学短缺物资清单,这样捐助者就可以选择他们 想要支持的项目。

多诺筹(DonorsChoose)就这样诞生了。这是第一个众筹网站,它的 基本原则是:凡是公立学校的教师都可以提交课堂项目并获得捐赠。查尔斯 和他的团队负责对项目进行审查、认证并发布,用户可以在网站上了解项目 需求并进行捐赠。捐助者不是将捐款直接发送给老师,而是购买相应的材料 或向供应商付款,然后由供应商向教师交付用品。查尔斯解释道:"即使是 户外教学活动,我们也会把款项付给博物馆和巴士公司,然后巴士公司派车 送孩子们去博物馆。"

这个工作过程十分繁杂,但查尔斯相信这是建立诚信的重要保障。捐助 者可以清楚地看到每一笔钱的去向,同时,通过向捐助者发送孩子们手写的 感谢信和完整的财务报告来进一步加强这种信任。

但第一步，查尔斯需要找到捐助者和项目。为了在网站启动前充实网站内容，查尔斯动员他所在学校的教师们积极添加项目。为此，查尔斯做了一件无法大规模复制的事情：用烤梨甜点"贿赂"同事们。

> 我妈妈做的烤梨甜点非常好吃，所以我让她做了 11 个烤梨，我把它们带到了教师餐厅。就在同事们准备一抢而光时，我让他们等等，这是要付出代价的。如果他们吃了一个烤梨，就要去一个名为多诺筹的新网站，提出他们一直想与学生一起做的项目。同事们把 11 个烤梨吃个精光，多诺筹的前 11 个项目就这样诞生了。

现在，查尔斯需要一些捐助者来资助这些项目。最终，查尔斯以匿名方式资助了第一批项目中的大部分。"这是我能负担得起的，"他说，"因为我和父母住在一起，他们不收我租金。"

需要明确的是，自筹资金绝对不是长久之计。但这一慷慨之举是一个精明的初始策略。查尔斯的同事们都以为有一些捐助者会经常浏览网站，等待着为教师的课堂梦想捐赠善款。随着这一消息在布朗克斯区逐渐发酵，教师们陆续地在该网站上发布了数百个项目。

慢慢地，有越来越多的老师到这个网站发布项目，现在查尔斯需要真正的捐助者。为了帮助这些老师，查尔斯的一群学生自愿加入进来，他们利用每天放学后的时间给 2 000 名潜在的捐助者写信。"我认为学生们对这个实验充满了希望。他们相信这将丰富他们的生活。不过，"查尔斯承认，"我也认为他们有点为我担心。"

学生的每封信都包含一个适度但具体的请求："捐 10 美元，成为一名课堂英雄！"老师和学生们自己分拣邮件，可以省去很多邮资，然后再将这些邮件分批次运到邮局。

　　最终，大家的努力得到了回报。在捐助款达到 3 万美元之后，飞轮效应开始显现。

　　2003 年，《新闻周刊》的一则小新闻引起了主持人奥普拉·温弗瑞（Oprah Winfrey）的注意。"当她把聚光灯对准多诺筹时，我们的网站直接瘫痪了。"查尔斯回忆说，他并不是在抱怨，而是坚定地走上了创业的道路。

　　故事的下半部分，即"奥普拉效应"使得服务器崩溃后，才是真正有趣的地方。随着捐助人数的增加，查尔斯坚持保留其与众不同的风格。因此，他们的成功不仅仅是因为他们的方式，还有他们自身的坚定信念。

　　例如，多诺筹负责购买和分配所有项目用品，这是一种烦琐又吃力不讨好的方式。他回忆说："早期，我们给每位老师发了一台一次性相机，让他们为正在进行的项目拍照；给他们发了贴好邮票的信封，让他们把学生的信寄回来。早期的捐助者听说了我们的工作模式后，认为这是疯狂的、低效的、不可扩展的。"

　　然而，查尔斯不想损害系统的完整性。他说："在第一个 10 年，我们的大部分努力是保证每个环节的诚信完好，并试图使每一项措施都具有可扩展性。"

　　其中一个非常重要的环节是对所有捐赠项目的审批。最初，他们付钱给大学生帮助审查每位教师的项目申请。但随着公司的发展，查尔斯意识到，他需要一种更节约成本的方式。

　　以前查尔斯向学生求助，现在他转向老师求助。作为回馈，他要求那些在网站上申请超过 20 个项目的教师承担起项目审查的工作。这是一个十分巧妙的想法。除了让成本更低之外，他说："事实证明，老师们做这件事更严谨，速度也更快。"

查尔斯承认，一直以来，让多诺筹难以实现规模化的，也是最有价值的部分之一，就是学生的感谢信。收到孩子的亲笔信所产生的情感力量，是什么都无法替代的。

因此，在过去的20年中，尽管众筹已成为一种全球现象，但是，多诺筹仍在自豪地继续做着一些似乎与扩张不太沾边的事情，例如，学生们仍然在坚持写信。信被送到捐助者手上之前，它们都要先经过查尔斯的办公室。"这让我的办公室看起来很像圣诞老人的工作室，"他开玩笑说，"到处都是装满了信件的麻袋。"

很难想象麻袋会成为创业的要素，而手写的信件则犹如神来之笔！正是这种难以衡量的力量加强了孩子和捐助者之间的联系。

正如董事会成员斯蒂芬·科尔伯特（Stephen Colbert）所说："多诺筹让你和被你帮助的人直接联系。这一点非常有力。"尤其是手写的信件使他从一个捐助者变成了一个忠诚的董事会成员。孩子们和老师们的信让他觉得非常真实。他想继续做这件有意义的事。

许多渴望影响力和事业发展的领导者很难理解这种"纯手工"打磨的思维方式，他们经常提出一系列反对意见，比如为什么这个流程行不通，为什么不可扩张，为什么不可操作。但是，不管他们的业务规模有多大，至少在某些领域，最聪明的创始人永远不会完全放弃烦琐但具有温度的"手工"制作。

与竞争对手也要建立信任

丹尼尔·艾克首次推出在线音乐播放软件声田时，完全没有预料到会有这样的夜晚。丹尼尔回忆说："我睡在会议室外面，等着一位主管的出现。

每晚,我就睡在 30 美元一晚的汽车旅馆里,那里的墙纸经常会掉在身上,浴室肮脏不堪。总之,那不是一段美好的时期。"

那些年,音乐盗版行为在瑞典十分猖獗,它几乎摧毁了当地的音乐产业,使其失去了 80% 的收入。于是丹尼尔采取了一个大胆的行动。他直接去找瑞典唱片业的高层管理人员,并提出了一个让他们无法拒绝的提议:"我向你保证,如果你同意采用声田这种商业模式,我将给你声田一年的收入。"

当时的唱片公司四面楚歌,正在遭受来自 Kazaa、BitTorrent 和 Pirate Bay 等音乐下载服务商的围攻。而声田由于其免费订阅业务也曾被视为另一个在线威胁。也就是说,即使声田自身不得不承受痛苦的短期损失,丹尼尔也要努力为唱片业降低交易风险。

这是一种建立信任的举动,丹尼尔知道他必须与这个潜在的对手建立联系,因为他明白,如果没有音乐业务的支持,他的业务就不可能成功。他也明白,做一些"不可扩张的事情"不仅是为了建立关键的早期伙伴关系,也是为了打造更好的产品。

丹尼尔的"瑞典实验"逐渐证明音乐产业和声田可以共存。这不仅开始赢得其他唱片公司的信任,也吸引资本的关注,他们看到了在线音乐业务的一种可能性,并渴望支持声田。

但丹尼尔还没有走出困境。为了达到他想象的创业规模,他知道必须巩固公司与音乐行业决策者的关系,且不仅仅在瑞典。因此,他再一次展开个人公关模式。丹尼尔下定决心要与重要唱片公司的决策者会面,分享瑞典实验的结果,并得到他们的认可。他去了他能去的所有地方,即使是在半个地球之外,他仍然敲开了那些唱片公司办公室的大门。尽管费尽周折,但是与音乐行业的决策者建立联系最终令丹尼尔得到了回报。"这是一个彼此之间有着 20 年交情的圈子,"他说,"渐渐地,我开始参与他们的对话,也逐渐被他们接纳了。"

事后看来，丹尼尔为唱片公司赚取收入、把宝贵的时间花在满世界的陌生人拜访上以及让他的编辑手工制作播放列表，所有这些付出都是不可规模化的，但他们建立了关键的早期关系，建立了信任，并创造了竞争优势，使声田能够在未来进行扩张，拥有 3.45 亿活跃用户和超过 25 亿美元的风险投资。

如果说丹尼尔的挑战是与一个将他视为威胁的老派行业建立信任，那么 DNA 测试和分析公司 23andMe 的创始人安妮·沃西基（Anne Wojcicki）在创业之初则面临着更为巨大的障碍。她必须同时面对根深蒂固的医疗机构和监管苛刻的美国政府机构。

安妮的伟大想法源于一种充满激情的信念，即认为人们有权更多地了解自己的基因史，这样人们就可以利用这些信息对自己的健康做出更明智、更有力的决定。

但是，崇高的使命并没有让她的销售变得更容易，她的产品非比寻常，是一个家庭 DNA 检测试剂盒。"我们在成立公司的头几天就卖出了 1 000 套，"安妮回忆说，"然后，眼睁睁地看着销量逐渐下降到每天只卖出 10 套到 20 套，这很令人伤心。人们觉得这不是应该由医生去做的事情吗？为什么要他们自己付费？得到测试结果后又该做什么？"

在 23andMe 创始人努力解决消费者的问题的同时，其营销团队提议建立一个信息传递中心。那样的话，23andMe 将不再以传递健康信息的角度推广，而是以发现和探寻人们的血统起源为切入口。这就对了！顾客们对探索自身根源的想法充满兴趣。如果他们同时还能获得一些关于健康的信息，那就好比买一送一，简直太好了。

接下来的障碍来自医生的回击。医生发现，突然有一些患者来到诊室问他们，"快看看我的 DNA 测试结果，它提示说我有一些健康风险，我该怎么做？"患者跑来告诉医生自己存在一些健康风险？这显然不符合医生的工作习惯。因此，23andMe 进行了一项持续的努力，他们尝试去说服医生，患者能主动提出更多关于健康的问题是一件好事。

23andMe 面临的最大挑战是与州和联邦监管机构打交道，其中一个特别具有挑战性的障碍来自美国食品药品监督管理局（FDA）。从早期开始，安妮和团队就与 FDA 建立了联系，但由于 23andMe 是同类公司中的第一家，政府监管机构不知道该如何对其进行分类。有时候，第一个进入领域的创新者往往会让监管机构十分烦恼。

开始，FDA 将基因检测产品归类为"医疗器械"，这需要联邦政府的批准。后来，FDA 一个新的监管团队向 23andMe 发出了勒令停止函，理由是 23andMe 提供的服务属于医疗建议，因此将其归类为"保健产品"。这令安妮感到沮丧："这是我第一次遇到无法解决的问题，我真的必须转变心态。"

没有退路，安妮的本能反应是斗争。她的想法是："我代表着消费者，而消费者有第一修正案作为后盾，这是消费者有权利提出的。"

但很快安妮得到了一个重要的启示，这个启示来自一位她正准备与之斗争的监管者的忠告。一位明智的监管者问她究竟想要什么，如果她真的想改变医疗保健行业，就坐下来和 FDA 进行艰难的合作，这可能需要几年时间，过程非常艰难，她必须为此做好准备。在那之后，她将改变社会。但她需要下定决心。

安妮当场回答："我哪儿也不去。我已经决定了。"

安妮和 23andMe 团队决定放慢新产品的推出速度。通常，这是创始人最不应该做的事情。但 23andMe 的案例有所不同，因为暂时没有其他人会抢占他们的市场份额。FDA 是一个需要突破的硬障碍，安妮决定亲自扛此重任。

尽管与 FDA 的合作是缓慢的，有时也是痛苦的，但它将建立信任，让 23andMe 长期成长。"我们与 FDA 的合作极大地改变了我们的公司，"安妮说，"我们的工程师，我们开发的方式，以及我们质量控制的方式都与以往不同。我们必须向 FDA 证明产品是准确的，我们对此一直非常有信心。"同时，还必须说服 FDA，23andMe 为消费者提供了充分了解其 DNA 检测结果的信息。为此，他们聘请了一位专门的监管顾问来帮助指导他们完成这一漫长的过程。

23andMe 与 FDA 的合作已经持续了数年，且目前仍在进行之中。与此同时，23andMe 已经稳步建立了消费者基础，同时帮助 FDA 了解到让更多人进行基因检测的价值和好处。"有一段时间，我必须让我的员工能看到闪闪发光的未来，并且告诉员工我们拥有愿景，"安妮说，"我的最终目标是可以庄严地说'我让人们更健康'。我觉得我们才刚刚开始。"

Masters of Scale
里德·霍夫曼的
经验分享　▶

快速建立信任的三座桥梁

通常，企业家必须与合作伙伴、投资者、客户或同事快速建立信任。你需要了解的第一件事是，"快速信任"几乎是一种矛盾的说法。信任通常建立在长期关系的基础上。事实上，我最喜欢杰夫·韦纳（Jeff Weiner）提出的这个定义：

信任 = 长时间的一致

当你始终如一地履行你的承诺，当你反复地去建立一个深刻的、不间断的模式，信任才会产生。这种一致性意味着人们会说，"对，我们相信你。我们知道你说到做到"。

但作为一名企业家，通常没有那么多时间去慢慢培养信任。因此，你需要找到捷径或桥梁。我知道有三座很棒的桥梁。

第一座有效的信任桥梁：得到信誉良好的人的支持，或者让他帮助你表达你的价值主张。这是信任的传递。所以人们会说："好吧，如果我信任的人赞同或同意这一点，那么这是值得信赖的。"

第二座桥是像丹尼尔那样，做出一个实质性的、代价高昂的承诺或保证。他把音乐行业的利益放在自己利益的前面，以此来获得信任。你要传达的是，你承担着巨大的风险，你并不是在游戏中穿上一套有面子的装备，而是将对方的利益置于你的利益之上，如果你辜负了他们，你将遭受巨大的损失："如果我们以这种方式破坏信任，那么每次我们都会付给你 X 美元，或者我们会向慈善机构捐赠 Y 美元。"

第三座桥梁是完全透明。你可以共享所有代码；或者发布一个所有客户都可以使用，并且每个人都可以看到的在线公告板；或者主动做一次"什么都可以问"的互动，你对任何问题都完全开放。

当你需要快速建立信任时，这三座桥梁可能是关键，甚至在特殊情况下都会起作用。但桥梁的建设并不容易，也不是一夜之间就能完成的。记住：持久的桥梁必须从两边建造。

狂热的用户更具黏性

当你建立自己的公司时，有 100 个热爱你的产品的铁粉比有 100 万个用户更重要。

想象从未做过的事

利用创业初期的时间，想出一些令人惊叹的点子来改善你的用户体验。

直接与用户沟通

在扩张之前，抓住机会与你的用户直接接触，了解用户的喜恶，直接为他们服务。

制定自己的"宪法"

现在正是建立护栏和行为标准的时候，这将塑造你正在创建的新世界。

通过"手工"打磨的方式让用户念念不忘

通过定制并为你所做的每件事添加个人风格，你可以利用早期的时间与你的用户或客户建立稳固的关系。

与潜在对手合作

花些时间与决策者和看起来不太可能成为盟友的人建立信任。

MASTERS OF SCALE

Surprising Truths from the World's Most Successful Entrepreneurs

第 3 章

疯狂的想法是创意的起点

如果你觉得自己需要它，
你认为还有许多人也需要它，
这就是一个好创意。

———————————
MASTERS OF SCALE

马克·库班是美国真人秀节目《创智赢家》(*Shark Tank*)的投资者、达拉斯独行侠队①(Dallas Mavericks)的老板，也是白手起家的亿万富翁，偶尔还为美国政府出谋划策。但是，在 20 世纪 80 年代初，他只是个一文不名的年轻人。

那时马克·库班刚刚大学毕业，在达拉斯和 5 个室友住在一起，穿着 99 美元两套的西装，努力寻找自己的出路。

他喜欢销售，喜欢学习，最重要的是，他喜欢琢磨一些商业创意。当时马克·库班在一家电脑软件商店工作，他是那里唯一知道如何编程并认真阅读了所售软件操作手册的销售员。

马克·库班想到一个提升销量的创意，他相信老板会喜欢的，但老板说"不"。然而马克·库班还是做了，并且很成功，但结果是他被解雇了。如果是别人可能会去寻找下一份工作，而马克·库班却决定着手创办自己的公司。时至今日，他仍将那位老板描述为"消极导师"，因为马克·库班从他身上学到的是哪些事情不该做。

---

① 达拉斯独行侠队是美国得克萨斯州达拉斯市的一支职业篮球队。——编者注

现在回想起来，对马克·库班来说，那个时机似乎是完美的。

"当你身后没有退路，当你身无分文，你必须想出办法，反正这时你也没有什么可失去的。"他说，"如果你尝试了，但失败了，也只是回到了起点。你并没有失去什么，何不尝试一下呢？"

马克·库班努力寻找创业的点子。他不是寻找一个类似组建达拉斯独行侠队或创办体育视频网站（Broadcast.com）那样大的想法，不是寻找一个可以在《创智赢家》上被发现的想法，当然那时候还没有这档节目，他想的是如何才能付得起房租。他问自己：我有哪些知识？我认识谁？持续阅读以及与老客户保持交流的习惯，为马克·库班指明了方向：计算机网络。那时，个人电脑刚刚出现在一些公司的办公桌上，马克·库班知道企业主想要实现两件事：第一，连接公司内的所有电脑，以便共享文件和信息；第二，使电脑与外部世界连接并实现一些功能，比如，实现电子订单替代纸质订单。

他的新公司微解（MicroSolutions）就是围绕这两件事建立起来的。此时，马克·库班对自己有了进一步的了解："我喜欢成为第一！"这也是他成立公司的动力来源。

马克·库班不无骄傲地说："我们是最早的局域网集成商之一，也是最早为多用户网络和广域网编写软件的公司之一。我了解用户需要什么，是我编写了沃尔玛的第一个订单系统，编写了美国钻石珠宝海淘网扎莱什（Zales）的第一个视频集成软件。"

当然，最先想到好创意还不足以开展业务。事实上，有太多的未知因素，都可能使攀登之路更为陡峭。为了应对这个未知的领域，马克·库班知道他需要一个合适的团队，否则他的想法只能化为泡影。因此，他要做的第一件事就是综合考虑高技术、高情感设计和劳动密集这些优劣因素，他当时很清楚自己的底气是不够的。

"你想拥有愿景，你想去推动它，对吧？你可以义无反顾，但你也必须有清醒的自我意识。我很幸运，在早期就认识到这些。"马克·库班选择了一位联合创始人，并任命他为首席执行官。

"我不是很有条理。"马克·库班说，他是一个"凌乱办公桌"式的领导者，习惯于凭直觉迅速做出决定。他需要有人来补足自己的短板。"我的每位合作伙伴、我的第一批员工都非常注重细节，"他说，"因为我已经确定了目标，我需要一个随时准备好瞄准目标的人与我合作，补足我的短板。对此我们必须坦诚相待。"

在短短 7 年内，马克·库班和他的联合创始人开创了第一个个人电脑网络。他从一位穿着不到 50 美元西装的刚被解雇的推销员，成为实现年销售额 3 000 万美元的创业者。20 世纪 90 年代初，微解被美联网（CompuServe）收购，马克·库班因此获得一笔巨款，这笔巨款让他在 30 岁时就可以退休了。他确实过了一段退休生活，但正如我们所知，这种日子并没有持续太久。

早在马克·库班创立并卖掉体育视频网站之前，早在他成为黄金档电视节目的传奇投资人之前，他就有了创业的心态，这种心态不仅仅是为了追求商业成功，也是为了发现出色的想法并让它们成为现实。

从他的故事中我们看到，让一个伟大的想法成功不需要刻板的条件。你不需要 MBA 学位，不需要巨额资金，不需要闪电式出击，你需要的是正确的心态。

你需要有好奇心，你要时常问自己：这可行吗？这可以成为生意吗？这可能是个创意吗？当你发现一个有潜力的想法时，你需要立刻付诸行动，对，立即出发。你需要与人合作，通过发掘他人的想法和优势，来改进你的想法并实现它。最后，你需要有坚毅的品质，因为创业的路上充满了挫折，你要坚持到底。

"我们都经历过失败。即使你尽了最大的努力，还是会犯错甚至失败。"马克·库班说，"不管你失败多少次，你只要做成一次，哪怕就一次，人们就以为你一夜之间就取得了成功，以为你非常'幸运'。"

在这一章，你将读到那些伟大的创始人如何找到他们伟大想法的故事。你会发现，那些令人仰慕的企业家都有一段英雄之旅。细节可能会有所不同，但情节要点是相同的。**从一个理想的火花开始，随之而来的是无尽的辛劳、戏剧性的挫折和及时出现的贵人助你实现突破。**

但这一切总是从一个想法开始。总有人在正确的时间、正确的地点，通过正确的心态将想法变为现实。

> Masters of Scale
> **里德·霍夫曼的**
> **经验分享** ▶
>
> ## 关于闪电式成功的神话
>
> 在企业家中有一个关于闪电时刻或啊哈时刻（Aha moment）的传说：有一个伟大的想法从天而降，并恰好落入你的怀中，第二天你就变成了亿万富翁。
>
> 然而这种事几乎从未发生过。
>
> 最成功的企业家都在积极寻找创意。他们瞄准大创意，并时刻

关注这些创意的可行性；他们睁大眼睛寻找线索；他们总是保持最容易激发灵感的状态；他们经常会有一个团队，通过团队协作让一些想法浮出水面；他们不断寻找机会和见解。总之，要想得到一个好创意，你必须积极寻找。

你还必须具备从绝境或错误中快速恢复的能力；你需要具有毅力和勇气，在经历失败和反对之后能够继续前行，利用你的人际网络找到好的创意和解决方案，并避免犯下致命的或代价高昂的错误。

伟大的企业家知道：不是每个想法都能成功。即使你的第一个想法没有被采纳，它也可能带你站在下一个伟大想法的门口。

如果认为"它应该存在"，就立刻行动

这天，萨拉·布莱克利过得相当糟糕，糟糕到让她怀疑人生。那年她26岁，靠挨家挨户推销传真机为生。那天，在一次上门推销中，她感觉自己最终是被人轰出来的，简直"颜面扫地"！

"我把车停在路边，心想，我演错了角色，这不是我想要的生活。"就在路边，绝望的萨拉·布莱克利明确了自己的人生目标。那天晚上回到家，她在日记里写道："我想发明一种产品，然后卖给数百万人，让他们有良好的使用体验。"正如她所说，"我请求上帝给我一个想法，我可以把它变为现实。"

不同的人有不同的表达方式。萨拉·布莱克利会告诉你，她请求了上帝并得到应允。我们可能会注意到，她一直在问自己一个有趣的问题："这会

是我的伟大想法吗？"相信终有一天，她的答案肯定是"是的"。

一天晚上，萨拉·布莱克利准备去参加一个聚会。她说："那天晚上我想穿一条奶油色裤子，但我没有防走光的内衣。于是我亲自动手剪掉了连裤袜的袜脚，这样就可以把连裤袜穿在裤子里面，并且可以穿各种绑带的高跟鞋而不露出里面的连裤袜。唯一的不足是，没有了袜脚的连裤袜整晚都在往上卷。"

"那晚我回到家里，心想，'对女人来说，它应该存在'。"萨拉·布莱克利说，就像霓虹灯牌一样，"它应该存在"这 5 个字在闪闪发光。这是发现真正创意的一个重要线索。如果你觉得自己需要它，你认为还有许多人也需要它，这就是一个好创意。

萨拉·布莱克利花了很多年的时间寻找那块霓虹灯牌，那个指向她的大创意的标志。值得一问的是：还有多少女性以完全相同的方式剪掉了她们的裤袜？答案显然是：很多。

我经常遇到一些女性，她们多年来一直试图为自己解决内衣问题。她们也总是问自己："我为什么没有做 Spanx 呢？"我认为我之所以创立 Spanx，是因为我一直在寻找它，并且已经准备好接受所有出现在我头脑中的想法。

要使一个想法成为一项业务，你必须去执行它。当这个想法产生时，萨拉·布莱克利已经准备好了。而其他人呢？第二天早上又像往常一样去上班了。将那块"它应该存在"的霓虹灯牌遗忘在身后。

这是一个关于创业的关键性误解。人们以为假如一个伟大的想法从天而降，并恰好被你发现，第二天你就会成为亿万富翁。事情当然没有那么简单。

是的，萨拉·布莱克利在卧室里为参加派对做准备的时候，有一个关键的灵感时刻，这很重要。但你还要知道，在那一刻之前，萨拉·布莱克利已经下定决心要实现一个伟大的创意，过去 10 年来，她一直在寻找线索。当然，你也要看看之后发生了什么。

萨拉·布莱克利宣布"它应该存在"的时刻，是她人生中的一个关键时刻，她称之为 Spanx 诞生的时刻。但更重要的是：萨拉·布莱克利不但想出了一个创意，而且决定要做点什么。

每次参加聚会时，萨拉·布莱克利都会把裤袜的袜脚剪掉。虽然，这个小发明会一直往腿上卷，令她不太舒服，但其实忍一忍就过去了，然而她却看到一个机会并采取了行动。

萨拉·布莱克利立即着手制作样衣，这样她就可以看到、感觉到并能够解释清楚她想要创造的究竟是什么。虽然萨拉·布莱克利没有时装设计或服装制作方面的背景，但这并没有阻止她。"我试着自己制作样衣。我去面料店买了松紧带，用回形针把它夹紧，然后试着缝制。通过反复尝试与改进，我开始意识到它可能会带来什么样的效果。"

很快，萨拉·布莱克利就触到了自己能力的"天花板"。于是她开始和一些人谈论这件事。实际上，她并没有告诉家人或朋友，因为她认为他们帮不上什么忙。正如我们在第 1 章看到的，她猜到他们会起反作用。因此，萨拉·布莱克利只和能让她的想法变得更好的人交谈，并听取他们的意见。

同类竞品的情况怎样？她问自己。"我去了尼曼百货（Neiman Marcus）和萨克斯第五大道精品百货（Saks Fifth Avenue），问那里的导购是否知道女人穿白裤子的时候应该穿什么内衣，她们总是说不知道，或者会指给我一种塑身衣，那塑身衣真的很厚，很糟糕。"

谁能生产？她问自己。"我给所有的制衣厂打了电话。每个人都认为这是最疯狂的想法。最终，北卡罗来纳州的一家制衣商给我回电了，在那之前我曾打电话请他试着生产我的产品。他决定帮我的忙。而他愿意帮我的唯一原因是被我的热情所打动，也就是说，他仍然不认为这是一个好创意。"

如何申请专利？由于专利律师费用太高，萨拉·布莱克利没问其他人。她写道："我立即去佐治亚理工学院图书馆研究专利，并申请了自己的专利。"

萨拉·布莱克利向奥普拉·温弗瑞节目组自荐她的产品，并最终在该节目中亮相；她还向理查德·布兰森爵士（Sir Richard Branson）的《叛逆的亿万富翁》节目提出申请，也获得了亮相的机会。这家如今估值 4 亿美元的公司，最初只是从一句话开始："它应该存在。"

为了帮你找到你的"霓虹灯牌"，萨拉·布莱克利给出一个建议："回家想想你生活中经常发生的事情，并把它们写在一张纸上。然后写下使它们可以变得更好的方式和原因。你很可能会在那张纸上发现一个大创意。"

但更重要的是，接下来你必须做点什么。正如 Endeavor 的琳达·罗滕伯格所说："最好的创意不会被扼杀在市场或实验室里，而是在淋浴间。人们甚至不允许自己走出淋浴间，把它写在餐巾纸上，然后将它变为现实。因为他们担心别人会怎么看，人们可能会说，'这只是一个疯狂的想法'。"

琳达说："拥抱疯狂。如果你开始做一些新东西，而人们并不认为这很疯狂，那可能是你的目标还不够远大。"

不要问"怎么样"，要问"有什么问题"

凯文·斯特罗姆（Kevin Systrom）抵达佛罗伦萨时，对即将开始的国外学习生活有着清晰的设想。他要尽情享受自己的爱好："我喜欢咖啡、艺术和艺术史。"他那台全新的顶级相机将派上用场，凯文·斯特罗姆将这种精致的仪器形容为"是我完美个性的最佳体现"。

他的摄影导师却不这样认为。

"我的导师看着我昂贵的相机，"凯文·斯特罗姆说，"他认为我不是来追求完美的，还让我把相机给他。"凯文·斯特罗姆不情愿地把心爱的顶级相机递给教授，取而代之的，教授给了他一台便宜的塑料相机——好光（Holga）相机。"他对我说：'在接下来的 3 个月内，不准使用你的相机拍照。'对这件事，我一直耿耿于怀！我看着他给我的这台好光相机，感觉就像一个玩具相机，镜头是塑料的，如果你不是很小心，拍照时很容易曝光。"凯文·斯特罗姆有点不知所措，但教授说得很清楚："你必须学会热爱不完美。"

带着他的"玩具相机"，凯文·斯特罗姆沉浸在佛罗伦萨的艺术和咖啡馆文化中。令他意外的是，很快他就因为好光相机的易操作性接受了它。"我走到哪里拍到哪里，教授会指导我如何冲洗照片。首先，照片是方形的，有点模糊，也有点艺术感。然后，教授告诉我如何在冲洗槽中添加化学物质，使黑白照片具有不同的色调。"

凯文·斯特罗姆学到了关于限制的重要一课。作为一个艺术家，适当的限制可能是解锁其最好作品的秘密钥匙。这一点有时也适用于企业家。方形照片、滤色器、不完美的图像……请记住这些关键词，我们要把时间快进到凯文·斯特罗姆大学后的职业生涯。

从斯坦福大学毕业并在谷歌短暂地工作一段时间之后，凯文·斯特罗姆推出了一款名为 Burbn 的应用。Burbn 的功能非常简单：有时候，简单是有意为之，而更多时候，是不得已而为之，因为开发者的时间有限，资源有限，以凯文·斯特罗姆的情况来说，他的能力也有限。原本，他打算开发一款基于地理位置的游戏应用，后来又将目标简化为开发一款与四方公司的应用类似的打卡应用。"事实证明，我没有足够的能力来构建所有的游戏功能。所以 Burbn 只提供一种打卡服务，我把它分享给了我的朋友，他们开始使用它。"

凯文·斯特罗姆开始寻找投资，打算以 Burbn 为核心创建一家公司。他得到了一个机会，但附带一个条件。"一位风投说会给我投钱做这件事，但我必须找到一位联合创始人。"起初凯文·斯特罗姆拒绝了。"我当时想，我可以自己做这件事！他说'不'，就像他投资的其他公司一样，我必须有一位联合创始人。"

这是经过事实验证的忠告。两个联合创始人几乎总是比一个好。凯文·斯特罗姆很快就找到了大学时代的好友迈克·克里格（Mike Krieger）成为他的完美搭档。迈克·克里格发挥了他在工程方面的优势。他们一起开发了这个应用，但在启动时，却遇到问题。凯文·斯特罗姆回忆道："除了我们的朋友，几乎没有人喜欢它。"

Burbn 有三个受欢迎的功能：用户可以在某个地点打卡，与其他用户协同访问这些地点，以及上传照片。凯文·斯特罗姆和他的搭档迫不及待地想要改变现状，他们决定只保留一个功能。对凯文·斯特罗姆来说，他们需要一个简单的故事来介绍这个产品。

我们对彼此说："让我们集中精力做好一件事吧。"于是我们在白板上写下了 Burbn 的三个优势功能，然后只保留一个，目的是让 Burbn 更出色。

我们在想，是什么功能引起了共鸣，而什么没有？我们应该选择一个像杰弗里·摩尔（Geoffrey Moore）的《跨越鸿沟》中那样的滩头阵地。不要什么都做，只做一件事，把它做好，做到极致。

当然，他们最后选择了分享照片的功能。

"这就是 Instagram 的关键时刻，"凯文·斯特罗姆回忆道，"我们取消了其他所有功能，只专注于分享照片这一点，将打卡功能设置为可选项。"

当他把注意力集中在应用的"分享照片"部分时，接下来要做的是如何使它与众不同。离发布还有几天的时候，他从一位亲密的顾问，即他的妻子那里得到了一个批判性的建议。

在一次墨西哥之旅中，凯文·斯特罗姆的妻子妮可决定给丈夫一个坦诚的反馈，她是看着这个分享照片的应用如何从想法一步步地变成今天的样子的人。

　　"我想我永远不会使用这个应用。"她告诉凯文·斯特罗姆。

　　"为什么？"凯文·斯特罗姆问。

　　"嗯，我的照片拍得都不够好。"妮可说。

　　"它们已经很好了。"凯文·斯特罗姆说。

　　妮可说："不如你朋友格雷格的好。"

　　凯文·斯特罗姆回答说："好吧，格雷格的所有照片都加了滤镜。"

　　妮可说："好吧，那你应该增加滤镜功能。"

　　凯文·斯特罗姆想："啊，你说得对。我应该加上滤镜功能！"

那一刻，凯文·斯特罗姆得到了两个重要的启示：一个诚实的伴侣或配偶可能是你最好的反馈来源。一个细节的洞察可能带来一个决定性的功能。

滤镜成为 Instagram 最具特色的元素之一，甚至是杀手级功能，用户可以在照片中添加模糊的边缘、进行色彩渲染和选择曝光效果，即使是平庸的照片也能因此具有丰富而温暖的怀旧气息。

"添加滤镜之后，人们的反应都是'哦，我的照片现在看起来好多了'。"凯文·斯特罗姆回忆道，"那时我们意识到，'我们可能做对了什么'。"在之后的 10 周里，Instagram 拥有了 100 万用户。

通常，伟大的想法来源于你的成长经历，正如凯文·斯特罗姆所指出的："你永远不知道你过去的哪段经历会发挥作用，帮助你解决一个难题，从而创造出你想要为世界打造的产品。"

Masters of Scale
里德·霍夫曼的
经验分享　▶

问别人："我的想法有什么问题吗？"

当今商界最持久、最具破坏性的迷思之一是对孤独天才的神往。我们乐于讲述英雄故事，一个创新者的故事，一个具有非凡创意的创始人的故事。在这些故事中，其他人负责执行想法，然后，等待孤独天才的下一个想法的诞生。

这是关于创新的错误理解。很少有人能像宙斯额头上的雅典娜那样，在大脑中直接产生完美的想法。一个好创意变成一个伟大的产品或公司，需要很多聪明人献计献策。伟大的想法来自你的关系网，而不是来自个人。

在我的《联盟》（*The Alliance*）一书中，我写到最有价值的、未被充分利用的信息来源之一是你的关系网。如果你采取正确的方法利用这些资源，你周围的这些人际网络都可以提供快速的反馈和见解。

我所看到的那些潜在创始人，他们犯的最大错误之一，就是太执拗于自己的想法。与其一个人闭门造车式地等待天才想法的出现，不如像我一样，学会在自己的人脉圈中挑选一些会给出有力反馈的人，然后与他们交流想法。这是帮你完善想法的最重要的一个途径。但你不能只去寻求鼓励，还必须积极邀请有益的批评，否则，你只会收到礼貌性的赞美，因为人们不想伤害你的感情。赞美也许会让你感觉良好，但并不能帮助你成功。

当我身边有人提出质疑，有人对我的想法吹毛求疵，有人直言相告"地雷可能埋在哪里"的时候，我的思考将最为有效。事实上，这也是为公司寻找投资人的好处之一。每次你推销你的公司，你都会得到有价值的反馈，尤其是那些"不"的反馈。

通常，我会问人们为什么说我的想法会失败，请他们讲讲理由。这会激发我产生新的灵感，并将其塑造成能够成功的想法，让我在行动之前，就发现了"地雷"和"路障"。

所以，我给创始人的建议经常是："不要问别人'你觉得我的想法怎么样'，而要问他们'我的想法有什么问题吗'。"

勇于分享不成熟的想法

对詹·海曼（Jenn Hyman）来说，这个想法就藏在妹妹的衣橱里。趁着哈佛商学院的假期，詹·海曼去探望妹妹，她发现妹妹买了一件远远超出预算的衣服。她回忆道："我告诉她应该退掉刚买的那件衣服，毕竟她衣橱里有那么多衣服可以穿。""这个衣橱里的一切对我来说都过时了，"詹·海曼的妹妹抱怨道，"这些衣服都拍过照片了，而且照片已经发过 Facebook 了，我需要穿新衣服。"

在那个衣橱里，似乎有一盏灯点亮了。詹·海曼意识到，对许多人来说，衣橱里装满了"旧"衣服，最典型的衣橱是"我们曾经的博物馆"。因此这是一个需要解决的问题。

詹·海曼开始问自己一系列问题。"衣服，衣橱，过时了。如果衣橱活起来呢？如果衣橱中的衣服能够根据天气的变化、情绪的变化、生活方式的变化、身材的变化而变化呢？如果我可以租下需要的衣服，而不是买下它呢？"

假期结束后回到哈佛商学院时，詹·海曼与同学詹妮·弗雷斯（Jenny Fleiss）分享了"活的衣橱"的概念。

在这个故事中，詹·海曼做了两件事，使她从众多的潜在企业家中脱颖而出。首先，她意识到了这个想法，问道："这会成为一门生意吗？"然后，她接下来做的事情更重要：她告诉了别人这个想法。

当你还不确定自己的想法是否非常有价值的时候，你可能更在意的是如何保护好它，因此只把它留在自己的头脑中。但你无法衡量一个仅存于头脑中的想法。事实上，你甚至不能确定它是否真的是一个可发展的想法。你需要听听别人的意见，但不是随便什么人的意见都可以，应该是那些无论有没有经验，都愿意帮助你改进想法的人的。

詹·海曼和即将成为她的联合创始人的詹妮一致认为，时尚界人士的观点应该具有参考价值。她们决定首先联系戴安娜·冯·弗斯滕伯格（Diane von Furstenberg），戴安娜不仅是她那一代最著名的设计师之一，也是美国时装设计师协会的主席。但是有一个问题：她们没有戴安娜的联系方式。尽管希望渺茫，詹·海曼还是抱着试试看的想法，给戴安娜创立的品牌 DVF 官网上 12 个带有戴安娜名字的不同的邮件地址发送了邮件，幸运的是，其中一个是正确的。

詹·海曼得到了一个与戴安娜会面的机会，这次见面使詹·海曼的想法得到重要推进。戴安娜喜欢用租赁的方式向年轻女性介绍她的品牌，但前提是其他品牌也这么做，她才愿意做。如果是别人，可能会认为这是一个不可逾越的障碍，但对詹·海曼来说，她知道自己做对了！共享衣橱（Rent the Runway）即将诞生。第一次与业内人士的接触，无意中帮助她们明确了一种新的商业模式。如果你可以为 20 个或 50 个品牌提供租赁服务，为什么要只为一个品牌服务呢？

这是詹·海曼和詹妮的转折点。"从某种意义上说，那次会面，意味着戴安娜给了我们某种认可，让我们开始搭建我们自己的网络，成立我们自己的零售公司。"詹·海曼说。

那次会面之后，她们打定主意一定要做这门生意。但她们不是去寻找外部强化，而是直接去找了一个会质疑这个想法的人。"我想知道，谁最讨厌这个创意？应该是一家传统的百货公司。"继联系戴安娜之后，詹·海曼联系了尼曼百货的总裁，并与他见了面。

当詹·海曼与总裁会面时，她说自己计划开展一项业务，将尼曼百货出售的同款设计师服装以低于尼曼售价 10% 的价格租给顾客。"哦，几十年来，女人们一直在我这里'租 T 台'，"他告诉詹·海曼，"意思就是买完衣服但不撕掉标签，穿过之后再把它退回来。"

"这种情况多久发生一次？"詹·海曼问。

"大约 70% 的时间中都在发生。"

他接着解释了为什么要容忍这种行为：一位从服装部"借"衣服的顾客可能经常在楼下买 10 双鞋，所以尼曼愿意容忍她们"借"衣服，以此争取更多的"购买"。

在听了梅西百货（Macy's）和萨克斯第五大道精品百货也普遍存在着类似的故事后，詹·海曼知道她走上了正确的道路。她们面前有一个很大的市场，有很多女性想穿名牌服装，但不想买。一种负担得起的、方便的、合乎道德的"借用"服装的方式应该存在。

共享衣橱于 2009 年正式推出，到 2019 年，项目估值已达 10 亿美元。然而，租赁设计师的服装只是推动其走向成功的第一个想法。最初的租赁业务逐渐演变成一种订阅服务，类似"云端的衣柜"。在这一过程中，詹·海曼建立了不同的业务来支持不断发展的想法。她建立了一个数据团队来分析趋势和最大限度地利用投资；她发展了更多的合作伙伴来充实库存；也许最出乎意料的是，她还运营着世界上最大的干洗服务，该服务配备了专业的裁缝，以确保客户体验符合预期。"共享衣橱的运营不比运营网站或应用容易，"海曼说，"真正的运营过程是：接收数百万件穿过的衣服，获取这些衣服的数据，将它们恢复到完美状态，包括干洗、修整、更换新的配件、打包发货。通常这一切都要在 24 小时之内完成。"

詹·海曼最初产生这个想法时，她不可能预料到现在的这一切。"我们必须从头开始构建所有的基础物流技术，"她说，"我曾经想过将部分技术外包出去，最有可能的是干洗业务。"但后来她意识到："等等，这就是生意。"

你的第一个创意很可能就是一个火花，真正可扩展的生意会在之后逐渐出现。

从解决日常中的不便利出发

"我只是不想再拿着 U 盘到处跑。"这就是德鲁·豪斯顿（Drew Houston）最初的动机，正是因为这个烦恼，他开始考虑推出数据存储服务，这就是现在蓬勃发展的 Dropbox 的由来。一种典型的日常烦恼常常可以点亮"霓虹灯牌"。

德鲁一开始肯定没有想过要成为数据存储的巨头。当时，他正在开发一个名为 Accolade 的在线 SAT 备考课程。他需要在计算机之间不断地移动文件，只能用不太可靠的 U 盘来完成这项重要的工作。这个拇指大小的驱动器存储着 Accolade 的源代码，这意味着他随时都会因一次小故障遭遇一场灾难。

"我已经记不清有多少次把 U 盘的连接器弄弯了。"他说。他总是担心 U 盘会突然坏掉，因为它们经常莫名其妙地坏了；或者担心弄丢了资料；而他最担心的就是当他把裤子丢进洗衣机的时候，裤子口袋里恰巧装着这个 U 盘。

从技术层面来讲，2006 年在线数据存储服务就已经存在了。当时有些公司提供某种版本的在线数据存储服务。但在做市场调查时，德鲁注意到，这些公司的用户论坛怨声载道。德鲁回忆道："访问他们的论坛就像走进了一个战地医务室。人们留言说，'嘿，你毁了我所有的 Excel 表格！''我的纳税申报单不见了！''我真的想要那些婚礼照片，我再也看不到了，你能帮我找回来吗？'真是一场接一场的灾难。"

要求在线存储公司安全地存储数据难道很过分吗？德鲁不这么认为！他决定构建一个更好的云存储系统，确保数据和文件的安全。

德鲁和联合创始人阿拉什·菲尔多西（Arash Ferdowsi）几乎不会有什么损失。"最差的情形无非是我们做出一个很棒的东西，解决了这个有趣的问题，"德鲁说，"当有人来敲门，买走我们的公司，我们再去做其他的东西。"对于一个 24 岁的年轻人来说，这听起来很不错，毕竟他还和 4 个男人蜗居在一套公寓里。

但 Dropbox 并没有朝着"最差"的情形发展。德鲁建立了这个系统，创办了公司，他们不仅没有卖掉公司还扩大了规模，征服了这一领域，并最终摆脱了最初的恐惧，再也不用担心不小心把 U 盘丢进洗衣机了。

不以惯性做事，重新构建问题

在谈到她与他人共同创立的第一家公司时，惠特妮·沃尔夫·赫德（Whitney Wolfe Herd）说："没有人考虑后果。"Tinder 是一款非常受欢迎的约会应用。它因为让用户对潜在的约会对象"向右滑动"而闻名，Tinder 的成功是毋庸置疑的。但很快，Tinder 也成了无聊搭讪的代名词。据报道，这个平台上充斥着"厌女"情绪和骚扰行为。

这就是惠特妮决定离开的原因。回首往事，她说："我想我在那里学到的是，当你鼓励别人使用一项新技术时，你也应该负起应有的责任。这个想法一直萦绕在我的脑海中。"

与 Tinder 分道扬镳的消息传出后，惠特妮对网络互动的负面影响更加担忧，因为她发现有陌生人在网络上攻击自己。她说："我现在知道在网上被曝光是什么感觉了。"当她想到所有的年轻女性都会面临类似的网络暴力时，"这促使我准备'下一次创业'。"她说。

惠特妮希望改变人们在网上的互动方式，用她的话说，"在友善的环境下重新思考社交媒体的意义"。最初，她打算建立一个名为 Merci 的社交平台。她说，与以往所有的社交平台相比，Merci 有一个微小而重要的区别。"你不能在 Merci 上随便发表评论，并且评论内容必须是赞美和称赞的话。"这是一次尝试改变网络用语的努力，一次朝着善良方向的小小转变。

当惠特妮开始着手执行这个想法时，一个机会出现了。由于她有参与创建 Tinder 的背景，所以一个正在开发新的在线约会应用的团队邀请她加盟。她最初的反应是：不可能。难道再去创建一个"向左滑动，下一个！"的应用？

但是，当惠特妮准备礼貌地拒绝这个机会时，她也开始考虑另外一种可能性：是否可以创建一个约会应用，使它可以为女性提供更安全、使女性更受尊重的体验呢？

如果这个新的约会应用可以为女性创造一个安全的数字生态系统，惠特妮同意考虑成为它的领导者。她认为，这一挑战与控制权有关：在网络约会的世界里，女性根本没有控制权。

"突然间，我脑海中出现了一个念头。"惠特妮说，"如果我们使用标准的约会平台，只增加一个特别的设置，即这里只能由女人发起对话，那会怎么样？"

惠特妮说，"女人先说话"的想法与过去几百年来人类的约会模式背道而驰。"女性被教导不要先开口，永远不要发出第一条信息，永远不要主动；而男性被教导要具有主动性、进攻性，直到攻破女人的防御，直到女人说'是'。这造成了一种性别互动的失衡。因此，要努力减弱男人的进攻性，鼓励女人主动表达自己。这样能够平衡一些。"

惠特妮想得越多，越觉得应该给女性更多的控制权，这不但是在改写在线约会的规则，而且是在改写整个在线互动行业的规则。"这将减少骚扰，"她回忆道，"将减少不良行为，赋予女性真正的权力并鼓励女性掌握主导权。"

由此产生的 Bumble 获得了轰动式的成功，这要归功于该团队对约会应用工作方式的一个微小的调整。正如惠特妮所说："我们不是重复别人，我们只是在尝试着扭转局面。"

将模式转化为商业理念

当你寻找想法时，看看那些最优秀的商业头脑是如何思考的，这可能会对你有用。例如，在硅谷，许多人都有工程师的心态，因此我们寻找模式：其他公司取得成功的模式，新技术打开市场的模式，以及更广泛文化中的模式。不同的模式将通向完全不同的世界。

一些企业家在观察周围的创新和进步后，会问自己："这会带来哪些业务？"例如，"现在我们有了移动电话，这会创造什么样的商机？""现在我们有了云存储，这可能实现什么样的业务？""现在我们有了人工智能，这又能带来什么样的机会？"等。

也有一些企业家持续地关注一个单一的长期趋势，并想象它将创造怎样的未来。梅拉妮·珀金斯想象了这样一个世界：设计和出版工具能够让非设计师人群轻松使用，而不是吓跑他们。她把这一未来图景变成了可画，即一家总部位于澳大利亚的公司，目前市值60亿美元。埃文·威廉姆斯在《连线》杂志上读到一篇文章，文章认为技术最终可以连接地球上所有的大脑。他将这一愿景转变为三家文化类公司：Blogger、Twitter 和 Medium。

企业家发掘想法的另一种方式是通过察觉某种抽象的模式或趋势，然后朝着它发展。例如，"我可以看到一些元素如何组合在一起并构成某种模型，即使没有明确的需求，我也可以以此为基础去发展它"。领英就是这样被发展出的公司之一，爱彼迎也是。有许多迹象表明，市场需要爱彼迎这样的公司，因为有很多年轻人想要旅行，他们需要更为廉价的旅行方式，并且很乐意睡在别人家的沙发上，"沙发冲浪"已经成为一种时尚。在爱彼迎出现时还有其他趋势，比如像 ZipCar 等公司开创的共享汽车模式。此外，在别人的公寓里租一个房间住一晚的想法当时也是全新的。

将模式转化为商业理念是企业家的核心能力。就算你的转化速度非常快，其他人可能也正在做同样的事情。你或你的竞争对手谁能获胜将取决于你们行动的速度和果断程度。

在华尔街工作了 20 年后，莎莉·克劳切克（Sallie Krawcheck）知道有些东西不见了，而她可能就是创造那些东西的人。作为一名投资分析师，莎莉意识到一个问题，即"性别投资差距"。虽然每个人都知道性别工资差距，但很少有人意识到这里面蕴藏着一个机会。

一位年收入 8.5 万美元的女性通常会将收入的 71% 存起来，这意味着女性的投资远远少于同等收入的男性的投资。"这会让一个女人一生损失大约 100 万美元。"莎莉说，"那可能就是'创业'的钱，或者'买梦想中的房子'的钱，那是让女人有底气说'把你那该死的手从我腿上拿开'的钱，或者'离开讨厌的工作'的钱。我意识到存在着这样一个缺口，而投资行业现有的业务根本无法覆盖这个缺口。"

莎莉的职业生涯始于所罗门兄弟公司，因《骗子的扑克》（Liar's Poker）一书，这家公司声名狼藉。如果说华尔街是兄弟会，那么所罗门兄弟公司就是动物之家。"这就是我们今天所说的有毒的男性文化，"她回忆道，"当时还存在性骚扰的风气。我走进办公室，桌上放着一份男性生殖器的复印件，这对一位来自查尔斯顿的年轻女士来说着实可怕，而始作俑者好像仅仅是为了取乐。"

但莎莉在所罗门站稳了脚跟,最终进入资产管理公司 Bernstein,在那里她撰写了投资者报告。她回忆到,她给 Bernstein 的第一份报告是"负面的",详细说明了不该投资她所提到的公司的理由。为什么?因为他们做的是次级贷款的业务。一些人不建议她发表这份报告,但莎莉坚持发表了。事实证明她是对的,从此莎莉开始崭露头角。5 年后,作为首席执行官,她再次打破了常规,瞄准了困扰她多年的华尔街的陈规陋习。当时,许多金融分析师同时为两组不同的客户做投资银行业务和研究,这明显产生了利益冲突。"这意味着金融分析师可以建议他们的客户做一件事,然后转身对另一群客户给出相反的建议。"她说。尽管这意味着 Bernstein 要损失数百万美元的收入,莎莉仍坚持要彻底结束这种做法。

莎莉采取行动的时机再好不过了。短短几个月内,随着互联网泡沫的破灭,纳斯达克指数暴跌。当这一切发生时,因为没有其他公司那样的利益冲突,Bernstein 脱颖而出。就在那时,莎莉登上了《财富》杂志的封面,标题是"寻找最后一位诚实的分析师"。

这使莎莉在华尔街最大的银行之一所罗门美邦银行(Salomon Smith Barney)获得了一个高管职位。但这一次,大胆挑战传统的作风令她失去了工作。莎莉建议,如果他们银行为客户提供的建议经验证是糟糕的,那么事后应该补偿这些客户,但首席执行官坚决反对。莎莉不仅被炒,而且她被炒的消息还登上了头版头条:"最后一位诚实的分析师"也被扫地出门。

塞翁失马焉知非福。这一事件让她恢复自由之身,得以尝试纠正华尔街的另一个错误:性别投资差距。她说:"我有一个信念,我必须这样做,如果不能帮助女性缩小这些财富差距,我心有不甘。"

女性控制着约 7 万亿美元的可投资资产，大多数时候，90% 的女性自己管理资金。她们自己挣钱，她们在生活的各个领域都具有影响力，却唯独在投资领域一直被金融界忽视。因此，莎莉认为若能针对这个市场推出投资产品和服务，将是一个巨大的机会。

但是，并非所有人都同意这一看法。

尽管性别歧视在华尔街已不是什么新鲜事，然而人们的反应仍然让莎莉感到震惊，人们一致认为："她们的丈夫可以替她们理财呀？女性为什么要自己参与？"

在此之前，莎莉并没有创业的打算，她希望现有的金融服务公司能够采纳她的想法。但她得到的回答令她清楚地意识到：好吧，如果这件事必须完成，那么由我来做。

华尔街曾告诉她哪些事情不要做，这有助于帮助莎莉设想如何以不同的方式去实现这一想法。因此，她开始设计一个与目前所有投资产品都不同的产品：Ellevest，一个专为女性设计的投资平台。

用危机感增强找到创意的决心

卡特琳娜·费克和斯图尔特·巴特菲尔德（Stewart Butterfield）都有点担心，因为他们推出的在线角色扮演游戏并没有像他们希望的那样发展。虽然这个游戏有少量忠实粉丝，但目前增长停滞，无法找到投资。

"互联网泡沫破灭是金融市场历史上的一个至暗时刻，"斯图尔特说，"像游戏这样无足轻重的项目不会得到投资。我已经尽了一切努力，把所有的积蓄都投进去了，把朋友和家人的钱包也都掏空了。我们在寻找最后一搏的机会。"

谁知屋漏偏逢连夜雨，情况变得更糟了。一次斯图尔特和卡特琳娜去纽约开会。"我在飞机上发生食物中毒。"斯图尔特说，"下飞机之后，在通往纽约的高速公路上我还吐了，到了酒店，我整晚都不舒服。在此期间，大约是凌晨 3 点或 4 点，创建 Flickr 的想法突然闪现，就像一个狂热的梦。"

它源于游戏中的一个功能。斯图尔特说："在游戏中，你有一个清单，可以在其中挑选装备。我们把清单做成一个装满照片的盒子。你可以做一些有趣的事情，比如把照片拖到小组对话中。这些照片会出现在小组成员的屏幕上，他们可以实时进行评论。"

Flickr 是一个开创性的照片共享社区，为今天 Facebook、Instagram 和 Twitter 上的许多功能奠定了基础：设定标签、分享、订阅、发送表情包。这是现代社交媒体的一个重要早期实验、一个创新的试验台。它改变了在线社交的模式。

但最初，它只是隐藏在一款不太受欢迎的游戏中的一个功能。可以说卡特琳娜和斯图尔特在 Flickr 上取得的成功，主要归功于他们在创意中发现创意的能力，以及一点运气，但还有另外一个重要的原因——绝境。

> Flickr 并不是从一个宏大的命题开始的，比如照片可以有什么玩法，如何围绕照片实现社交互动，如何让照片更容易被搜索到。所有这些都是后来才出现的。我们当时想的只是：怎样才能活下去？

在本书中，你可能已经发现，许多公司都有一个相似的开篇故事：萨拉·布莱克利在想到 Spanx 之前"几乎是被人轰了出来"；莎莉在华尔街被高调解聘之后才有了推出 Ellevest 的想法；凯文·斯特罗姆将一个失败的打卡应用变身为 Instagram；惠特妮遭遇到网络骚扰，然后创立 Bumble 的想法出现了；马克·库班当年一贫如洗，穿着廉价的西装，身无分文。

有时，一个伟大的想法如同一支从混凝土缝隙中绽放的玫瑰，是在艰难的境遇中萌生的。通常情况下，伟大的想法往往诞生于困难之中。**只有当你亲身经历了困难和痛苦，你才能足够接近问题的本质并看到一个可能的解决方案。**

简单来说，阻力引起摩擦，摩擦产生火花。

而且，危机可以突出重点，让你增强决心，让你从"如果我有个好创意该多好"变成"我必须找到一个好创意"。危机带来了紧迫感，迫使你孤注一掷、打破僵局。

当然，从萌生一个伟大的想法到建立一家企业并没有那么简单。这一过程困难重重，但你要义无反顾，披荆斩棘。

听上去糟糕的想法机会更大

特里斯坦·沃克正在寻找一个想法。如果你读了第 1 章，应该已经知道接下来会发生什么。在融资、发展和最终出售公司之前，他将面临潜在投资者的一连串的挑战。你也知道首先发生了什么：他帮助四方公司从头开始建设，帮助公司从零开始发展到拥有 100 多万家商户。

2012 年，特里斯坦处于徘徊之中。一方面，他雄心勃勃，希望创建自己的事业；另一方面，他需要先找到创意。要想找到创意，必须去创意能找到你的地方。你必须与那些能正面挑战你的人多交流，这样才能找到最适合你的想法。因此，特里斯坦去了著名的风险投资公司安德森 - 霍洛维茨。据说那里有各种创意在空气中飞舞，在墙上蹦来蹦去。该公司的联合创始人本·霍洛维茨十分欣赏特里斯坦的创新眼光，于是邀请他"在办公室闲逛，大胆思考"，并称他为常驻企业家。

当特里斯坦为自己的创意四处奔波时，本·霍洛维茨分享了一个观点，它恰好证实了特里斯坦在斯坦福大学时对 Twitter 的第一直觉是对的：有时，看起来糟糕的创意是好的，看起来好的创意却是糟糕的。

正如本·霍洛维茨所解释的，人们倾向于追求"好创意"，这些创意似乎很好，几乎好到显而易见的地步。但显而易见的东西大多没有多大价值，它们要么是渐进式的想法，要么已经有人完成了，要么就是因巨大的困难而无法完成。

但对于所谓的"坏创意"，宝藏可能就藏在那里。爱彼迎？谁会让陌生人睡在家里？优步（Uber）？谁会想搭一辆没有营运牌照的车？特里斯坦想了一分钟，决定："事实上，我想追逐那些'糟糕'的创意。"

特里斯坦的大部分创意都是好的，或者说已经足够好了。但是他的单刀剃须刀的想法呢？行业太大，市场空间又太小。市场中的那些"庞然大物"很可能会把新入局者碾得粉碎。这太反直觉了，但真的是刀片越多越好吗？

特里斯坦和本·霍洛维茨都认为"糟糕"的创意是值得尝试的。特里斯坦认为人们对这个利基市场的普遍假设是错误的，机会其实比人们以为的要大得多。他心里也知道，他是最合适的人选："当我想到市场上根本找不到适合我的产品以及我筹集资金的能力时，我认为这个世界上再也没有人比我更适合做这件事了。当我意识到这一点的那一刻，我感到一切都变得非常清晰了。"

如今，他的公司为沃克系列开发新产品，特里斯坦仍然认真地对"糟糕"的创意进行推演。"现在，每当我们提出想法时，我们都会问自己，这是不是一个'糟糕'的想法？如果我们不能回答这个问题，这个想法可能不值得去实现。"

Masters of Scale
里德·霍夫曼的
经验分享 ▶

去创意能找到你的地方

作为一名企业家，你应该每天有意识地开辟时间和空间，好让自己接受新的想法，让自己置身于伟大想法可能出现的环境中。

我问每位《规模大师》的嘉宾，他们最喜欢去哪里寻找灵感，我得到的回复是：没有标准答案。有些人在独处时思维最活跃，有些人需要一个有活力的团队，有些人需要得到周围人群的激励，有些人需要去一个熟悉的地方，有些人需要体验新奇感，有些人向往自然，有些人需要走上城市街道。

Spanx 创始人萨拉·布莱克利告诉我，她最好的想法是在车里产生的。其实她住得离 Spanx 总部很近，但她喜欢早起一个小时，漫无目的地在亚特兰大的大街小巷开车闲逛，这时候她的思维最活跃，头脑最清晰。"Spanx"这个名字就是她在车里想到的。

主观意向至关重要。萨拉·布莱克利积极培养自己的最佳思维，她每天都做的一件事，就是为了让自己打开思路而开辟出这段驾车"闲逛"的时间。每一位伟大的企业家都有类似的经验。奈飞的里德·哈斯廷斯在圣克鲁斯家中的客厅里思考时最有效；对于爱彼迎的布莱恩·切斯基来说，激发灵感的地方是沃尔特·迪士尼家族博物馆；比尔·盖茨喜欢一边开车一边思考；星佳的马克·平卡斯则在登上他的冲浪板的时候状态最好；ClassPass 的帕亚尔·卡达基亚是去舞蹈室的时候思维最佳。

Flickr 联合创始人、互联网先驱卡特琳娜拥有一个更加不寻常的"特定地点"。她喜欢在夜里醒来，利用凌晨 2 点至早上 5 点这段时间思考。所以对她来说，是"某时"而不是"某地"驱动着她的最佳想法。

对我来说，当我和那些质疑我的想法、对我的想法吹毛求疵的人在一起时，我会做出最好的思考。一些人喜欢在熟悉的地方思考，比如淋浴间或经常跑步的地方。这很有意义，熟悉的地方让你进入"自动驾驶"状态，而你的思维可以自由翱翔。我最喜欢的思考地点是新的环境，我在咖啡馆和其他类似的地方，可以更专注地思考。

形成你的想法是你独特能力的综合体现，是你对未来和周围的市场综合思考的结果。我的第一本书《至关重要的关系》（The Start-Up of You）中，有一章专门讲述了如何通过描绘你的资产、抱负和市场状况来找到你的道路。

最重要的是，即使你是一个内向的发明家，也不要忘记你的人际网络，不要忘记与具有挑战性的人、有创造力的人、持怀疑态度的人以及其他创业者讨论你的想法。你们之间的对话可以加快你找到下一个重大创意的步伐。

好创意没有标准

如果你相信某件产品应该存在，并且你可以想象到许多人也会点头表示同意，这可能就是一个值得追求的目标。

成长经历赋予你好创意

当你深入地审视自己的经历和激情时，你会发现藏在你命运中的伟大想法可能正在身后盯着你。

你不必重复别人

在寻找一个大创意时，工作方式上的一个微小的调整就可以扭转局面。

好想法源于困境

永远不要白白浪费一次危机。绝望的时刻可以让你更加专注、更加坚定，并产生绝佳的想法，同时它的紧迫感会促使你采取行动。

寻求"糟糕"的创意

当每个人都告诉你"这是个好创意"时，这可能意味着很多人已经在尝试去完成它了。相反，应该去寻找伪装成糟糕的样子的好创意，去寻找那些潜在价值不容易被看见或被误解的想法。

MASTERS OF SCALE

Surprising Truths from the World's
Most Successful Entrepreneurs

第 4 章

公司成立的第一天就要建立文化

文化理应建立在一种共同的使命感上，
人人理解，人人建设。

———————
MASTERS OF SCALE

早在他将 DVD 邮寄公司变身为征服好莱坞的流媒体工作室之前，早在他用颇具创新的 DVD 邮寄服务将美国家庭影视服务公司百视达（Blockbuster）打倒之前，奈飞首席执行官里德·哈斯廷斯曾是一名程序员，而且是一名十分出色的程序员。里德·哈斯廷斯与当时的两位同事一起发明的 Purify 非常受欢迎，这是一种专供程序员用于程序纠错的小工具。然而这恰恰是事情变得一团糟的开始。

在这一阶段，里德·哈斯廷斯还不是一位经验丰富的管理者，可他不但要管理人员不断增长的团队，还要监督新公司的收购，新公司的收购意味着新的团队一夜之间就会到来。一度，里德·哈斯廷斯的公司，即现在的纯净软件（Pure Software）公司，在 18 个月的时间里收购了 3 家新公司，他们将这些新团队整合到公司中的速度之快，连他们自己都无法想象。

"我夜里写代码，白天当首席执行官，偶尔才能挤出一点时间去冲个澡，"里德·哈斯廷斯回忆道，"当时我想，如果我能打更多的销售电话，更多地出差，写更多的代码，做更多的采访，也许结果会更好。"

但是，事与愿违！

里德·哈斯廷斯试图一个人完成所有的事，这是创始人常犯的一个错误，随着公司的发展，这个错误往往会制造更多的问题。里德·哈斯廷斯没有充分利用员工的能力，而是绕过他们凡事都亲力亲为。他不相信员工独自解决问题的能力，习惯于亲自解决员工的所有问题。

里德·哈斯廷斯回忆道："每次遇到重大问题，比如销售不顺利，代码有错误，我们都希望通过采取某个流程来确保这种情况不再发生。"

然而在尝试依赖系统发挥"避免愚蠢问题"的作用时，里德·哈斯廷斯却令公司文化趋于低智化。"公司的智能水平下降了。"他说，"市场不可避免地在发生变化，从 C 语言到 Java，变化无处不在。但是当变化来临时，我们无法适应。"里德·哈斯廷斯无意中创造了一种文化，在这种文化中，人们善于遵循流程，但不善于独立思考。

在纯净软件公司时期，里德·哈斯廷斯永远不可能去修正文化，因为公司的文化在它的形成期就逐渐固定了。卖掉纯净软件公司后，里德·哈斯廷斯决心另辟蹊径。

在这一章中，我们将探索文化的奥秘。组织中的文化，可能听起来非常抽象，我们所说的文化是什么意思？它真的重要吗，还是只是一个流行语？它是必须由一家公司的领导者来塑造和指导，还是可以自行发展？

对于成功的公司文化来说，虽然没有一个简单可套用又万无一失的公式，但某些品质和特征是必不可少的。

文化自身是有生命力的，是你为员工创造的最佳工作环境。文化理应建立在一种共同的使命感上，人人理解，人人建设。事实上，只有每个员工都有强烈的投入感和主人翁精神时，文化的作用才会充分显现。创始人应该在创业初期就开始行动，通过深思熟虑且意图明确的设计和行动来打造公司文化。

但这不是一件容易的事情。它需要一种微妙的平衡，使组织中的每个人都能共享一些共同的价值观，而不必扼杀多样性，也不必只按照创始人自己的设想招聘员工。而且，当你扩大企业规模并大量雇用新员工时，要想保护和强化这些价值观可能会特别困难。

那么，今天的你，如何创造一种可以为明天的你服务的文化呢？一种具有预见性的、准备充分的企业文化，甚至能够推动创业数年后已经发生许多变化的企业持续发展。

发展文化，而不是保护文化

人们很容易忘记奈飞是如何彻底颠覆视频租赁业务的。1997 年，奈飞由里德·哈斯廷斯等人联合创立、由种子基金入资一部分，另外一部分资金来自当年里德·哈斯廷斯卖掉纯净软件公司的 7.5 亿美元收入。奈飞的运营模式非常简单：免费给用户邮寄 DVD，用户不仅不必亲自开车去商店，归还逾期也不需要缴纳罚金，而且如果弄丢了 DVD，无须任何解释，奈飞会重新给用户寄一个。

百视达试图效仿奈飞的这种模式，但由于他们行动不够迅速，在 2010 年已申请破产。尽管里德·哈斯廷斯大胆创新的业务模式已经颠覆了以往电影租赁的运作方式，但是他仍然时刻关注着未来的动向。他看到了巨大的威胁，但威胁并非来自"老古董"百视达，而是来自在线流媒体。

随着宽带互联网逐渐进入美国家庭，里德·哈斯廷斯认为，流媒体娱乐将很快取代 DVD 的位置。请注意：这是在 20 世纪 90 年代末，当时宽带互联网的普及率还不到 1/10，但他预感到宽带互联网的普及将很快到来。

因此，一方面，里德·哈斯廷斯需要一个团队为现在的 DVD 租赁业务专门开发出一个一流的物流系统。另一方面，他知道，团队很快就要完全转型，从零开始构建在线流媒体服务。

构建具有开创性的视频流媒体服务将是一个挑战。里德·哈斯廷斯要寻找具有"第一性原理思维"的工程师。第一性原理思维是指：你所做的每件事都以某些基本信念或第一性原理为基础。第一性原理思考者把问题分解为最基本的假设，通过推演或质疑这些假设，来重新构建问题，而不是盲目地遵循既有方向或坚持既定的流程。这样的思考者不会以惯性做事，而是会想：能不能用另一种方式来做？里德·哈斯廷斯想找的就是这种爱刨根问底的人。为了吸引他们，里德·哈斯廷斯设计了一个意外奏效的工具——《奈飞文化手册》（*Netflix Culture Deck*）[①]。

《奈飞文化手册》是一份至今仍颇具传奇色彩的文档，由大约100张幻灯片组成，它描述了奈飞文化代表什么、奈飞想雇用什么样的人以及工作展望是什么。正如里德·哈斯廷斯所言，《奈飞文化手册》并不精美，设计也不高端，看起来不像是一个外部营销产品。

事实上，最初的《奈飞文化手册》是一个内部文档，后来向外公布"只是为了向求职者发送链接"。但很快它就在网上传开了，浏览量迅速超过了1 000万。

时至今日，创业者们一直在研究《奈飞文化手册》，解密（或许是模仿）奈飞文化的要素。更重要的是，《奈飞文化手册》已经成为吸引第一性原理思考者的磁石，因为第一性原理思考者希望在自由和责任相互平衡的文化氛围中工作。

[①]《奈飞文化手册》由奈飞前首席人力资源官帕蒂·麦考德（Patty McCord）撰写，是一本深入解读奈飞文化的作品，已由湛庐引进、浙江教育出版社2018年出版。——编者注

回顾《奈飞文化手册》，我们了解到，奈飞没有固定的休假制度。里德·哈斯廷斯解释道："我们提倡'高度自主'，我们没有朝九晚五的规定，每个人自己选择最佳的工作时间工作。"《奈飞文化手册》还强调公司要保持良好的透明度和对员工的绝对坦诚，鼓励员工时不时地问他们的经理："如果我要离开，你准备拿出多大的诚意挽留我？"里德·哈斯廷斯称之为"把关人测试"，目的是让员工时刻保持清晰的自我认识。

里德·哈斯廷斯不喜欢那些做作的说辞，诸如公司员工一家亲之类。奈飞更喜欢用的比喻是球队而非家人。里德·哈斯廷斯解释说："归根结底要看工作表现，这里不是家庭，并不追求无条件的爱。我们要做的是在互联网电视领域改变世界，要在各个层面都有卓越的表现。我们也一直重视诚实的反馈，这样才可以从中吸取教训并尽可能做到最好。"

家庭和球队是如此不同，里德·霍夫曼将两者的区别作为其著作《联盟》的核心进行阐述，并详细解释了为什么管理者应该将员工视为盟友，而不是假装公司是一个家庭。

如今，奈飞的员工几乎都是第一性原理思考者，从娱乐内容到差旅支出，他们将这一思维方式渗透到整个公司的决策过程中。"我们要求员工思考什么对公司最有利，"里德·哈斯廷斯说，"但我们并没有过多地指导员工。"这种文化并不适合所有人，因为有些人希望被告知该做什么。他说："这些人不适合奈飞的文化。"

通过建立灵活的、适应性强的具有第一性原理风格的文化，奈飞得以快速地扩张，从邮寄数百万张 DVD 到制作原创内容，从在电影节上亮相到创建几乎覆盖全球范围的流媒体娱乐库，完成了一次次非凡的革新。

当里德·哈斯廷斯回想奈飞所经历的转型，以及他的老公司纯净软件在应对类似挑战时所采取的方式，他深信纯净软件之所以不会幸存是因为它的文化更关注过程，而奈飞构建的文化致力于不断突破，做得更好。

随着奈飞的发展，它的文化也随之发展。"我们不断地鼓励员工思考如何改进文化，而不是如何保护文化。"里德·哈斯廷斯说，"每个人都在努力为公司的文化增值，他们会说'这个地方还可以改进'。《奈飞文化手册》不是金字招牌，而是一个不断发展的活文档。"

Masters of Scale
里德·霍夫曼的
经验分享 ▶

文化是一个长期在建的工程

许多创始人误解了公司文化，我一再地看到他们犯两大错误。第一个也是最常见的错误是：人们往往会忽视公司文化的建设，或者较晚开始思考文化的问题。他们认为最关键的是解决产品或收入的问题。以我为例，作为一名年轻的企业家，我优先考虑的是战略而不是文化。对这些企业家（也包括我自己）来说，文化似乎是软绵绵的、次要的，甚至可能是自然而然就会发展起来的。

实际上，文化是一家公司实现一切目标的基础，当团队规模还小且文化仍有可塑性时，开始用心地考虑这一点至关重要。公司文化在人际交流的过程中会很快形成，有时甚至在不知不觉中被固化了。你必须非常小心你正在推行的信念、实践和仪式。如果在初始的小团队期间没有做对，那么以后就很难做好了。

如果你允许一个破碎的文化在公司扎根，之后会难有可靠的途径去修正它。修正公司文化所需的时间取决于你的文化是如何被打破的，可能比市场和竞争所允许的时间更长，可能会使你难以建立新的文化。如果员工担心会被报复，那么，你将很难建立里德·哈斯廷斯主张的具有第一性原理风格的公司文化，或者说，如果你的公司文化容忍口头辱骂行为，那么，你将很难建立像 WaitWhat（制作《规模大师》这档播客节目的公司）这样友好的、合作的文化。简而言之：如果你的文化是 C 级，你可以把它改进成 B+ 级，但 C 级文化永远不会成为 A 级文化。想要获得 A 级公司文化的唯一途径是从一开始就创造它，并维护它。

这就引出了第二个关于企业文化的普遍误解。许多人认为企业文化就像是刻在石碑上的《摩西十诫》一样不可改变。但公司文化不是通过法令制定的，也不是一直不变的。如同自然界的其他事物，文化也是逐渐进化而来的，它是由个体塑造的，随着个体的成长，文化也必然会逐渐发生改变。但是，你可以保留其原来坚实的基础。

这并不意味着人们在文化的发展过程中不能犯错，也不能出现误解。事实上，文化的成长和进化有一部分正是基于承认错误和改正错误。这样的纠错可以使人们的关系变得更加紧密。

在我职业生涯的早期，我曾经以为公司文化在发展过程中可能会有一个急转弯，就好像一位"新法官"来到一个城市，制定新的法律，然后扭转一切。但文化不是这样的，无论是在一家公司的建设阶段，抑或转型阶段，文化都必须不断地发展。

关于文化还有一点需要我们明白，我们都在为使命而工作，文化将决定我们如何共同完成我们的使命。换句话说，文化是由公司的每个人拥有、构建和改进的。因此，文化是一个联合项目，是一个永远不会结束的持续项目。

　　文化对于一家公司而言是一切的基础：招聘人才、制定和执行战略、塑造与客户的关系模式，等等。因此，我在《闪电式扩张》一书中给出概述，对于创业企业而言，有许多挑战都可以慢慢解决，即使像商业模式或财务运营模式这样极端的挑战也不例外，唯独公司文化应当在最初就开始构建，并持续不断地进行下去。

文化也是可以扩张的

　　餐馆老板丹尼·迈耶说："罗马的美食是我一生中最大的发现。作为一家旅行社老板的儿子，我小时候，每隔几年就会去一次欧洲。这些早年的旅行充满了喜悦，喜悦总是与新发现有关。我开始相信，像食物一样，这种发现的感觉也会给予我滋养。"

　　吸引丹尼的不仅是罗马的美食，还有罗马餐厅里的氛围。"在罗马，我发现餐厅本身是可以改变一次用餐体验的因素：朴实的陶土地面、方格桌布、圆顶砖砌天花板和温暖的台灯。餐桌摆放得错落而紧凑，两两之间的距离比我在圣路易斯看到的更近。在罗马的餐厅里，无论你坐在哪里，都能感受到身边每个人的能量。"

　　当丹尼的第一家餐厅——联合广场餐厅（Union Square Café）诞生时，他清楚地知道自己想要的感觉。"我想创建一家餐厅，一家可以称之为我最喜欢的餐厅。"丹尼有一个新奇的想法，这一想法能让那家餐厅变得真正伟大。相比于食物本身，他认为食客的体验才是最重要的。

　　"我知道自己希望得到怎样的服务，这非常重要。"他说，"我知道在餐厅里受到不好的待遇是什么感觉，我学习什么该做，什么不该做。联合广场餐厅就像一个装满所有元素的大购物袋，包含设计元素、食物元素、葡萄酒元素、价值元素，以及我最喜欢的热情待客的元素。"

丹尼把"氛围"而不是食物作为他的关注重点。早期，这种略显疯狂的待客信念是所有决定的基础。"除了如何招待食客，我一无所知。"丹尼笑着回忆道，"我的第一个会计不知道如何记账；我的第一个服务员，在开幕之夜要用开瓶器开香槟——这是一件危险的事情。"

但是，丹尼对食客的同理心弥补了联合广场餐厅最初的不足。

> 吧台里饮料不全，厨房里食物不够，但这不重要，最重要的是……从一开始，我就有敏锐捕捉人们感受的能力，无论是食物、酒精还是咖啡，不管他们点什么，我都知道他们最想要的是什么，我还能记住他们最喜欢坐的桌子是哪张。我有一个愿望，也有这种能力，就是知道如何让人们在离开时比来时更快乐，这真的成了餐厅的法宝。

带着这些念头，丹尼每天在餐馆里实现着他的梦想。不久，联合广场餐厅就成为纽约最受欢迎、最具创意的餐厅之一；它一度成为当时颇具影响力的 *Zagat* 杂志上高赞餐厅的冠军；它的名字出现在每个评论家的推荐餐厅名单上。每个人都想让他开第二家餐馆，丹尼自己除外。

由于曾亲眼见过父亲两次创业、扩张之后破产的经历，丹尼对扩大生意深感担忧。大约 10 年之后，丹尼才开了第二家餐厅——格拉梅西。他与自己做约定：

> 如果能满足以下三个条件我就再开一家：第二家比第一家更好；第一家在这个过程中变得更好；在开这家餐厅的过程中，我的生活可以更加平衡。

　　如果你曾经成功地把生意或者团队的规模翻了一番，那么你应该知道事情不是那么顺利的。不管你是从 100 万做到 200 万，还是像丹尼那样从 1 到 2，只要你想翻倍，你都要经历成长的痛苦。

　　　　格拉梅西餐厅在开业的第一年就得到了差评。联合广场餐厅有史以来第一次，在 Zagat 调查中以 0：3 失利，甚至不是 1：3，而是 0：3，这使我的生活一团糟，一切都很糟糕，真的很难。在两个餐厅之间，我感到分身乏术。

　　自从格拉梅西餐厅开业，一向睿智的丹尼显得力不从心。他曾经担心，如果扩大餐馆的规模，生意可能会全部崩溃。现在看来，这种担心是有道理的。尤其当丹尼在一天内被两次当头棒喝的时候。

　　第一次来自他的会计，但并不是财务问题。

　　　　在他的办公桌上，我注意到两把钥匙，一把是黄色笑脸，就像你在 20 世纪 70 年代看到的那样，另一把是黄色皱眉脸。
　　　　我问："那是什么？"
　　　　"嗯，我想你知道。"会计回答。
　　　　我说："不，你在说什么？"
　　　　他说："好吧，笑脸是联合广场餐厅的钥匙，皱着眉头的是格拉梅西餐厅的。"
　　　　我说："为什么这样设置？"
　　　　他说："因为格拉梅西餐厅感觉不像你的餐馆。"

　　另一次警醒来自一位忠诚的、长期在联合广场餐厅就餐的顾客。一天下午，这位顾客在格拉梅西餐厅吃过午饭后，向他大发牢骚。她告诉丹尼她点的鲑鱼煮过头了（这听起来像是一个小小的抱怨，但在一家米其林餐厅，顾客们期望每个菜品都能够尽善尽美）。更糟糕的是，当她皱着眉头尽量礼貌地拿起它时，工作人员并没有理解她的用意，而是问她是否需要打包。

"如果是在联合广场餐厅，服务员就会注意到！"她告诉丹尼，"他们会问我是否需要重新为我做一份，他们还会给我一些补偿以表歉意。但是在这里，没有人注意到。这究竟是为什么？"

"就在那一天，"丹尼说，"我除了解除了格拉梅西餐厅经理的职务外，还想出了一个词，我称之为'开明好客'。"

"开明好客"是丹尼多年来一直在做的事情。但现在，正式提出这个词的目的是让不断壮大的员工队伍真正了解并牢记它。"基本上，我的领导风格是'看着我，如果我这么做，这就是我对你的期望'，所以我从来没有用语言表达过什么。"

丹尼立即与团队分享开明好客的方法。"在格拉梅西餐厅，我们开了一个全体员工会议，我当场告诉员工，而不是让员工猜测什么对我来说很重要。我以前从未讲过这些方法，虽然我一直这样做。"丹尼告诉员工，"我会给你们一份最好的食谱。它只有两种成分：49% 的食物和 51% 的热情。能否将这些给予顾客就是评价你们工作的标准，是你们获得报酬的方式，也是你们获得奖金的方式。"

然后，丹尼抛出了一颗真正的炸弹，这是他指导理念的关键："在这里，你是主角，顾客是配角。"

或许，丹尼最后说的这句话完全出乎你的意料，工作人员也感到难以置信：丹尼是在告诉他们，顾客不再是"食物链的顶端"？这种话在餐饮业简直是离经叛道。丹尼再次澄清道："在这家餐厅，从今天起，员工是第一位的。"

最初，一些员工将"员工优先"理解为"丹尼能为我们做些什么"。为了澄清这一误解，丹尼反复强调："照顾你们不是我的工作，你们的工作是互相照顾。"丹尼将企业文化置于一切之上是有原因的：他知道，如果创造了正确的文化，客户将得到比以前更好的服务。

他还要奖励"文化标杆"，即那些对企业文化做出最佳诠释的员工。甚至，他还创造了一种称为"价值优先"的便笺，即预先印制一些便利贴，上面列出了"卓越"、"好客"、"创业精神"和"诚信负责"这4个核心价值。当一名员工发现另一名员工的行为体现了一种核心价值时，就可以在便笺上圈出这一价值观，并写下该员工的名字，然后将便笺公开张贴，这实现了"让团队成员在为他人做一些有意义的事情上展开竞争"。

所有这些深思熟虑的措施都转化为赢利了吗？让我们先来看看后来发生了什么。就增长而言，最终，联合广场酒店集团（Union Square Hospitality Group）扩大到拥有了20家生意兴隆的餐厅，包括备受喜爱、发展迅速的快餐连锁店 Shake Shack。该连锁店在2015年上市，并在2020年扩大到275家。也许这其中的奥秘就是，这些餐厅中的每一家都体现了丹尼"开明好客"的经营理念。在某段时间，纽约十大餐厅中有一半来自联合广场酒店集团。

这一切都始于丹尼开始表达和传授他的文化理念。"一旦我有了与团队谈论我们的文化的诀窍，一切都改变了。"丹尼说，"我们每开一家新餐馆，它就会迅速攀升到纽约人最喜欢的餐馆榜单的榜首。这让我明白，文化其实是可以扩展的。"

公司的愿景没有讨价还价的余地

在帕亚尔·卡达基亚担任 ClassPass 首席执行官之前，甚至早在她上幼儿园之前，她就知道自己非常热爱舞蹈。"我3岁时开始跳舞。在20世纪

70 年代，我的父母移民到这里，舞蹈是印度文化的一个重要组成部分。甚至现在，大多数印度女孩在很小的时候就开始跳舞。我最早的记忆是：周六早上醒来之后，就去我朋友家学跳舞，我和 10 个女孩一起学习印度民间舞蹈。是舞蹈把我和我的文化联系在一起，把我和我的祖先联系在一起。"

5 岁时，帕亚尔的家人要求她能够完成一些完整的表演。帕亚尔回忆道："每次我们参加家庭活动，人们都会问我会否跳舞，问我能否表演给他们看。我从小就喜欢这样的小型表演。"舞蹈还教会她责任感，比如她总是记得带上自己的服装和磁带，舞蹈也给了她一种自我意识。"我记得我小时候非常安静，但舞蹈让我充满活力，这是我与世界分享内心深处所感所想的一种方式。"

帕亚尔坚持了下来。在她读书期间，在她攻读哈佛工商管理硕士学位期间，甚至在她成为一名管理顾问期间，帕亚尔从未放弃对传统印度舞蹈的热爱。"跳舞对我来说绝对是一辈子的事情。虽然坚持跳舞不是件容易的事，但我必须学会坚持。随着年龄的增长，这更不容易，我们还有其他的承诺、其他的责任，但让这些充满激情的事情成为我们生活的中心，会让我们对生活充满信心。"

正是帕亚尔对印度舞蹈的热爱促使她创立了 ClassPass，她的初衷是让每个人都能找到一种不会觉得枯燥的健身习惯。她认为你不应该强迫自己去上健身课，虽然你知道这对你有好处，但你更应该从运动过程中得到启发。"我总是说，因为我想让其他人也能拥有我在舞蹈中拥有的东西，所以我创建了 ClassPass。"

最终，这一愿景触发了一轮 1 200 万美元的 A 轮融资，在随后短短的几个月时间，ClassPass 的规模翻了一番。

到目前为止，一切都运转良好，但帕亚尔也注意到她的新员工似乎没有什么激情。因为惊人的增长速度，ClassPass 的企业愿景和使命并没有完全融入企业文化中。"我们完全没有空间了，感觉每一个缝隙里都挤满了人。在走廊里，邻居让我们别在走廊里打电话，于是我们去电梯间接电话。"

有一次，帕亚尔停下来想，这里的每个人都知道 ClassPass 的愿景和使命吗？她说，"很多员工都是在十分仓促的情况下被招聘进来的，所以我必须尽快纠正之前工作的疏忽。"

帕亚尔意识到她从未真正阐述过 ClassPass 的使命。"虽然这个使命在我的心里和头脑中都很清楚，而且我每天也在践行，但这并不意味着团队成员也会这样做，"帕亚尔说，"我要让员工理解这非常重要，这就是公司的目标和灵魂。"

因此，帕亚尔写出文化宣言并给出清晰的阐释：这就是我相信的，这就是 ClassPass 存在的原因，这就是我们试图创造的未来。文化宣言强化了 ClassPass 的价值观，帕亚尔称之为五大支柱：增长、效率、积极性、激情和授权。这就是她的哲学。

并不是每个人都相信这些，特别是自身拥有强烈愿景的人。这就是为什么你需要打开一扇对话的大门，讨论为什么愿景很重要，因为人们只有在看到并相信愿景的情况下才能最终坚持下去。帕亚尔逐渐意识到，公司的愿景没有讨价还价的余地，它是公司文化的基石。

创业在某些方面类似于一场文化运动，你试图让其他人加入其中，让所有人相信并团结在这一文化周围。**阐明你是谁以及你的立场是什么，让人们知道他们加入的公司究竟是什么，后者不仅仅意味着一份工作，还是一个信仰体系。**

在一家公司的历史上，有些时刻永远引人注目，它可能代表了一个里程碑，或者是一个关键的学习机会。对于 Instagram 的凯文·斯特罗姆来说，这个时刻是美国前副总统艾伯特·戈尔（Albert Gore）访问他们办公室的日子。

"他是第一位到访我们公司的大人物，"凯文·斯特罗姆说，"我非常尊敬他。"那时 Instagram 才被 Facebook 收购不久，刚刚迁入 Facebook 总部。"我们还没来得及认真地设计办公空间，使它看起来更加符合我们的风格，它当时还只是一个共同工作的空间而已。戈尔环顾四周，然后说：'那么……这是 Instagram 吗？'我说：'是的，这是 Instagram。'"

凯文·斯特罗姆好像那时才第一次注意到他们的办公室。就在那一刻，他决定要改变这个地方的整体外观和感觉，让 Instagram 拥有自己的空间，并投资翻新办公室，以反映公司的个性和故事。例如，他们用 Instagram 上标志性的标签格式命名所有的会议室，比如"# 我的立场"。

"所有这些都加强了你的文化体验，"凯文·斯特罗姆说，"当我们定制办公空间时，我们意识到这不但让员工更快乐，因为他们在践行自己的价值观和品牌理念，而且当有客人来公司时，他们没有像看精神残疾一样看着我，这是一个很好的效果。"

打造物理环境是加强公司文化的关键。在 PayPal，当里德·霍夫曼还是 5 位高管之一时，每个会议室都以世界主要流通的几种货币为主题和命名。当里德·霍夫曼是爱彼迎董事会成员时，爱彼迎的每个会议室的设计、命名和装饰，都参照了他们最优秀的房东所提供的房间的主要风格和元素。

早期员工就是文化的"联合创始人"

阿内尔·布什里（Aneel Bhusri）刚开始职业生涯时，对公司文化建设没有多少经验。当他走进一家名为仁科软件（PeopleSoft）的公司时，他第一次感受到公司文化的魅力，这时他刚开启从商学院毕业后的第一份工作，也是他上班的第一天。

阿内尔一走进公司大门，就注意到每个人都很友好。他回忆道："人们友好地将我置于他们的羽翼之下，并教我许多工作中的小窍门。"

在热情的人群中，有一位叫大卫·达菲尔德（David Duffield）的是他的老板，他是仁科软件的创始人，后来在 Workday 成为阿内尔的联合创始人。

> 第一天，大卫·达菲尔德带我出去喝酒，我想，哇，首席执行官带我出去喝酒！虽然我已经 26 岁，但我不知道他为什么要这么做，不过我知道我想为这个家伙工作。

当大卫·达菲尔德雇用刚从商学院毕业的阿内尔时，他还没想好给他安排什么职位。他并不清楚阿内尔的哪些技能可以为他所用，但他知道阿内尔很适合仁科软件。大卫·达菲尔德没有看错。阿内尔很快升到了最高职位。当甲骨文收购仁科软件后，阿内尔和大卫·达菲尔德选择离开并组建了 Workday。

他们的想法是，利用先进的技术在云端管理人力资源和财务：当时这还是一种激进和反潮流的新业务方式。为了实现这一目标，他们需要一个强大的团队。为此，阿内尔开始采取行动。其实他们有一个信念早在仁科软件时期就已经萌芽了，即用对的文化找到对的人并建立一家伟大的公司。

考虑到这一点，阿内尔决定亲自面试公司的第一批员工。创始人或首席执行官亲自面试前 10 名或 20 名员工并不罕见。但阿内尔一直坚持亲自面试每一名员工，直到员工人数达到 500 人。

对于一家快速发展的公司的首席执行官来说，这是一个惊人的数字。尽管这还不包括几十个甚至几百个经他面试但最终未能被雇用的人。阿内尔和大卫·达菲尔德为此投入了大量的时间，因为他们知道，他们雇用的第一批人不仅是他们的员工，而且是公司文化的"联合创始人"。第一批员工定下了基调，他们铭刻公司的行为模式和价值观，他们会吸引或排斥某些人。因此，第一批员工可以创造、同时也可以破坏公司的文化和业务。

那么在所有他面试的人身上，阿内尔在寻找什么？需要说明的是，在筛选候选人的早期阶段，招聘团队已经对他们的技能和经验进行了评估。当阿内尔和大卫·达菲尔德参与进来时，他们考察的更多是一些无形的品质。阿内尔说："我们会纯粹地从文化的角度和这个人面谈。"

文化契合是一个难以言表的概念。不同的公司有不同的标准，一家公司的"完美 10 分"可能是另一家公司的"0 分"；一些公司寻找自由思考者，而有的公司则寻找听话的员工；一些人看重直率，而另一些人则希望委婉。但是，无论你的公司看重哪种品质，都取决于你——创始人的筛选标准。

早期创业者经常犯的一个错误是：他们面试的重点是员工和企业文化之间的契合度，而未留意文化成长。实际上员工会帮助你建设文化，在你建立的基础上发展公司文化。应该将文化契合理解为文化成长，这种方法可使你将重点放在加强文化的多样性和包容性等方面，并将它作为企业文化的一部分。

一些最重要的品质难以衡量，也无法传授。职场咨询公司 Great Place to Work 的首席执行官迈克尔·布什（Michael Bush）表示："你可以对员工进行技术技能培训，但你没办法训练一个人应该相信什么或不该相信什么。关于工作的重要性，他们必须有共同的信念；关于客户以及满足客户意味着什么，他们必须有共同的信念；关于彼此意见不一致时会发生什么，他们必须有共同的信念。"

那么，这些如何才能转化为有效的招聘呢？最接近的方案可能是：清楚地说明你的目标，告诉应聘者你想建立什么样的公司；详细说明你的员工应具备哪些素质才能实现这一目标；然后设计特定的问题进行面试筛选。

在阿内尔的案例中，他清楚地知道自己正在创建的公司类型，以及他想要的文化环境：友好和开放，就像他在仁科软件第一天就感受到的那样。能够为客户提供良好的服务就是这家公司的特点。为了达到这一目标，阿内尔知道他的理想候选人必须是团队合作者，随着时间的推移，他完善了筛选的方法。"你必须弄清楚他们是表达'我'的人，还是表达'我们'的人。首先，你要让他们谈谈自己的成就，如果他们说的是作为一个团队'我们做了这件事'和'我们做了那件事'，那么这就是'对'的人。"

大卫·达菲尔德和阿内尔坚信雇用表达"我们"的人不仅有利于公司文化，这也将直接影响他们客户服务的质量。

事实证明，他们是对的。在过去的 10 年中，Workday 的客户满意度一直在 95% 以上，最近甚至达到了 98%。阿内尔这样总结："原因很简单，我们雇用了优秀的员工，而优秀的员工会照顾好我们的客户。"

公司创始人可以从波旁威士忌中学到很多东西。为什么？这要问问乔伊斯·尼瑟里（Joyce Nethery），她是一名化学工程师，后来成为一名酿酒大师。她的答案是：波旁威士忌和商业以及生活中的许多事情一样，你能得到什么取决于你投入了什么。

乔伊斯和她的家人经营着肯塔基州的杰普塔·克里德（Jeptha Creed）酿酒厂，这是一家"从种植到灌装"的全产业链式的酿酒厂，他们严格监管着这一整个生产出世界级产品的商业系统。"我们在自己的土地上种植玉米，从把种子撒在土壤里开始，给土地施肥，然后进行蒸馏，直到生产出一种美丽的产品——波旁威士忌。"

波旁威士忌的制作过程始于他们自己种植的一种玉米。乔伊斯解释说："波旁威士忌必须含有不少于 51% 的玉米成分，所以我们种植了一种可谓是传家宝的玉米品种——'血腥屠夫'。"但它不是原料中唯一的谷物，乔伊斯仔细研究了每种成分之间的生化反应。"我们使用了黑麦，因为它带有一些辛香味，而小麦的香味相对而言显得更轻柔、更平淡一些。"

然后是水，水很重要。他们使用经过石灰石过滤且不含铁元素的水，水源是当地的一条小溪。至于威士忌桶，它们"真的被放在火上烤，你能尝到的一点点坚果的味道就是被火烤过的效果"。

在装瓶之前，威士忌在这些桶里存放了两三年。但乔伊斯知道，撇开运气的因素不谈，她最初对配料的严格选择决定了威士忌最终成功的品质。

如果你是一家公司的创始人，就像一位酿酒大师那样，你负责选择正确的配料组合，使公司实现扩张和成长，那么，对于你来讲，与人工种植的谷物不同的是，你要选择的是构成公司文化精髓的人。

不仅要发现才华横溢、多元化的人才，还要让他们彼此能很好地"融合"，你该如何达成这种微妙的平衡呢？这取决于公司的类型及其最终规模，而公司的命运则取决于你早期雇用的员工组合。你必须清楚对公司文化至关重要的员工品质有哪些，知道如何在面试中识别这些品质。对于不同的创始人，答案是不同的……

阿里安娜·赫芬顿认为"富有同情心的直率"是其公司 Thrive Global 最重要的文化价值观。阿里安娜给出的定义是这样的："能够进行艰难的对话，能够提出不同的意见，无论你面对的是什么级别的经理或高管，并且在你对某事感到困扰或有抱怨时都能够直言不讳。"面试时，阿里安娜要求应聘者举例说明最近一次他们与同事或经理进行的艰难对话，以了解他们如何处理不满情绪。"因为没有一个工作场所能让你一直快乐，'伊甸园'根本不存在。"

对于谷歌前首席执行官埃里克·施密特来说，成功基于坚持和好奇心。"坚持不懈是成功的最重要的因素，"埃里克·施密特说，"所以，在谷歌我们非常看重坚持，其次是好奇心。比如，你最关心的是什么？在知识经济中，坚持和好奇心是预测员工能否成功的一组重要因素。"

而快餐连锁店 Shake Shack 的丹尼把善良列在他寻求的一系列优秀品质中的首位则不足为奇，因为他在努力打造"开明好客"的文化。但他的清单不止于此。丹尼还寻找有好奇心的人、有强烈的职业道德感的人、有同理心的人、有自我意识的人，以及正直的人。在每次面试中，丹尼的团队都会牢记这 6 种文化理念，当然烹饪或服务的技能是基本前提。"令人沮丧的是，有一些业绩优秀的员工对我们的文化不屑一顾。"他说，"有时候，有些非常棒的人就是无法完成任务。"

现在的比尔·盖茨看重深层的知识，他说，在他领导微软的早期，对这一点他没有足够的重视。当时，他只尊重工程师。"我不知道这些能力是如此的专业化，"比尔·盖茨承认，"我想，我可以学习销售，但真的需要上商学院吗？我会觉得没有这个必要，当时我对卓越的管理者没有足够的尊重。"

对于成长中的公司来说，认识到自身知识的不足尤为重要。你需要管理的两个关键转变是：从多面手到专家的转变，以及从贡献者到管理者再到高管的转变。在公司初创时，你需要那些能够卷起袖子做各种工作的人，理想的团队成员是无所不能的全才，能够完成各种工作，这是早期的贡献者。但随着公司规模的扩大，你需要调整公司员工的构成，需要吸纳更多的专业人才，他们只擅长一件事，并且非常擅长；经理的工作是让贡献者更有效率；而经验丰富的高管可以领导庞大的团队。

雇用合适的人很重要，但清楚不该雇用哪些人同样重要。在商业文化方面，心理学家兼沃顿商学院教授亚当·格兰特（Adam Grant）写了大量文章。他说："作为一名尝试建立企业文化的创始人，首先你要知道，有合适的人在你的车上很好，但更重要的是不要让错误的人上你的车。在招聘时，每一位创始人都应该自问'我绝对不要哪些员工'。"

首席执行官兼顾问玛格丽特·赫弗南（Margaret Heffernan）建议：不要雇用那些说不出帮助过他们的人的名字的人。你可以简单地问一下候选人，在其职业生涯中谁曾给了他最大的帮助。"如果他们记不起，那是一个非常糟糕的迹象。"

玛格丽特回忆起她曾在一次商业会议上目睹了这样一幕，一位首席技术人员发表演说时，观众中有人问他，"在你的职业生涯中有谁曾帮助过你吗？"他竟然想不出任何人，这是一种令人震惊的、可怕的沉默。

同样的观点来自 Facebook 的马克·扎克伯格。他说："除非你愿意在'平行宇宙'为他们工作，否则不要雇用他们为你工作。这不是说你应该把你的工作给他们，"马克·扎克伯格补充道，"但是想象一下，如果情况正好相反，你正在寻找一份工作，你会为这个人工作吗？"

创始人们常说的一句话是：当心那些从未学会与管弦乐队合奏的独奏者。尤其是在早期，缺乏团队精神的人对公司而言可能是有毒的。在 PayPal 创建早期，尽管理论上公司应该更关注高绩效的候选人，但是里德·霍夫曼和其他高管还是增加了一些关于团体项目的面试问题，从而了解每一位候选人对团队合作、互助和"我们"行为的见解。

还有最后一点，来自阿里安娜：当你感到疲倦的时候，不要面试员工。她说："我可以将我所有的招聘错误归咎于疲劳，疲劳不仅会影响你做出正确的决定，还会在潜意识中让你想说'是'。所以现在 Thrive Global 的员工从我的错误中吸取了教训，我们有一条规则：在感觉到累的时候，任何人都不应该参加面试。"

建立"尽可能不同于我"的文化

你所做的一切，所有精心设计的面试问题和相关技巧，都是为了找出潜在员工的优秀品质，然后复制该流程，直到你组建了一支理想的员工队伍。然而，即使以上这些全部可行，它也会导致文化灾难。

我们的目标不是雇用一群外表相似或思想相似的人。如果你的公司由一种类型的人主导，那么你的集体将会拥有隧道式的狭窄视野。

莎莉·克劳切克很清楚这一点，因此在建立她的公司 Ellevest 的过程中，她打破并消除了一些根深蒂固的关于女性、种族和金钱的偏见。她指出："虽然华尔街自认为是一个'精英统治'的行业，但在很长一段时期，它带给股东的回报其实很低。"然而，很多人都以为，"90% 的交易员应该是白人男性，因为他们更擅长理财；86% 的金融顾问应该是白人男性，因为他们更擅长理财。所以这就是一种认知固化！哦，除了那次金融危机"。

不仅在性别和种族方面，而且在认知多样性方面，莎莉都站在创造多元化工作文化的第一线。她的想法是，企业领导人需要不同的观点，通过相互交流，获得更深入的洞察力。

莎莉对认知多样性的坚定信念，部分源于她在认知多样性十分匮乏的文化环境中工作的经验。事实上，她与单一文化作斗争的经历甚至可以追溯到更早，即她在南卡罗来纳州查尔斯顿一所女子学校的日子。在那里，莎莉是一个与众不同的女孩。"戴眼镜，戴牙套，我不确定我是否穿过矫正鞋，但在某种程度上我的确穿着一双隐形的矫正鞋。"她回忆道。莎莉清楚地记得每天独自吃午饭的感觉。"你必须穿上盔甲，回到战场上。后来，我经常说，'我在华尔街经历的事并不比我在 7 年级时遭遇的事情更加糟糕'。"

莎莉希望 Ellevest 的文化与华尔街的单一文化完全相反。就这一点而言，所有女子学校都是单一文化。因此，她的第一步是寻找一位"尽可能不同于我"的联合创始人。我们可以合理地假设，莎莉会雇用一名女性。毕竟，她的产品是针对女性用户的，她的使命是纠正金融界的一些性别失衡。然而，她却雇用了一个名叫查理·克罗尔（Charlie Kroll）的男人，他的技术背景与她的财务经验相得益彰，工作风格和个性与她本人完全不同。莎莉说，他们很少能达成一致。

她希望确保 Ellevest 在其他方面也具有包容性，并建立了相应的制度，确保种族、民族和性别的多样性得到有力维护。"现在，我们公司 2/3 的员工是女性，有色人种占 2/5，我们的工程师团队有一半是女性。"她说。每当公司偏离这些多样性水平时，就会暂停招聘，从而确保公司能够重新达到平衡。

其实公司招聘涉及更大的多样性问题，不仅是性别和种族，它还涉及人类经验和个性的各个方面，包括年龄、身高、语言、性取向、宗教、教育、人格类型。你应该考虑外向的人和内向的人，开放的人和保守的人。"这就是说，如果你有 X 个乐观主义者，那么你该有多少个悲观主义者？"莎莉说，"这几乎就像转魔方。"

科技企业家、Yes VC 的联合创始人卡特琳娜·费克认为，公司文化的多样性是从第一天开始的。"如果你的创始团队中有女性，有非裔美国人，有拉美裔的员工，那么今后也会继续按照第一天的模式发展。"多元化的群体往往会带来其他多元化的人，这一过程将更加和谐。卡特琳娜说："可是，如果多年后公司想中途'嫁接'多样性文化，往往会非常困难。因为文化已经形成。文化一旦建立，就很难改变。"

而且，不要以为只要将多元化问题"委托"给公司的某个人，问题就解决了。软件公司 MetricStream 的前总裁、硅谷黑人女性首席执行官谢莱·亚夏勃（Shellye Archambeau）表示："多元化不仅仅取决于我们雇用了什么样的人，更重要的是关系着我们与什么样的人做生意，我们的供应商是什么样的人，我们的目标市场是什么样的群体，我们的产品在哪里等问题。"因此，不要认为多样性有什么速成法，就像可以勾选"问题已解决框"那么简单。真正的多样性是一种持续的、长期的承诺，而且关键是在招聘时就要扩大范围。

对于应聘者的毕业院校、曾为哪些公司工作过这些信息，私募股权公司 Vista Equity Partners 的首席执行官罗伯特·F. 史密斯关注甚少，他关注的是应聘者的资质、能力和性格类型，这往往会吸引拥有不同背景的人。

Vista Equity Partners 称他们的新员工为"HIPEL 员工"，即高执行力的基层员工。HIPEL 员工一进入公司，就要参加 Vista Equity Partners 内部独有的能力倾向测试，该测试将产生一份性格描述，描述内容包括测试者的耐心、自信等品质。区别于教育背景或社会经济背景，这些品质有助于人们在 Vista Equity Partners 的各种组织中找到更加适合自己的位置和了解他们将如何发展。罗伯特·F. 史密斯说："根据过去 20 年及更早的数据，我们有很多例子可以说明拥有某种特质的人往往会有什么样的表现。我们会说，'与销售或开发相比，你可能更适合服务团队。为什么不试试呢？'从本质上说，我们正在改变职能团队的组成，并在此基础上培养他们的能力，以构建一个具有更高绩效的业务组织。"

通过能力倾向测试，罗伯特·F. 史密斯发现员工的多元化提升了 50%。他说，这需要强大的信念。"因为大多数人没有勇气这么做，他们更倾向于相信已知的部分。"

关于多样性的最后一点：如果你想拥有广泛的视角，就不要让你的公司受到地域上的限制。现在，有一个强烈的趋势是向远程办公或分布式公司发展。比特币钱包 Xapo 的创始人兼首席执行官文斯·卡萨雷斯表示，这一趋势可能对提升认知的多样性有利。

虽然 Xapo 规模不大，只有大约 300 名员工，但他们分布在全球 62 个地点。这意味着公司的关键人物不仅来自不同的背景，而且身处不同的文化环境中，拥有不同的生活方式。为了真正实现全球扩张，公司必须具备这种地理和文化的多样性，这样公司才能实现超越，并与更大的全球市场连接。

Masters of Scale
里德·霍夫曼的
经验分享 ▶

早期员工就是你的"文化联合创始人"

我非常喜欢走捷径。在《闪电式扩张》里，我用一整本书阐述了速度的重要性。而公司成长技巧是《高成长思维》的指导精神。但是，在某些时候和某些场合，我鼓励创始人谨慎行事，原因之一就是你早期聘用的员工，也可能会拖你的后腿。

原因如下：当你开始创办一家公司时，你最先雇用的人不仅是团队成员，还是你的文化联合创始人。他们的技术和能力不仅决定着公司能做什么，还决定了公司能成为什么，公司的基因和文化往往是由第一批员工决定的。

要想使你的公司发展成为一家伟大的公司，你必须建立一种强大的文化，让员工清楚什么是真正重要的以及事情是怎样完成的。强大的文化并不总是"好"的文化，强大无关好坏，而是对一种文化在多大程度上塑造了员工行为的衡量。如果你建立了一种强大而糟糕的文化，我很想知道：你自己是否愿意为有这种文化的公司工作？

公司很难从早期的糟糕雇用中恢复过来。我的朋友、Apollo Fusion 的迈克·卡西迪（Mike Cassidy）告诉我，"对公司来说，如果在初期雇用了不称职的人，比如在你们只有15个员工时，那将是致命的"。通常情况下，卡西迪是对的。

一般而言，公司的文化联合创始人远远不止前15名员工。具体数字因公司和行业而异。你也可以在以后聘请文化联合创始人，或者启动一个重要的新项目或开设新的办公室。无论他们什么时候加入，作为创始人，你，都要做出正确的选择。

这是什么意思？如果你的第一批员工将决定公司的成败，这意味着，你作为创始人，应该与每一位合格的员工候选人坐下来，看看你们在文化上是否契合，或者你必须建立一个强大的系统来稳固文化的可适应性。

那些早期员工不仅会起到规范文化的作用，他们还将确保这些规范能够自我延续。文化的自我延续有两种方式：同化和通过人际网络。而且，那些早期员工将决定你会雇用哪些人、不会雇用哪些人，将影响客户的参与度，影响你们共同做出的决策以及你们优先考虑哪些决策。

当每个加入公司的人被同化并坚持同一文化时，就会发生适应。但适应是双向的，每个加入的人也可以通过自己独特的贡献来补充和改善文化。正是通过这种方式，文化得以不断发展。

文化自我延续的另一种方式是通过人际网络实现的。当你雇用一个人时，你也雇用了他们的人际网络。因为每当开始一份新工作时，他们会把公司以及公司的文化也介绍给他们的朋友。当你需要伙伴关系时，他们会敞开大门。不要低估这一最初雇用群体成员之间的强大联系。如果最初的队列不正确，或者没有多样性，之后则很难纠正。

建立有利于公司发展的文化

在科技公司，用"第一性原理思考"应该成为公司的文化，而如今几乎所有的大公司都已经发展成为科技公司。第一性原理思考者不会盲目地遵循方向，也不会坚守一个可靠的过程不放，而是会不断地问："什么对公司最有利？""我们不能换一种方式吗？"

把客户放在第二位

如果你能创造一种正确的员工至上的文化，即让员工互相学习如何在自己的工作中表现出色，这将使客户获得更优质的产品和服务。

找到体现文化的方法

在定义企业文化时，你的愿景、价值观甚至独特的公司传统比你想象的更重要，所以不要以为每个人都知道你脑子里和心里在想什么，要从一开始就大声地、自豪地说出来。

把早期聘用的人想象成联合创始人

早期员工将为你的公司定下基调。在公司成立之初，你就要确定哪些品质对公司文化至关重要以及哪些你不想要，然后从这一点出发，在招聘人员时将其作为指南。

必须具备文化的多样性

如果公司文化缺乏多样性，你将错失良机，将使谬论永久化，将迷失在一成不变之中。

MASTERS OF SCALE

Surprising Truths from the World's
Most Successful Entrepreneurs

第 5 章

战略性地选择扩张的时机

最重要的不是击败对手，
而是完全摆脱竞争。

——————

MASTERS OF SCALE

这是托里·伯奇公司开业的日子，选在纽约时装周期间首次亮相，绝对是一个好时机。托里早有准备，她在市中心找到一个她负担得起的店面。在那里，她独立设计的服装已经挂满好几个挂衣架。而且，她的家人、朋友以及媒体人士陆续前来捧场。最重要的是，当天早上就有顾客光顾。唯一的缺憾是，店面没有大门。

事情是这样的：托里设计了一扇漂亮的定制门，并漆成标志性的亮橙色。可是在开业前布置空间的几天里，"门一直没到，"托里说，"当时是2月，外面很冷。"

托里本可以按下暂停键，等到她想象中那种会给人留下深刻印象的门面大功告成，以及能以更加宜人的温度接待顾客时，再开业也不迟。但和大多数企业家一样，托里是个行动派。她很清楚，在时装周期间开业可以吸引更多的注意力，如果稍加犹豫，便会错失良机。

所以托里全速前进。毫不夸张地讲，她真的是"开门"大吉，生意非常火爆。"太棒了，"托里回忆道，"就好像衣服是免费送的一样，我看到人们等不及去试衣间排队，在中堂就迫不及待地试穿衣服，我们当天就卖掉了大部分现货。这令我们信心十足。"

这是一个典型的创业故事：带着希望和祈祷推出产品，尽管企业其他方面还有缺陷，比如在营业时间却没有人接听电话；网站启动时只有一台嗡嗡作响的服务器，而且似乎随时都会死机。

为什么不等到全部就位再起动？因为对于初创公司来说，速度至关重要。从定义上讲，初创公司就是要争分夺秒地赢得客户，抢在竞争对手之前，或在资金耗尽之前建立自己的商业模式。当然，如果你的银行账户里有取之不尽的资金，你的公司也没有竞争对手，你可以慢慢来。但对于绝大多数创业者来说，行动缓慢也许就意味着一蹶不振。

在互联网消费领域，里德·霍夫曼有一句名言："如果你不曾为自己的第一个产品感到尴尬，说明你发布得太晚了。"这句话的要点是强调速度的重要性，即通过产品与客户接触来加快进程。但是，速度不等于仓促上阵。与快速行动同样重要的是，准确地知道何时以及为什么要有耐心。**耐心并不意味着缓慢，而是战略性地选择正确的时机。**

2004年纽约时装周期间，托里推出了她的同名服装系列，但这并不是全部。托里最初在筹划时装公司的时候，她的计划并不是典型的创业梦想。她设想的是建立一个具有双重使命的组织：一方面是营利性的，另一方面是非营利性的。"我的商业计划是：先创立一家公司，进而成立一个基金会。"她说。在她的计划中，从一开始，赚钱和回馈社会就交织在一起。

具体而言，她希望建立一个非营利组织，用于支持女性创办的小型企业。但当她尝试为自己的公司和即将成立的基金会筹集资金时，"基本上，我不仅被嘲笑，还被告知永远不要在一次讲话中同时说'生意'和'社会责任'。"她说。

托里对这两件事情都充满激情，都深信不疑。但在听到出资人出奇一致且无可辩驳的反馈后，她改变了策略。她选择全速推进自己的商业计划，即以合理的价格为消费者提供个性、休闲、时尚的服装，把成立基金会的想法暂时搁置一边。

她从未忘记最初的目标，只是在等待合适的时机，这种决心是战略性耐心的关键。2009 年，也就是在著名的"无门日"的 5 年之后，托里悄悄地成立了她的基金会。10 年后，美国银行承诺向该基金会的资本项目提供 1 亿美元的支持，用于为女性企业家提供低利率贷款。同时，基金会与使她成为亿万富翁的企业建立了良性循环。

本章，我们将重点关注为什么在激进地快速增长和审时度势地耐心等待之间取得平衡是如此重要。这可能是你能够筹集到多少资金以及选择从谁那里获得资金的一个要素，也是你追求早期增长机会和合作关系的一个要素，还可能影响你组织企业和发展文化的方式。

平衡增长的快与慢并不容易：走得太快有风险，但对于一家初创企业来说，走得太慢可能更危险，因为它会让你错失成长所需的资源。有时候，特别是在激烈的竞争中，敢于冒着巨大的风险尽快行动十分重要。

为了帮助你理解我们正在谈论的战略性耐心，请你想象一只大蓝鹭，一种优雅、庄严的水鸟，有着不可思议的长腿和匕首般的喙。它会站在沼泽中一动不动，并保持很长时间，就像被画在风景中一样。它可能看起来相当慵懒，直到……它发现了一条鱼，然后，以惊人的速度一击命中。

也许你不熟悉以托里·伯奇命名的时尚品牌汤丽柏琦，它的风格集现代和经典于一身，被称为"学院风"。托里并不来自郊区的乡村俱乐部，她的童年更像是"哈克·芬恩（Huck Finn）遇见安迪·沃霍尔（Andy Warhol）"。[①]

---

① 哈克·芬恩是一个乐队，安迪·沃霍尔是知名艺术家。——编者注

"我认为人们对我的成长有一些错觉，而事实与他们想的恰恰相反。"她说，"我在一个农场里长大，有三个兄弟。我们大多数时间都是在户外度过的。父母去旅行的时候，我们几个孩子就自己待着。"另外，"我的父母喜欢邀请各种人与我们共进晚餐，我们永远不知道今晚的客人会是谁，有可能是水管工，可能是诗人，也可能是艺术家。他们都很有见地，我们总是怀着好奇心去了解各种各样的人。"

小时候，托里对时尚没有兴趣。她回忆道："我是个假小子，在高中毕业舞会前，从未穿过裙子。"事实上，她出现在时尚界完全是个偶然。托里大学毕业后，她根本不知道自己想做什么，只知道自己需要一份工作，任何工作都可以，只要能让她留在纽约就行。因此，她打电话给一位设计师，但这对于一个自称"非常害羞"的人来说并不容易。设计师答应给她一份工作，条件是下周就开始工作。于是，托里周五毕业，周末搬到纽约，周一正式上班。

除了一段当全职母亲的时间，托里一直在为一些设计师工作。多年后，她有了一个创业的想法，这是一个相当大胆的计划，包含着许多超前的设想，比如通过零售店和网站直接面向消费者，而不是像当时大多数的时装品牌那样走百货公司的渠道。这也是一个相对"有耐心的计划"，保守的目标是在第一个 5 年内开 3 家店。这是合乎常理的，然而在第一年就出现了一个意想不到的机会：奥普拉·温弗里发现了托里的服装系列，并在她的节目中介绍了这一品牌。于是开 3 家店的计划被"毁"了，托里开了 17 家店。

更大的机会很快就出现了。托里再次有意保持耐心，特别是在该品牌进入中国市场时。"我们从来都不想成为一家大张声势地进场的公司，"她说，"我们想充分地了解我们的市场，尊重和理解当地的文化。我们在这方面非常谨慎。通常，当进入一个新的国家时，我们会与该国家了解相关市场的人合作。"而一旦托里准备好采取更积极的行动，她就会全速前进。现在她在中国已经有 30 家店铺。

在快速增长的这几年，直觉告诉托里什么时候该向前推进，什么时候要减速慢行，在某些情况下，这意味着对增长机会说"不"，或者至少让它们驶上了慢车道。

以奥特莱斯为例。近年来，这些大型折扣店的受欢迎程度和销量都大幅增长。"折扣店就像一种毒品。"托里说，"这是一个非常简单的解决方案，但不是长久之计，它可能会极大地损害公司的收益。"托里只会在合适的时间和地点开折扣店，且要以能保护自己的定价和品牌形象的速度开店。

"在我们这个行业，每个品牌都需要有一个折扣店。但对我来说，这不是一个商业战略。"托里解释说，"我们需要谨慎行事。为了保护我们的正价市场，即使开折扣店也会以我认可的形式进行，这与许多人的想法大不相同。"

她还仔细观察了自己的品牌在各大百货公司受到的待遇。有一次，她从一家大型百货公司撤出了全线产品，对于大多数设计师品牌来说，这一极端举动是不可想象的。她说："当你的品牌没有得到它应该得到的待遇，比如正确的分类、邻接恰当的品牌，或者商场在你未准备好之前就将你的产品放入商场的折扣活动之列，而你对此甚至不能反驳，你只能离开。"

在这方面，托里的原则是长期品牌第一，短期收入第二，这可能会让外人感到困惑。她笑着说道："昨天我和一位记者共进午餐时，这位记者说我以保护自己的品牌而闻名，可这一定会惹恼我的投资者。"

事实上，托里的投资者对她的决定非常满意。作为一家年销售额超过 15 亿美元的私营企业，这样的成绩很难让投资者提出异议。她认为，平稳的增长方式可能在女性领导的企业中更为普遍。"我认识的商界女性几乎都具有长远的眼光，"她说，"她们更多时候会思考一件事在未来 5 年和 10 年后会有怎样的影响。"托里认为，女性本能地知道什么时候该有耐心，什么时候该加速发展。

耐心等待一击即中的机会

2017 年 5 月，乐华·卡马卢（Lehua Kamalu）驾驶传统的波利尼西亚双体独木舟从塔希提岛出发前往夏威夷。这绝对是一次探险之旅。这是乐华第一次以首席领航员的身份航行，带领船员进行一次跨越约 4 000 千米公海的史诗之旅。乐华说，这艘独木舟"设计得和我祖先的船一模一样"，没有发动机，没有电，没有煤油，船上没有电脑，没有现代仪器，甚至连指南针都没有。

作为波利尼西亚航海协会的第一位女性航海家，乐华每一次航行的意义不但是穿越凶险的航线，而且也是重温祖先的经历，传承古老的智慧。这是这条航线在现代的首次开通，它推翻了几个世纪以来的假设。人们一度认为，如果没有现代仪器，从塔希提岛到夏威夷的航线是不可能完成的。

第一周一帆风顺。随后船员们便陷入了困境，因为他们到达了赤道无风带。赤道无风带是赤道上一片平静的区域，以死寂闻名，其间会夹杂着猛烈而不可预测的风暴。当乐华的船到达那里时，它寂静得令人不安，风和水流都消失了，天空乌云密布。乐华说："当你情绪低落时，很容易失去信心。"还记得吗？这是一艘没有引擎的帆船，食物储备有限，船员依靠风和洋流保持航向。这就是需要耐心的地方。"但这不是听天由命的耐心，"她解释道，"而是时刻保持高度警惕的耐心。"

船员们密切地观察海流、风、太阳、月亮或星星的各种迹象，确定他们的位置，并了解下一步可能发生的事情。乐华回忆道："在我们处于赤道无风带的第二天，天空中有一层厚厚的云，阳光根本无法穿透，一片漆黑。你看不见海浪，但能感觉到它们。当海浪撞击独木舟的侧面时，我能感觉到每一波海浪的力量和它有节奏的撞击。"

接下来的 5 天里，海浪汹涌，海面漆黑一片。他们所能做的就是"观察、等待，观察、等待"。乐华解释说："领航员的工作是尽可能地看到未来，同时保护船员和船只的安全，确保走在正确的道路上。"乐华寻找着某个可能转瞬即逝的迹象："然后，我们就要做好行动准备。"

最后，在黑暗的第五天，有一瞬间太阳穿透黑暗，发出一道强烈的红光，乐华把它称作"龙眼"。这是她一直在等待的信号，它告诉乐华落日的确切位置。一旦知道了太阳的方向，乐华就可以计算出自己的位置，并计算出恢复航行所需的一切。

"我可以评估我视野内的所有元素，风、海洋、海浪，因为它们都与这个迹象有关。"她说，"当时每个人都非常激动，因为我们一直在寻找这个信号。"船员们调整航向，对准夏威夷岛东侧的纬度。"我很有信心，并且不断收到信号，这表明我走在正确的道路上。在这个不确定的水域中，我们一直保持稳定的心态，耐心等待。但是，现在是时候要加快速度了。"

乐华的故事是对领导力的完美隐喻。伟大的队长和首席执行官都知道，你不可能在旅途的每一分钟都走得很快。**如果你要走很远的路，你必须认识到周围的环境时刻都在变化。**

你必须具备战略性耐心，但这并不意味着坐以待毙，这意味着身体前倾，并随时为猛踩油门做好准备。当突破时刻出现时，你的启动速度一定要快，要势如破竹。在别人抢走风头之前，全力实施你的想法。

不是要击败对手，而是要完全摆脱竞争

如果起跑足够快，你不仅可以超越对手，还可以把他们远远地甩在身后。这是 PayPal 的联合创始人之一彼得·蒂尔（Peter Thiel）的理念。

作为硅谷一位颇具争议的人物，彼得·蒂尔以其煽动性的言论和令人迷惑的政治手腕而闻名。但作为企业家和投资者，彼得·蒂尔的业绩不可否认，这源于他极端的"抓住主动"的方法。

彼得·蒂尔相信，要么进入一个没有竞争者的新兴领域，要么迅速而果断地采取行动，使竞争者望尘莫及。最重要的不是击败对手，而是完全摆脱竞争。

在 PayPal 的早期，彼得·蒂尔知道要想在竞争中脱颖而出，他们必须尽快获得尽可能多的客户。因此，他做了一个昂贵的尝试。大多数公司为了获取新用户，都会有一部分广告预算。而 PayPal 采取了一种更直接的方式：直接把钱给用户。如果一个 PayPal 用户将该应用推荐给一位朋友，那么他们每人可以获得 10 美元（线上账户）。这并不是说彼得·蒂尔想把所有的钱都捐出去，而是他觉得，这是可以使 PayPal 快速起步的最好、最稳妥的策略。

这样的逻辑是可行的。原因在于：第一，通过付给用户推荐奖金，它展示了 PayPal 的使用范例，即轻松转账；第二，虽然这看起来很昂贵，但与其他消费互联网公司相比，采用这种方式获取用户要比使用广告更便宜、更直接。

"我们必须尽快扩大规模，"彼得说，"否则，也许有人会打败我们，我们就无法达到临界规模，产生长期竞争优势。"事实证明，在这一推荐奖金活动停止后，PayPal 的规模仍继续增长，但彼得当时并不确定这一点。"你

必须非常努力才能快速扩大规模,好处是你可以获得'逃逸速度',逃离激烈竞争的黑洞。"

当时,PayPal 甚至还没有一个完整的商业模式。"我当时的想法是我们要么扩大规模,要么设计出商业模式。"彼得·蒂尔说。他选择先扩大规模,然后再考虑商业模式。

当 PayPal 的用户数量发生指数级增长时,公司的成本同样也在发生指数级增长。"每月,我们烧的钱超过 1 000 万美元,"彼得·蒂尔说,"这令人很不舒服。"

但许多企业会推迟盈利,有时甚至会推迟数年。纵观近 20 年来,亚马逊无视华尔街投资者的抱怨,努力摆脱零售行业一个又一个的竞争对手。

即使 PayPal 正在迅速逃离竞争,公司也不能掉以轻心。**"逃逸速度"不是固定不变的,与竞争对手有关。你最快的竞争对手决定了你踩油门的力度。**PayPal 有一个强大的竞争对手是 eBay,因为后者也在推出一个新的在线支付系统。

在这方面,老牌公司往往行动较慢,灵活的初创公司比老牌公司更具优势。里德·霍夫曼(曾在 PayPal 的董事会任职,后来成为首席运营官)解释说:"事实上,你最危险的竞争对手很少是像 eBay 这样的大公司,原因在于,对于是否要冲进这个领域并与你一起承担风险,他们总是犹豫不决。比如,对于当时的 PayPal 来说,一个失误可能只会引起几千名用户的不满;而如果 eBay 失手的话,将会激怒数百万用户,并可能引起政府监管机构的密切关注。"

即使 eBay 愿意承担这些风险,里德·霍夫曼说:"他们为什么要在一个线上收银机上耗费如此多的资源呢?毕竟,他们正在建立一个完整的商店，一个全球在线商务市场。但问题是，如果一家小公司劫持了收银机呢？因此，当我们为 eBay 的新支付系统忐忑不安时，我们也受到了鼓舞，因为 eBay 花了一年多的时间才推出这个系统。"

与此同时，PayPal 不断成长，锁定了庞大的用户群。彼得·蒂尔明白，即使他们在一个竞争非常激烈的环境中起步，随着时间的推移，他们达到的"逃逸速度"也能让他们到达一个挑战越来越少的地方。

可是，怎样才能知道是否达到了"逃逸速度"？彼得·蒂尔有自己的公式。

"我曾经把这个等式写在 PayPal 的白板上。"他说。现在他仍然可以脱口而出："$u_t = u_0 e^{xt}$，其中 u_0 是初始用户数量，u_t 是时间 t 时的用户数量，e^{xt} 是指数增长因子。如果 x 上升，指数上升得更快。"

明白了吗？如果没听懂也没关系。可以这么理解，PayPal 的"x"是这样的：它的用户基数每天增长 7%，当用户数量和（或者）公司收入持续翻倍时，在增长图表上会出现曲棍球棒效应。一开始，PayPal 有 24 个用户，后来很快就达到了 1 000 个；1 个月后，拥有 13 000 个用户；又过了大约 1 个月，拥有 10 万用户；在发布后的 3 个月内，它就拥有了 100 万用户。

"虽然爱因斯坦的这句话可能是杜撰的，"彼得·蒂尔说，"但是'复利是宇宙中最强大的力量'。"[1] 彼得·蒂尔预测，从一开始，奖励早期用户的方式就使 PayPal 有效利用了复利的作用，结果证明他是对的。他说："这是一段非常疯狂的旅行。"

---

[1] 这句话没有明确出处，我们相信爱因斯坦不可能真的说过这句话，但这仍然是一个明智的观点。

这个被低估的复利增长法则，正是硅谷在一夜之间创造了诸多神话的原因。"这就是投资者将数亿美元注入一家公司的原因，"里德·霍夫曼说，"只要你的公司达到了'逃逸速度'，任何了解复利增长力量的人都会继续投资给你。"

只要他们继续资助你，你就能继续成长。但要知道，维持"逃逸速度"，需要获得巨额资本的支持，同时也需要以惊人的速度支出。

最终，PayPal 占据了在线支付领域的重要地位，而且发展迅猛，使规模更大、速度更慢的 eBay 别无选择，只能停止与 PayPal 的竞争。2002年，eBay 以 15 亿美元的天价收购了 PayPal。也许更能说明问题的是，截至2021 年 PayPal 的市值为 2 470 亿美元。

快速决策，快速行动

埃里克·施密特意识到他犯了一个很大的错误。在太阳微系统公司（Sun Microsystems）持续工作了 14 年后，他决定："是时候改变了，是时候去挑战一份首席执行官的工作了。"于是，他获得了领导一家名为 Novell 的网络软件公司的工作。听起来，这很完美。"但对此我通常的操作方式，这一次对公司的背景调查我做得不够充分。"埃里克·施密特说。

"实际上，危机在第一天就出现了，我收到的季度营收数据与面试时告诉我的并不一致。到周三的时候，也就是我就职的第三天，我们陷入了真正的危机。"事态迅速恶化。"那年夏天的晚些时候，我们度过了'最糟糕的一个月'，在这个月里，一切都以失败告终。我记得，在那个月的某个时刻我对同事说：'我只想完好无损地离开这里。'当你面对这些挑战时，你会明白什么才是真正重要的。"

在这场危机中，埃里克·施密特开始学习一些完全不同的东西。他成了一名小型飞机驾驶员。虽然这听起来无关紧要，但结果却产生了深远的影响。一位朋友对埃里克·施密特说："你需要分散一下注意力。如果你驾驶飞机，其他的事情就不会干扰到你了。"

"这是我曾收到的最好的建议，"埃里克·施密特回忆道，"因为在飞行课上，他们一次又一次地教你快速做出决定。不断做出决定，接受后果。"

埃里克·施密特回忆道："在 Novell 的艰难时期，当时我正处于一个真正的核心转折点，这一训练帮助了我。"从历史上看，这种快速决策的习惯让埃里克·施密特在谷歌也受益匪浅。

快速决策是谷歌爆发式增长的关键，这至少包括两个主要原因。首先，在快速变化的在线搜索生态系统中，快速决策让他们超越了竞争对手；其次，也是相对并不太为人所知的一点，正是快速决策推动了创新。没有什么比官僚主义的繁文缛节更能扼杀创造力了。"大多数大公司都有太多的律师、决策者、所有者和一些僵化的东西。"

为了避免这种僵化状态，埃里克·施密特将快速决策融入公司早期的工作模式中。"我们采用了周一员工会议、周三业务会议和周五产品会议的模式。"埃里克·施密特说，"这样每个人都知道在哪个会议上做出了哪些决定。所以，即使是在目前的规模下，在大多数时候，谷歌仍能迅速做出决定。"

斥资 16.5 亿美元收购 YouTube 就是一个完美的例子。埃里克·施密特回忆道："我们大约只用了 10 天的时间，就做出收购 YouTube 的决定。这是一个难以置信的历史性决定，我们已经做好了准备。因为每个人都非常专注，我们要快速做出决定。"

苏珊·沃西基对此也记忆犹新。她后来成为 YouTube 的首席执行官，但在收购时，她还只是一名谷歌的员工，当时正负责名为"谷歌视频"的新项目，该项目与 YouTube 是直接竞争关系。

"YouTube 在我们之后几个月推出，但是发展迅速，很快就超过了我们。"苏珊·沃西基回忆道，"我们意识到我们输了。曾经，它让我们如此兴奋，我们发现了这个伟大的领域，我们开发并打造了产品，然而没多久，我们发现，啊，我们失败了！"

"在我看来，其中一个重要因素是视频上传数量。我一直在追踪新用户上传到 YouTube 或谷歌视频的视频数量，YouTube 已经大大超过了我们。尽管我们做出了改变，但为时已晚。所以对我来说，这是一个决定性的时刻，我知道我们很难赶上对手了。

"与此同时，YouTube 意识到他们需要更多的投资，他们有巨大的资金需求。因此，他们需要找到足够的投资，但我认为当时的市场还没有真正理解这一点。这意味着他们只能被收购。

"很快，他们意识到必须尽快卖掉公司，并开始四处寻找收购者。我很清楚，这对于开拓未来的视频领域是一个巨大的机会，我和萨拉尔·卡曼加（Salar Kamangar）都极力支持。后来萨拉尔成为 YouTube 的首席执行官，即我的前任。我们向谷歌的两位创始人谢尔盖·布林和拉里·佩奇作了一个简要的汇报。我用 15 分钟制作了一个模型，用以说明它在未来有着巨大的潜力，不仅是浏览量，而且还包括经济收益。因此，我们时间紧迫。"

埃里克·施密特不考虑采纳早些时候提出的以 6 亿美元收购 YouTube 的建议。有人告诉他，如果他再等的话，可能会支付更高的收购价，但他坚持认为 YouTube 的价值没有那么高。但随后有消息称，YouTube 可能正在与雅虎讨论出售事宜。

现在埃里克·施密特想谈谈了。

埃里克·施密特与 YouTube 的创始人在桌两侧落座，他们选了一家丹尼餐厅。是啊，谈一笔 10 亿美元的交易还有其他地方可选吗？

埃里克·施密特说："事实上，我们选择在丹尼餐厅见面是因为我们不想让这件事泄露出去，而在那里，我们很确定不会看到其他人。"

几天之内他们就敲定了价格。YouTube 团队应邀参加谷歌董事会会议，参加董事会投票表决，就这样，YouTube 成为谷歌的一部分。幸好埃里克·施密特行动够快。"后来我发现，就在第二天，YouTube 与雅虎的创始人在同一家丹尼餐厅见了面！"

"公司花了 16.5 亿美元的收购费，"苏珊·沃西基回忆道，"然后我们得到的第一个指示仅仅是：'不要把事情搞砸了。'"几年后，苏珊·沃西基被要求做出另一个高风险、闪电般的决定：在谷歌工作了十多年后，她想不想执掌 YouTube？

"当时拉里问我，"苏珊·沃西基说，"我记得他说：'你觉得 YouTube 怎么样？'他没有说'哦，我要给你这份工作'。我什么都没准备，我不知道那天我们要谈这个。我只是随口说了我对 YouTube 的看法，并说我很感兴趣。几周后，我成为 YouTube 的首席执行官。"

你可以在埃里克·施密特和苏珊·沃西基的故事中听到，也可以在商业史中看到，谷歌许多最具战略意义的决策都可归结为快速行动。这可能是谷歌战略中最不为人理解的方面。这就是谷歌宁愿收购小公司而不愿与其争夺主导地位的原因。"我们有很多工程师，"埃里克·施密特解释道，"让我们设想一下，我们的工程师可以在一年内做出同等的产品，与之相对的是昂贵的收购，但与此同时我们有能力将其快速变现。因此，选项 A 是'我们自

已动手做出好产品',选项 B 是'买下那家公司,现在就买'。你应该选择
'现在就买'。"

接受混乱,让火焰燃烧

在颠覆行业方面,塞利娜·托巴科瓦拉(Selina Tobaccowala)有着令
人印象深刻的经历。在她领导的创新公司中,有票务通(Ticketmaster)、
SurveyMonkey 和健身应用 Gixo 等各类颠覆行业的公司。追溯到更早些时
候,20 世纪 90 年代初,塞利娜蹲在斯坦福大学宿舍的电脑前,为提供在线
活动规划及邀请服务的网站 Evite 编写代码,这是一项日后将颠覆社会规划
的业务。

对于自己网站的受欢迎程度,塞利娜和她的联合创始人阿尔·利布(Al
Lieb)只有一个模糊的概念,而且从未想到它会很快成为在线活动邀请业务
的主导平台。但一件有趣的事让她认识到它的潜力,并永远改变了人们的线
上生活。

她回忆道:"我总是笨手笨脚的,有一次我被桌子下面的电脑线绊倒了。"
如果没有接下来发生的事情,这件事本来很快就会被遗忘。"几乎立刻,电
话铃响了,有人问:'Evite 怎么了?'"

由于塞利娜不小心踢断了电脑的连接线,这无意中切断了正在使用该网
站的用户的连接,她也因此意识到了现有用户的数量之大。"我们立即插上电
源,查看了数据库,我们对产品的自然增长速度感到惊讶。"事实证明,当人
们发送在线邀请时,Evite 有一个内置的病毒式系数,收到邀请的人可能会转
身向其他人发送邀请,以此类推。在塞利娜不知情的情况下,Evite 一直在自
主成长。

对于创业公司来说，用户抱怨服务缺失可能是一个好兆头。首先，这意味着你确实有用户。其次，他们只有足够在意才会抱怨。但也有另一面，那些充满热情的早期用户可以在爱上你的同时迅速地攻击你。尽管当时的塞利娜甚至还不到法定的饮酒年龄，但她就像那些公司的高管一样，当她接到那个愤怒的电话时，就被莫名地追究责任了。所以说，一旦你的用户离不开你的服务，你的企业就成了一个成熟的企业，这也意味着一份令人兴奋的责任。

塞利娜说："当时，我们还没有考虑过是否能够创业。"这说明她还没有思考过一些实质性的问题，比如如何应对硬件冗余或数据备份的问题。"所以我们有好几次遇到网站崩溃的情况，我们必须在工作中快速学习。"

创始人常常梦想能够"一夜成名"，但他们对第二天早上发生的事情考虑得还不够。通常，当你一觉醒来时可能会发现大火已经蔓延。以非营利编码学习平台（Code.org）的联合创始人哈迪·帕托维（Hadi Partovi）为例。2007 年，当他推出一款名为 iLike 的音乐应用时，他低估了一款早期应用在 Facebook 上上线的力量，而且当时 Facebook 只有 2 000 多万月活跃用户。

"最初我们计划用两台服务器，"哈迪说，"在第一个小时过后，我们意识到这是不够的。所以我们立即加倍，然后再加倍，然后再加倍。"不久，哈迪有大约 30 台服务器。

"显然，到周末结束时，服务器就会过载了。"哈迪说。所以他和搭档租了一辆 U 型运货卡车，然后开始打电话问其他人："我们能到你们的数据中心借台服务器吗？"于是这两位合伙人整个周末就在做拆解服务器、组装服务器的工作，目的是确保 iLike 能够正常工作。

这是一个不断重复的故事。一个新的科技产品像病毒一样传播，而团队被搞得措手不及，并陷入了极其低效的混战之中。这提出了一个问题：硅谷没有人听说过应急计划吗?

这个问题的答案是:谁有时间制订应急计划?要想成为新兴市场的第一推动者,同时也是第一个闪电式扩张者,即使这意味着你有时要做一些超越自己能力范围的事情,你也必须抓住每一个增长机会。

当公司快速增长时,总会出现库存不足、服务器崩溃、客户电话无人接听等情况。你不可能总是知道要先灭哪团火。如果你试图一次扑灭所有的火,那么只会让自己精疲力竭。这就是为什么企业家必须学会让火烧一会儿,即使有时是非常大的火。

当你的公司正在快速发展时,你工作的重点必须放在发展上。如果把时间花在处理自发的、分散的随机问题上,你就无法集中精力向前发展。与每一个细节纠缠可能会使你错过关键的机会,使你无法建立起自己的业务,只会被动做出反应,而不是积极采取行动。

那么,诀窍在哪里?诀窍就在于你要知道哪些火焰是不能忽视的,比如那些可能迅速蔓延并最终会吞噬你的业务的火灾;哪些火可以让它燃烧,即使火势越烧越旺。让火燃烧需要一定的气魄、足够的警惕性和大量的实践经验。

对塞利娜来说,幸运的是,当她加入名叫 SurveyMonkey 的时髦小网站时,她已经扑灭过很多场火灾。SurveyMonkey 是瑞安·芬利(Ryan Finley)创建的一个非常受欢迎的在线调查工具,在公司各种资源短缺的情况下,瑞安仍努力地扩大规模。"在没有得到一分钱投资的情况下,他创建了这家企业。"塞利娜指出,"公司基本上只有两个开发人员和 10 个客服人员,仅此而已。"

当塞利娜加入他们时才发现,在 SurveyMonkey,3 个人承担着所有的编码工作。"对于一家收入如此之高的公司来说,这太神奇了。"她说。但她知道，这也意味着在扩大规模时，公司可能会遇到大问题。也许更令人担忧的是：系统没有备份。这意味着，如果系统遭到破坏或崩溃了，那么公司所有宝贵的调查数据，即公司的主要收入来源可能会化为乌有。

塞利娜加入后，SurveyMonkey 团队评估了数据丢失的可能性，并确定这是一个不容忽视的问题。塞利娜说，解决这样的问题"总是令人振奋"，部分原因是必须平衡紧急情况和非紧急情况。在这个案例里，创建备份系统就属于紧急情况。

当有人发现潜在的、可能会导致业务失败的灾难时反而会感到兴奋，你就知道这是一位经验丰富的"消防员"。一旦火势得到控制，塞利娜就着手解决一长串的麻烦。和所有快速成长的初创公司一样，SurveyMonkey 没有营销计划，没有面向国际用户的战略，而且代码混乱，每一次定制都令人头痛。塞利娜迅速聘请了工程师、营销人员、UI 设计师、翻译人员等一大批专家来应对这些增长障碍。

塞利娜刚加入时，很容易认为 SurveyMonkey 的状态是混乱和管理不善的，但这是对公司扩张的深刻误解。每一家成功的初创公司都处于不断调整的状态。快速发展的公司往往会将战略增长置于长期稳定之上，从而也会积累大量的漏洞。

有时候，这意味着你需要先快速构建一些东西，比如一个产品、一个团队、一个办公室，之后再进行重建和加固。对你的团队来说，这可能很难接受。正如塞利娜所说："在短期内，你不得不扔掉一些资源，只要你向团队解释，他们也会理解。"当你让火燃烧时，重要的是你的团队能意识到：你看到了问题，你是故意忽视的。如果你的团队接受了这一点，这是一个很好的迹象，表明你雇用了合适的人。团队成员要能够识别问题，在问题出现时冷静应对，并且有能力识别出哪些"小火苗"需要立即关注，而哪些可以让它先烧一会儿。

Masters of Scale
里德·霍夫曼的
经验分享 ▶

扩张公式

从某种意义上讲，成功的初创企业都处于不断扩张的状态。虽然一开始会像激光一样专注于单个产品，但迟早你必须向管理多产品、多产品线甚至是多业务部门转变。这就是我在《闪电式扩张》中描述的"单焦点到多线程"的转换。

因此，对于初创企业来说，关键的问题是：如何在现有的成功产品和想要扩张的新的垂直领域或市场之间分配资源，以及将扩张重点锁定在哪些领域。

采用一个简单的 70/20/10 公式可能会有帮助。这一公式建议，将 70% 的资源分配给核心业务，20% 分配给核心业务的扩张，10% 分配给具有重大风险的投资。

关于这个公式的应用方式以及应用程度，将取决于你所从事业务的性质，因此会有不同的方案。比如，我们有 6 个人，会有一两个人将 10% ～ 20% 的时间投入在基础产品的实验上。

当你选择特定的扩张领域时，可以问几个关键问题：我想尝试什么？哪些事情与我正在做的事情直接相关？有哪些潜在的风险投资可以极大地扩展我的产品和服务范围？在竞争对手有所行动之前，我想做什么？

对于这些问题有许多不同的问法，你还可以问：如果另一家公司试图与我们竞争，他们将如何竞争？

这里有一个关于这些问题的不同变体，它可能会引出潜在的 20% 或 10% 的问题。例如，这个行业还发生了什么？是否有技术平台的变化？发展重心是否应向云技术、人工智能、传感器、物联网和无人机等新方向转移，这些可能会让你有一个概念，即哪些方面应该投入 20% 的资源，哪些方面应该投入 10% 的资源。

推动战略性增长的方法不止一种。但是，通过提出这些问题并应用这个公式，你就可以更容易、更富有成效地引导公司的成长。

随时随地筹集超额资金

1998 年，硅谷热火朝天。大量的互联网公司沿着每一个可能的垂直方向发展，资本从四面八方涌来。28 岁的玛丽亚姆·纳菲茜刚刚与她的朋友、之前的室友瓦莎·拉奥（Varsha Rao）共同创建了在线化妆品公司伊芙（Eve），但是有一个小细节还没有处理，她们需要获得域名"Eve.com"。这意味着她们必须说服该域名的所有者将域名卖给她们。因此，玛丽亚姆打电话给所有者，准备谈判。

但是有一个问题：域名的所有者是一个名叫伊芙·罗杰斯（Eve Rogers）的 5 岁女孩。

"和一个 5 岁的女孩打电话，我在想，我到底要对她说什么？"玛丽亚姆回忆道，"我敢肯定，伊芙的妈妈，在电话那边肯定笑得前仰后合。我的意思是，这是一个很好的笑话，一位来自加利福尼亚的愚蠢企业家打来电话，伊芙的妈妈只想看我如何被她 5 岁的女儿折磨一番。"

最终，玛丽亚姆把这场非同寻常的谈判交给了她的主要投资者比尔·格罗斯（Bill Gross）。

"比尔·格罗斯和伊芙的妈妈通了电话，他们就收购事宜进行了谈判。"玛丽亚姆说，"这笔交易包括公司股权、伊芙的董事会席位，以及每年数次前往加利福尼亚州的旅行。"

没错，一名 5 岁的董事会成员。

"实际上，她没有出席董事会会议，"玛丽亚姆说，"但她确实来了。"伊芙来了，她在公司的安排下去迪士尼乐园免费游玩。最后，玛丽亚姆花了 5 万多美元从一个 5 岁的孩子那里获得了一个域名。玛丽亚姆说，事后看来，她应该就那些免费的迪士尼乐园之旅进行谈判。

初创公司会遇到许多意想不到的事，而且其中有一些是有标价的。你会发现自己面临着各种预算之外的开支。有时，这些意想不到的事是令人愉快的，但正如玛丽亚姆所遇到的那样，有些则会让你花费不菲。

一旦获得了域名并开始营业，订单来得比预期要快很多。因此，玛丽亚姆做了明智的企业家都会做的事情：在市场火爆的情况下，努力筹集资金。第一年她就筹集了 2 600 万美元。

玛丽亚姆说："我们在 6 个月内将公司规模迅速扩大，从 0 开始到拥有 120 个员工。我们成长迅速，遥遥领先，这很好，我们最终成为行业的领跑者。继我们之后，有 5 家获得风险投资的美容产品公司成立了。"

作为行业的领头羊，伊芙后面有一群新的竞争对手在追赶，这迫使玛丽亚姆拼命工作。"我每天工作到晚上 10 点，每周工作 7 天。"他们投了很多钱。"我们开始投电视广告，"她说，"还有电台广告和广告牌，这完全就是跑马圈地。"

玛丽亚姆的资金非常充裕，筹集的资金额超过了她的预期。不久后，互联网泡沫破灭，股市崩盘。商界的气氛一夜之间发生了变化。对于我们这些经历过硅谷这段历史的人来说，这是一个非常戏剧性的时期，每天，都有公司倒闭。

> 有一个专门报道倒闭企业的网站，所有人每天都在关注它。《华尔街日报》和《纽约时报》也进行了类似的报道。因此，从一个 29 岁的年轻人的角度看，整个世界似乎都崩溃了，互联网基本上也结束了。

"互联网结束了"听起来像是一句笑话。但是，当时人们真的相信这一点。人们想的是：赶紧逃离。玛丽亚姆做到了，她迅速行动，在关键时刻卖掉了公司。"我让我的投资者毫发无损，他们都赚了钱，我也赚了钱。在这一点上，我有一种解脱感。我就像坐了过山车一样，感到筋疲力尽。"

因为玛丽亚姆以绝对的速度超过了竞争对手，所以尽管在当时充满挑战的金融环境下，她仍然能够吸引到令人满意的报价。这个故事的寓意是：筹集到比她认为需要的更多的资金，然后利用这些资金迅速扩大公司规模，才使玛丽亚姆避免了像当时许多初创公司创始人那样的破产。玛丽亚姆以及许多人都明白，所有与扩张相关的事情，比如扩大团队、市场营销、产品开发都需要资金。要快速成长，你不仅需要资金，还需要专业知识和支持。而且你几乎不可能确切地知道自己需要多少钱。但可以肯定的是，如果你想快速成长的话，你需要很多很多。

这就是为什么里德·霍夫曼关于筹集资金的原则是：尽可能多地筹集资金。在他的《闪电式扩张》一书中，第 8 条规则就是"加倍筹集资金"。**作为一名企业家，如果有一件事你可以确定，那就是你肯定会遇到意想不到的问题和支出。**

尽管互联网泡沫的破灭并未让玛丽亚姆受到损失，但她没有忘记从那些失败的创业者身上吸取教训。那些创业者筹集了大量资金，接着又大量地烧钱，最后却以惊人的失败告终。

当整个市场崩溃时，在这些年轻企业家周围出现了许多抱怨的声音，因为他们曾一夜暴富，似乎所有人都对此嗤之以鼻，人们说："谢天谢地，这些人总算得到了教训。"所以，基本上，你从一个风云人物变成一个绝对的无名之辈，被人躲避，这真的很丢脸。之后，我遇到一位银行家，他比我年长许多，他告诉我："今后，你最大的问题将是过于保守。"

就像诅咒一样，当玛丽亚姆要创办她的第二家公司时，她不想冒太大的风险。她想要做的是有关生活方式的生意。这是一种可预测且相当安全的生意，你可以拥有稳定的收入流，享受舒适的生活方式，没有太大的风险，没有疯狂的剧情，至少她是这么想的。

我对自己说："不要一开始就把所有的风投都引进来，我知道这次我在做什么。"所以这次我没有选择联合创始人，也没有选择风投。让我们先弄清楚如何建立一个可持续的生活方式业务，一个有现金流的业务，这是我一开始的想法。

于是，玛丽亚姆转向她的熟人圈子——"我的天使朋友"，他们对玛丽亚姆足够信任，拿出几百万美元来支持她。她用这笔资金创办了 Minted——一家在线文具店。

最初，玛丽亚姆关于 Minted 的设想是生产并销售一系列定制卡片、文具和家庭艺术品，均由玛丽亚姆委托制作。同时她也做了一个大胆的小实验。玛丽亚姆邀请不知名的艺术家将设计作品上传到线上参加竞赛。所有人都可以参与竞赛，任何人都可以投票；获胜者将成为 Minted 产品的供应商，与文具行业的顶级品牌竞争。

2008 年，玛丽亚姆准备向全球市场发布她所选的文具。"公司开始营业了，"她说，"但整整一个月没有一单生意。"令她沮丧的是，似乎"没有人想买我们投资近 250 万美元推出的品牌文具产品"。

然而，与此同时，从她的线上竞赛中脱颖而出的设计作品慢慢开始销售，很快她就"以这种方式获得了 60 个原创设计"。突然间，玛丽亚姆的"小玩闹"成了"大生意"。

玛丽亚姆无意中发现了众包的力量，即普通人聚集在一起，可以做曾经只有专家才能做的工作。如你所见：科技创造了新的机会，几乎任何人都可以成为文具设计师。如果他们的设计足够好，他们可以拥有并获得曝光率和追随者。玛丽亚姆说："这是一种真正的精英管理，你可以建立并发挥它的力量。"

但是有一个问题，在最初筹集的 250 万美元中，玛丽亚姆只剩下大约 10 万美元用于推广这些众包设计。玛丽亚姆做生活方式生意的计划没有成功，现在她没有足够的资金来支持她的 B 计划。在创业模式下，意外出现的时机可能会比你希望或计划的时间要晚，就像那些有标价的令人意想不到的事情一样，你需要有足够的资本才能抓住它们。

因此，玛丽亚姆虽然不太情愿，但还是考虑回头寻找风投的支持，这不仅是出于要抓住机会的考虑，也是出于责任感。对她来说，重要的是她始终要归还朋友们资助给她的钱。她提出了她的众包设计理念，并获得了另一轮融资。她的时机又一次很巧，一位投资者朋友提醒她，市场正在变得不稳定。因此在 2008 年 8 月，她加快筹集资金。

两周后，雷曼兄弟破产，市场直线下跌。如果她多等几个月甚至几周再筹集这笔钱，恐怕没有人会拿出现金来进行一个大胆的小型众包尝试。这也是无论何时何地你都应该准备足够多的资金的另一个理由，因为你永远不知道资金什么时候会枯竭。

玛丽亚姆最终为 Minted 筹集了 8 900 万美元的风险资本。现在，Minted 是一家收入高达 9 位数的公司，拥有 350 名员工，已向全球 7 000 万户家庭输送产品。

回顾过去，玛丽亚姆说，如果她能从头再来，她会筹集更多的资金，而且速度会更快。"因为东西总是比想象的要贵，"她说，"而且总是需要更多的时间来证明它们的价值。"

她的经验是，不管你有多少钱，"表现得像你仅有一半那么多。因为你必须把所有的失败和所有的业务调整都考虑在内，这些失败和调整总是能扼杀伟大的企业家。我知道有很多人有很好的想法，也走上了正确的轨道，但又跑出了轨道"。

Masters of Scale
里德·霍夫曼的
经验分享 ▶

你怎么知道该让哪些火燃烧？

在生活中，我们都被教导过要预防火灾，要在火灾发生时尽快将其扑灭。可是要想成为一名成功的企业家，实际上你必须让一些火先燃烧起来，尽管有时火势很大。

你的待办事项清单上的内容总是比你实际能完成的事情要多，你的合作伙伴和客户的要求总是比你实际能做的更多。很多事情随时能毁掉你的公司。因此，成功与失败之间的区别在于，正确选择让哪些火焰燃烧，以及燃烧多长时间。

对于正在快速扩张的公司，客服部门尤其容易拉响警报。正确的规则是，提供你能提供的服务，只要不会拖慢你的发展速度。有时这意味着根本没有客服部门。

在 PayPal 的早期，我们的用户数量开始呈指数级增长，而这些用户的抱怨也同样呈指数级增长。我们的客服部门只有 3 个人，所以很快我们就被处理不完的电子邮件淹没了。甚至在某一阶段，公司每周有 1 万封新邮件来不及回复，而且这个数字还在不断地增加。

当然，客户对此非常不满。很快所有的电话都响了，全天无休。那么我们做了什么？我们关掉了座机的所有振铃器，开始用手机办公。

听上去很糟糕。我们当然应该以客户为中心，我们应该倾听客户的意见。但问题是，我们既要考虑现在的客户，也要考虑未来的客户。如果只关注眼前，我们可能根本就没有未来。因此，我们让这些抱怨继续下去，直到我们能够解决问题。我们飞往奥马哈并建立了呼叫中心。用了不到两个月的时间，一个 200 人的客户服务部门开始运转。问题解决了，但我并不会优先去解决这个问题。

面对这些选择时，我首先要做的是评估概率：接下来这一问题发生的概率是上升还是下降？还有，如果它对公司造成了损失，实际损失是多少？以及，问题发生后可以加以纠正吗？

如果第二个问题的答案是"致命的损失",这意味着如果问题发生,业务很有可能会结束,但不必惊慌,因为很多初创公司在早期都面临着这种风险。领英在成立好几年之后才给数据库做了备份。所以这就是概率发挥作用的地方:发生这种情况的概率是 0.1% 或者仅仅是 0.01%?那么,你可以等 3 个月或 6 个月再解决它。

但是,如果每天都有 1% 的概率,那么随着时间的累积,概率很快就会达到 15%。这意味着你的企业很有可能在 30 天内倒闭。因此,如果看到问题发生的概率达到这些水平,我的反应是:"好的,让我们现在就解决它。"因为这是一个不容忽视的事实。

向不支持你核心价值观的投资者说不

毫无疑问,资金可以推动企业规模快速增长。但也要注意:并非所有的资金都一样。**投资者应该知道什么时候对一家成长前景不佳的初创企业说"不",企业家也应该知道什么时候对一个不合适的投资者说"不"。**

在你融资之前,最好先确定底线在哪里。蕾拉·埃尔·卡柳比(Rana el Kaliouby)是情感人工智能领域的领头羊公司 Affectiva 的联合创始人,其产品可以读取人们的面部表情并显示人们的感受。正如蕾拉解释的那样,面部识别技术在医疗、教育、安全驾驶等领域有着许多潜在应用空间。"但我不是白痴,"她说,"一旦落入坏人手中,这项技术很可能会被滥用。"例如,它可能被用来侵犯他人的隐私或引发歧视问题。

因此,Affectiva 的创始人在早期就决定,他们只想在得到明确的许可以及人们了解如何收集和使用这些数据的行业开展业务。"当我们从麻省理工学院分离出来之后，我和我的联合创始人罗莎琳德·皮卡德（Rosalind Picard）教授围坐在她家厨房的桌子旁，我们说：'好吧，既然这项技术的应用范围很广泛，那我们将在哪里划界？'"

她们设想了许多黑暗的可能性。

例如，安全和监控是一个大市场，作为一家公司，我们可以在这个领域赚很多钱。但我们决定不涉足这些领域。我们在这方面经受过考验。

创业者会经受各种形式和程度的挑战和考验。当资金紧张时，这种考验将尤其艰巨。这就是蕾拉和她的团队的遭遇。

2011年，我们离倒闭还有几个月的时间。我们的钱快用完了。一家情报机构的风投部门与我们接洽。他们说："我们会投给你4 000万美元。"这在当时对我们来说是一大笔钱，"但前提是你的公司要专注于安全、监控和测谎产品"。

蕾拉承认，做决定并不容易。"一方面，如果接受这笔钱，我们就可以活下来。"她说。但另一方面，这将违反公司的核心原则，而核心原则正是公司存在的理由。"我们必须坚定立场。"因此，他们拒绝了这笔钱。

虽然用了更长的时间，但最终，Affectiva还是从相信公司愿景并支持其核心价值观的投资者那里筹集到了资金。

我确实觉得你必须非常清楚你的核心价值观是什么。作为这个领域的领导者，我们也有责任让公众理解所有不同的使用案例。我想说的是，技术是中立的，对吗？人类历史上的技术都是中立的，这就是为什么我们决定使用它。

"这确实成为我们公司的一段佳话,"蕾拉说,"一个具有战略性耐心的故事,这使人们知道我们是谁和我们代表什么。"

Masters of Scale
里德·霍夫曼的
经验分享 ▶

筹集更多的钱

通常,我倾向于闪电式增长或者超高速增长,这是一种行之有效的方法,可以让你的想法获得爆发式的推动力。我相信,即使在面临不确定的情况下,闪电式的扩张也要通过优先考虑速度而不是效率来追求快速增长,这是未来伟大科技公司的创建之路。当你试图赢得一个胜者通吃的市场时,正确的战略是首先要达到临界规模,产生长期竞争优势,使竞争对手几乎不可能超越你。

为了实现闪电式扩张,你需要一笔专项资金,而且你拿到这笔资金的速度要快,这样你就可以超越你的对手。这种对速度的需求就是为什么我几乎总是鼓励创业者去筹集资金,筹集比他们认为自己需要的更多的资金。

对于闪电式扩张,我知道不是每个人都感到舒服。将速度置于效率之上的感觉很危险,而且事实确实如此!然而,过于谨慎也很容易出错,对你筹集和支出的金额过于保守也是有风险的。你可能会认为,尽可能高效地利用资本是对投资者最好的回报,但事实并非如此。如果你的竞争对手开销比你大,你想通过创建一家成功的公司来回报你的投资者就很难实现。

一些初创公司更喜欢自力更生,有些公司也的确做得很好,比如 Mailchimp。但我认为，即使像 Mailchimp 这样成功的初创公司，如果有了投资可能也会成长得更快。如果他们一开始不愿接受投资，可以在 B 轮、C 轮、D 轮接受。一家已经成功的初创企业获得越来越高的投资，这不仅意味着它将会主宰一个市场，而且还可以扩展到其他市场。

凭借着运气、毅力和技巧的组合加持，Mailchimp 赢得了市场。然而，如果他们能早一些找到合适的风投合作伙伴，我相信他们可以更快地做到这一点，并以更快的速度扩大规模。

请注意，我强调了"合适的合作伙伴"，因为这是等式的一大部分。然而找到合适的伙伴并不总是那么容易。当我给创业者提供建议时，我总是告诉他们，绝大多数的、高达 3/4 的风险投资人会给创业者带来负价值和负资金，中立的投资人的比例要小得多，而只有大约 1/10 的投资人能给创业者提供正价值和正资金。尽管有时候你只是需要拿到投资，但还是应该仔细挑选适合你的风投合作伙伴。

你要将投资者视为财务联合创始人，即战略和融资合作伙伴。这是一个不同的角色，当然，你仍然是创始人，你仍然是首席执行官，你仍然在经营企业，但你与投资者的关系也是一种伙伴关系。对于你来讲，一个不了解你的伙伴可能会是你遇到的最大障碍之一。因此，你必须找到匹配你的产品和工作风格的投资者。这也是为什么我建议寻求投资的创始人应该在一段时间内接受多个投资者。

俯身向前，随时准备行动

当开始创业之旅时，你必须认识到你周围的环境总是处于变化之中。如果你想走得更远，有时必须有战略性耐心。但这并不意味着只能坐下来等待，要俯身向前、专注地等待突围时刻的到来，然后快速行动。

快速行动，但不要让自己筋疲力尽

只有当你能持续地产生动力时，爆发式的开始才会有意义。关键是要弄清楚你能让开局有多快，同时也不会在这个过程中把自己"烤焦"，创业是一场短程马拉松。

快速决策

快速决策是爆发式增长的关键。当你快速行动时可能会犯错，但因为唯一重要的是时间，所以最大的错误只可能是决策速度不够快。

有些事情不必急于处理

当你想拥有一家迅速扩张的公司时，重点必须放在发展上。如果你把大部分时间都放在"灭火"上，那么公司很难得到发展。有些"火苗"可能具有毁灭性，不容忽视，但其他的"火苗"让它燃烧一会儿也无妨。

尽可能多地筹集资金

机会可能会在你最不经意的时候出现，你需要有资本出

发，还要确保有足够的资金来支持 B 计划，确保你有足够
的资金进行尝试。

仔细挑选你的投资人

本质上，投资人就是你后期的联合创始人，一个能够理
解你和你公司愿景的合伙人。

MASTERS OF SCALE

Surprising Truths from the World's Most Successful Entrepreneurs

第 6 章

忘记过去的经验才能真正规模化

对于想要成功的人来说，
及时忘掉从上一个产品、上一份工作、
上一年中获得的固有经验至关重要。

_____

MASTERS OF SCALE

一切始于一双自制跑鞋。作为美国俄勒冈大学的学生，菲尔·奈特（Phil Knight）[1] 在名人堂教练比尔·鲍尔曼（Bill Bowerman）的指导下进行训练。和比尔·鲍尔曼一起跑步意味着要实地测试他手工缝制的 Frankensteined 运动鞋。"比尔·鲍尔曼一直在尝试不同的鞋。"菲尔回忆道，"他觉得穿一双更轻的鞋很重要。"

"那个时候，所有伟大的跑者都穿阿迪达斯或彪马的跑鞋，当奥蒂斯·戴维斯（Otis Davis）穿着一双比尔·鲍尔曼自制的跑鞋赢得太平洋海岸联盟锦标赛男子 400 米冠军时，我真的大开眼界。在他穿这双鞋之前，我一直在测试这双鞋。"菲尔对这款轻便手工鞋的高性能感到震撼，他也为胜利对于业余运动员的影响而感到震惊，每个人都想要那双鞋。"我当时就种下了一粒种子。"

1964 年，蓝带体育公司创立，在创立之初，作为联合创始人，比尔·鲍尔曼和菲尔各出资 500 美元。他们的目标是，制造超高性能的运动鞋。"世界需要一双更好的跑鞋。这就是耐克背后的想法。"对菲尔来说，创建品牌和发布广告都不重要。"我从来没有想过我是一个'销售名人'。"他的制胜法则是，

---

[1] 关于耐克创始人菲尔·奈特的更多故事可以参看《鞋狗》，该书由湛庐引进，北京联合出版公司 2016 年出版。——编者注

打造一双能带来出色表现的运动鞋，其他的就会随之而来。

的确如此。感谢史蒂夫·普雷方丹（Steve Prefontaine）和其他优秀运动员的支持，全美国的田径教练和慢跑者锁定了耐克的轻质运动鞋——它专为速度而非风格而设计。"我们并没有真正关注鞋子的外观，"菲尔说，"我们相信，如果一双鞋表现出色，而且被一个伟大的运动员穿着，它就会大卖。"

在耐克还没上市之前，这一点的确起了作用。但正如我们今天所知道的那样，耐克现在之所以存在，是因为它当时失去了立足之地。

当时，对高性能运动装备的狂热被另一种时尚运动装备的狂热所取代。在这场竞赛中，耐克输得很惨。正如菲尔所说："在 20 世纪 80 年代，我们被一家叫作锐步（Reebok）的新贵公司打败了。"

锐步的魔术贴高帮运动鞋正是为有氧运动这一新的运动趋势而设计的。时尚女性开始在上班的路上用有氧运动时穿的魔术贴高帮运动鞋搭配西装。突然间，运动鞋成了街头时尚。

菲尔用近 20 年的时间建立了一个占主导地位的企业，从事他熟知的工作，设计、测试并向运动员销售高性能运动装备。但是，比赛规则已经改变，他不得不忘却自己引以为傲的获胜法宝。

当一份特别令人沮丧的季度销售报告出来后，"我们说，'好吧，也许我们还是应该试试广告'。"菲尔回忆道，"于是我们走进一间仅有 4 名员工和一张牌桌的办公室。其中两人的名字是大卫·肯尼迪（David Kennedy）和丹·威登（Dan Wieden）。"当然，他们是威登 + 肯尼迪（Wieden+Kennedy）的创始人、广告界的传奇人物，在全球拥有数千名员工和多个办公室。但当时，他们的公司还很小，而且岌岌可危。他们愿意向菲尔发起挑战，就像菲尔计划向他们发起挑战一样。

菲尔说："我走进威登的办公室，说道，'我只是想让你知道，我讨厌广告'。威登说，'好吧，这是一个有趣的开始'。"

因此，他们从第一性原理开始交流。威登 + 肯尼迪团队的方法是："我们必须了解客户；我们必须了解产品；我们必须知道他们是谁以及是什么样的人；我们必须了解他们的真实目的。"通过这个相互了解的过程，他们意识到，菲尔讨厌的不是广告，而是无聊的广告。

通过与威登 + 肯尼迪团队的合作，菲尔逐渐明白了对耐克来说重要的是什么：公司的拼搏精神、不服输精神；与他们合作的高水平运动员；他们对质量的坚持不仅创造了一系列产品，还创造了一个品牌。菲尔相信，这个品牌最终会给他们带来更多销售额。

当菲尔走进那个放着牌桌的小房间时，他已经走出了自己的舒适区，但他的关注点仍然在耐克上。基于制作"更好的跑鞋"的理念，威登 + 肯尼迪团队根据披头士乐队的音乐，推出了耐克首个并且如今已成为传奇的广告大片《巨变》，广告片以偶像级运动员、简单难忘的口号和极其时尚的鞋子为特色。当然，紧随其后的是已成为耐克标志的、塑造体育文化的口号：Just do it（说做就做）!

那几年，耐克在设计上也加大了投入，这是菲尔的又一个新领域。设计师马克·帕克（Mark Parker）扮演着越来越重要的角色，他最终成为耐克的首席执行官。他们推出了多种鞋款，包括新款 X - 训练鞋，1982 年的空军 1 号篮球鞋，1985 年开始推出的标志性系列 Air Jordan，它现在也是一个鞋子的设计平台。

"这几年，当我们把所有这些结合在一起时，我们成为一个品牌。"菲尔说，"这才是我们发展的真正动力。"

菲尔愿意将自己二十多年来之不易的专业知识放到一边,帮助耐克从一家鞋业公司转变为一个品牌。他明白,在过去十年中,鞋类市场经历了一个阶段性的变化,如果他和耐克不能适应,他们将无法生存。对于一个创新的、快速发展的组织来说,每位领导者都将面临转变。**要想真正扩大组织及公司规模,你必须学会忘却。**

这是一个挑战,因为人类有一种倾向,尤其当我们年纪渐长、更为成熟时,都会坚持曾经帮助我们成功的策略,无论它们是否还有效。因此,你必须不断质疑你上一个产品、上一份工作、上一年的假设,并努力忘却它们。在一个快速发展的组织或行业中,一句古老的谚语尤为适用:"今日不比往昔。"学会忘却是一种潜在的规模化思维模式。

无知能提供一种新视角

这是一个古老的好莱坞故事:雄心勃勃的孩子在邮件收发室找到了一份工作,他努力工作,偶尔也在大厅与过往的人们闲聊,直到吸引了一位大人物的目光,开始了他的升迁之路。

但巴里·迪勒(Barry Diller)的结局并非如此。他确实是从威廉·莫里斯经纪公司(William Morris Agency)的收发室开始工作的,但是,用巴里的话说,收发室里的其他人都在"讨好经纪人"时,巴里偷偷溜进文件室学习。在这些文件柜中,有整个娱乐业的历史。"所以,"巴里说,"我花了3年时间从零开始阅读所有这个行业的书……那是我的学校。"

当巴里的能力逐渐显现时,他决定离开那里另谋高就。一位朋友把他介绍给美国广播公司(American Broadcasting Company,ABC)的一位电视台主管,应聘助手岗位。虽然巴里对影印和接电话并不特别感兴趣,但他接受了这份工作,他的理由是:"我一直相信,无论你对什么感兴趣,都要走最宽的路。电视媒体就是一条相当宽广的路。"

当时行业并不景气，这对巴里来说确实是个好消息。"ABC 是美国第三大商业广播电视公司，其节目风格以'信口开河'著称，内容涵盖生活的方方面面。"巴里回忆道，"这就像一家糖果店，如果你想获得赏识，就要主动承担起责任。"

巴里抓住机会，提出了一个绝佳的创意。

"当时所有的电视节目都是连续剧，不是喜剧就是悲剧。"巴里说，"但无论哪种形式，故事情节永远只有当下。那些连续剧一播就是 7 年，女主角仍然住在同一个公寓里，从未搬家，没有开始，没有结束。我想，我们为什么不能像电影那样，在电视上也可以讲有开始、发展和结局的故事呢？"

因此，巴里提出了制作"本周最佳电影"的激进想法，即制作一部专门在电视上播放的电影，但同事们对此犹豫不决。有些人反对，认为那不是电视，他们从来都不是这样做的。但在威廉·莫里斯经纪公司的文件室研究了延续 75 年的娱乐史后，巴里知道，类似电影的故事讲述早有先例，比如几十年前的系列剧《90 分钟剧场》（*Playhouse 90*）和《第一演播室》（*Studio One*）。

巴里奋力争取并获得了机会，或者换一种说法，是 ABC 的高管们给了他足够长的绳子让他"上吊自杀"。"如果他们真的认为这会奏效，为什么要把这一重责交给一个 23 岁的毛头小子？"他说，"每个人都认为这注定会失败，而且他们会在这个过程中除掉这个冒进的愣头青。"

于是，这部电视电影诞生了，并成为电视界一个经典的节目形式，甚至还赢得了艾美奖。ABC 令人难忘的电影作品包括：由当时年轻的史蒂文·斯皮尔伯格（Steven Spielberg）执导的《决斗》（*Duel*）和经典的催人泪下的电视电影作品《布莱恩的歌曲》(*Brain's Song*)。

但是巴里很快就被他自己的定式困住了。当他尝试将小说改编成电视电影时，发现无法恰到好处地呈现故事情节。"你很难在两小时内完整地讲述一个故事，更不用说只有 90 分钟了。它需要更多的时长。"因此，巴里找到了一个创造性的解决方案，一种新的形式，他当时称之为"电视小说"，也就是现在的迷你剧。这些系列剧将持续 8 ～ 10 个晚上，讲述一个无法在一个晚上完成的、情节更丰满的故事。一夜又一夜，收视率暴增，许多作品为 ABC 带来了巨大的成功，比如《大将军》(*Shogun*)、《富人》(*Rich Man*)、《穷人》(*Poor Man*)；还有一个由 8 个部分组成的关于奴隶制的故事——《根》(*Roots*)，打破了美国收视纪录。

巴里早期在 ABC 获得的成功，正是硅谷许多成功案例的写照。他的想法是为电视制作电影，这与传统观念背道而驰，每个人都预测那将会彻底失败。不过，巴里是对的，他看到了别人错过的东西。他们错过的原因是不愿意忘记自己所知道的。

但巴里自然而然地想到了这一点，他两次重新改变了电视模式，他还会再做一次。在好莱坞派拉蒙（Paramount）影业公司度过的令人震惊的 10 年间，巴里为这家陷入困境的电影公司拍摄了一系列标志性的、定义时代的电影，比如，《少棒闯天下》(*The Bad News Bears*)、《周末夜狂热》(*Saturday Night Fever*)、《油脂》(*Grease*)、《夺宝奇兵》(*Raiders of the Lost Ark*)、《闪电舞》(*Flashdance*)、《浑身是劲》(*Footloose*)、《颠倒乾坤》(*Trading Places*)、《壮志凌云》(*Top Gun*)。之后，巴里渴望接受新的挑战，于是重新回到电视行业。

回到 1988 年，巴里在一个放映室里，向一群表情木然的高管展示了一部前卫的新情景喜剧。

巴里说:"当你和一群人一起观看某个你参与制作的节目时,他们第一次观看,而你笑个不停,一部分是因为骄傲,另一部分是因为你敢于面对其他人几乎不笑的场景。"

在这个例子里,除了巴里,没有一个人笑。

这一剧目巴里已经制作了 13 集。但现在,房间里的每个人都明确地告诉他,这会是一个大麻烦,这些意见包括:"我们不能播放这个节目。""有什么办法可以不播吗?"

巴里是新成立的福克斯电视网(Fox Television Network)的首席执行官。在长期由 3 家电视台主导的行业中,福克斯电视网稳坐第 4 把交椅。如果说他的新东家能有什么机会的话,巴里知道那就是他必须为观众提供一个独特的选择,即推介一个打破规则的黄金时段节目。他主推的这个节目与当时能看到的经典情景喜剧完全不同:儿子是个可怕的家伙,妈妈有一头蓝头发,爸爸是个懒汉,还痴迷于甜甜圈。

哦,那是一部动画片。

巴里的"大麻烦"就是电视史上最成功的剧集之一——《辛普森一家》(The Simpsons)。如今,以成人为受众的动画片似乎很寻常,但在当时,没有什么比它更吸引人了,这也是它吸引巴里的原因之一。

"在我的一生中,唯一让我感兴趣的就是我没有做过的事情。"

这是企业家们经常听到的一句话,他们不得不按照自己的方式做事。巴里之所以被《辛普森一家》吸引,不仅是因为这将有助于福克斯电视网在竞争中脱颖而出,而且因为开创新局面本身就令他感到兴奋。把巴里放到一个陌生的领域,他被迫从零开始学习、适应和尝试,而这时也恰好是他做得最好的时候。"我很早就知道了，"他说，"当你一无所知的时候，你就是最好的。"

巴里是我们称之为"终身学习者"的典范。对于想要成功的人来说，及时忘掉从上一个产品、上一份工作、上一年中获得的固有经验至关重要。

使用里德·霍夫曼的第一本书《至关重要的关系》中的框架，巴里可能是"永久测试阶段"概念的最佳例证：用新的思维对待每件事，寻求新的挑战和学习机会，不要以为你已经了解这个新游戏了。

从以前到现在，从电视到电影，巴里已经在媒体巨头的高层站稳了脚跟。但是现在，他感觉……有点无聊。他说："我经营电影和电视公司已经18年了，如果以后不再看剧本了，我会很开心的。"

当巴里正在考虑下一步应该做什么时，他的妻子、时装设计师戴安娜·冯·弗斯滕伯格向他介绍了QVC购物网络（全球最大的电视与网络百货零售商）。"我看到一些以前从未见过的东西，"巴里说，"这是电话、电视和电脑的早期融合。屏幕是交互式的，非叙事的，这让我很震惊。"

所以……巴里收购了它。早在1992年，他就被交互式屏幕的想法迷住了。巴里预见它将会撼动媒体行业，更不用说零售业了。更重要的是，他已经准备好忘却他所精通的关于制作电视艺术的一切。忘了讲故事吧，是时候让消费者做主了。

QVC成为一个更宏大、更雄心勃勃的试验场。继而，巴里以令人目眩的速度收购了一系列不同类型的公司。最终，他创建了今天的互联网巨头IAC（InterActiveCorp），其中囊括了许多网站。第一家就是票务通，它很快成为音乐会和演出的在线票务中心。然后，他通过收购Expedia进入了网上旅游服务领域；之后是Match、Tinder、OKCupid；然后是Vimeo、Ask；

还有 Daily Beast、College Humor、Dictionary、Angie's List。总之，无论你搜索什么，几乎都能落在巴里的商业版图上。IAC 迅速成长为一家庞大的互联网企业集团。

在这些企业中，巴里对这些主题的了解有限，对相关行业的经验更少。他认为这种无知是一种财富。"你知道的越多，情况就越糟。"巴里没有依赖他认为自己知道的东西，而是花时间和精力去解构复杂的问题。与奈飞的里德·哈斯廷斯及其团队相似，巴里是一位典型的"第一性原理"思想家。

事实上，他别无选择，只能以这种方式应对每一个新挑战。这是他大脑的工作方式。他说："我的思考更慢，也更缺乏想象力。"当巴里遇到他不理解的东西时，"我必须把它分解成最微小的元素，只有这样我才能理解它。但对我来说，这是一项快乐的工作，我要穿过这些表层，深入到事物的最底层。"

一旦他搞定了一项新业务，他就会把它分拆出去，然后再去探索新领域。仅一年时间，IAC 就剥离出家庭购物网、票务通和借贷树（LendingTree）等网站。虽然 IAC 被认为是一家互联网企业集团，但在某些方面，它的功能更像一个孵化器，在巴里失去兴趣之前孵化出新的创意，或者说是一个在巴里探索新领域和告别旧领域过程中不断产生新成果的平台。

让巴里能如此成功地从一个领域跳到另一个领域的不仅是他善于学习和忘却的能力，还有他将离开所熟悉的事物变为自己的本能，这为他进入的每一个新领域带来了局外人的新视角。

成功没有固定公式

在微软的早期，比尔·盖茨非常确信他能解决各种问题。"我会全神贯注于一个问题"，不管是涉及工程问题、人力资源问题还是销售问题。"我认为所有的智慧都是可以替代的，不管是对是错，我认为自己在所有这些领域都是自学成才的。"

比尔·盖茨一直将自己视为一个能够轻松跨越学科的"终身学习者"。多年来，当他在软件、工程和规模化管理领域接受挑战时，一直发挥了这一优势。但当启动比尔和梅琳达·盖茨基金会（Bill & Melinda Gates Foundation）时，他遇到了他没有预料到的挑战。

由于无意中阅读了一篇令人震惊的文章，得知有数以百万计的儿童死于可预防的疾病，比尔·盖茨开始让自己的基金会专注于可医治的疾病。比尔·盖茨回忆道："我们要着手解决这个问题。"这不是傲慢，应该说是比尔·盖茨的乐观信念，即只要有足够的资金支持，技术几乎可以克服任何问题。他知道，在许多疾病方面，科学取得了巨大的进步，现在是时候让这些进步惠及更多需要帮助的人。"我想，好吧，这可以发挥我的优势，让我们组建一支团队来实现这一目标。"

比尔·盖茨有企业家的行动力，但他很快意识到，在采取行动之前，他还有很多东西需要学习，比如相关科学、政府的作用、国家间的文化差异，甚至还有物流问题，这些都是非常具体且实际的问题。

"我原来以为新疫苗或创新药物是唯一不足的部分，"比尔·盖茨说，"然而可悲的是，在这些国家，许多初级卫生保健系统的保障机制也非常差。"

这是一个惨痛的教训，需要关注每一个平凡的细节，因为再伟大的创新也有赖于高效的物流交付系统。"我承认有一两年的时间，我想，天哪，难道就没有人能解决交付问题吗？"他说，"最终，我确信，不，这不是某个人能解决的问题。即使发明再多的新疫苗，但这些疫苗却无法交付，那代价将是昂贵的。"

比尔·盖茨的学习曲线十分陡峭。"了解如何在贫穷国家工作以及如何送货上门,这不属于微软的专业领域,但雇用能够胜任该工作的工程师是我们擅长的事情。"

比尔·盖茨还必须全身心地投入制药行业的产品研发等工作中。"我试图找到行业内的顶尖人才,无论是设计,还是深入制药行业并将最优秀的人才吸引过来,因为从某种角度来看,我们需要成为一家制药公司,并制造出比任何一家制药公司的药品都要成功的产品。"

他还必须研究现有的模式,比如在防治疾病方面,哪些国家做得很好,他们是如何做到的。"我真的深入研究了历史上的典范,比如哥斯达黎加、斯里兰卡和包括一些非洲国家在内的当代的成功案例,"他说,"讲述个人英雄的故事和找到系统的解决方案,这是我们的工作重点。"

在所有问题中,比尔·盖茨所说的"交付问题"也许是最令人费解的。为什么在不同地区,疫苗和药物的交付差别如此之大?一些地区可以,其他地区却不可以?

他了解到,这往往取决于政府。"在发达国家,或者即使是中等收入的发展中国家,它们的政府都非常高效。"他说,"那里的给水系统、电力系统、教育系统、司法系统,正如我们想象的那样,运行得非常好。但是在非常贫穷的国家,工资拖欠,政府甚至连购买救命的疫苗的预算也没有,或者可能被贪腐了。总之,政府的糟糕表现令人震惊。"

为了解决这个重大的问题,比尔·盖茨需要学习如何与政府合作,或者更确切地说是忘记如何与政府合作。比尔·盖茨在微软公司工作期间,政府与其说是一个盟友,不如说是一个对手。

但是现在比尔·盖茨知道,他和基金会将不得不弄清楚如何让这些救命药物送达。"你想要让政府履行它的职责,还是想绕过它?"最终,他说,"我们意识到必须让政府承担起应有的责任。这是唯一的长期解决方案。"

比尔·盖茨说,让各国政府都行动起来,"需要大量的学习"。每个国家都有不同的问题,对于如何解决问题的态度也不同。有些国家乐于接受帮助。例如,埃塞俄比亚的总理希望能够改善本国的卫生服务。"因此,要帮助他们建立卫生系统,甚至改善农业系统,我们必须通过合作完成,"比尔·盖茨说,"从而起到示范作用。"

但是,尼日利亚的情况则截然不同,该国的脊髓灰质炎病例曾占全球总病例的一半,主要是因为疫苗供应不足,特别是在该国麻烦不断的北部地区。在这个例子中,基金会援助了尼日利亚政府一项提升国民免疫力的行动,并支持了 20 万名志愿者共同为 4 500 万名儿童接种了疫苗,这对防治疾病起到了巨大的作用。虽然尼日利亚已有 3 年没有新增脊髓灰质炎病例了,但防治疾病需要持续的努力,需要维持伙伴关系,确保疫苗能够送到需要的人的手中。

不过,即使是最严峻的挑战也会带来长期的回报。

"生物科学为我们提供了发明疫苗的新方法,进展非常顺利。"比尔·盖茨在一次演讲中提到,"尽管奇迹尚未出现,但在未来 10 ~ 15 年内,艾滋病疫苗、结核病疫苗都会问世。因此,不但为了现在,而且为了未来,必须确保整个交付系统的存在及正常运行"。

比尔·盖茨现在有了长期的规划,他知道建立正确的系统和合作关系需要时间。幸好,结果令人欣慰:在过去的 20 年中,世界儿童死亡率下降了50%,从每年 1 000 万名下降到 500 多万名。在基金会的努力下,有 450 万名有可能在 5 岁之前被可预防疾病夺去生命的儿童,因为接种疫苗而存活下来。这是人类历史上最伟大的成就之一。

无视所有的规则和原则

那是 1943 年，第二次世界大战进入最激烈的阶段。任一科学突破或技术创新都可能扭转战争的走向，无论朝向哪一边。德军发明了 Messerschmitt Me 262，这是第一款用于战斗部署的喷气式战斗机，增强了德军的战斗优势。美国军方不得不迅速做出反应。

在喷气发动机技术方面，美国当时落后于德国。不久，一个机会出现了，英国政府免费向美国陆军提供了德·哈维兰（de Havilland）顽皮鬼（Goblin）发动机的设计方案。唯一的问题是，美国人得为它量身定做一架飞机。

美国空军把这项任务交给了某航空航天公司，但该公司已经满负荷运转，他们没有多余的厂房，也没有空闲的工程师，这是不可能完成的任务。然而，该公司的首席工程师凯利·约翰逊（Kelly Johnson）主动请缨，接下了这个项目。"他一直要求成立一个实验性的航空器部门，"GitHub[①] 的工程总监、痴迷于航空史的尼克·米恩斯（Nick Means）说，"公司董事会给了他这个项目，主要是为了让凯利闭嘴，因为他们认为这太难实现了。"

凯利有一个非常具体的建造飞机的计划，是从抛弃有关飞机建造的所有假设开始。

凯利在公司闲置的一块空地上搭建了一个大帐篷，因为隔壁有一家臭气熏天的塑料厂，因此，该项目被命名为"臭鼬工厂"。在帐篷里，一小群被精心挑选出来的工程师、绘图员和技术工人开始围绕发动机模型构建飞机模型。"他们甚至还没有安装引擎，"尼克说，"但无论如何，他们一心想着尽快把飞机造出来。"

---

① 一个面向开源及私有软件项目的托管平台，2008 年上线，2018 年被微软收购。——编者注

这是一种全新的工作方式。"通常，在建造一架飞机时，"尼克说，"工程师们会画很多的图纸，做很多的测试，但在这种情况下，凯利几乎摒弃了所有规则，并表示，工程师和技术工人可以在现场自由制造可安装在飞机上的零件。"

在几个小时内，通过设计师、工程师和技术工人的紧密合作，使想法从无形变为有形。也就是说，省下大部分起草蓝图的时间，把时间更多地用于收集数据、构建模型和根据结果进行迭代升级。由于这种灵活的工作方式，以及时间的紧迫，他们在 143 天内制造出了飞机原型，对于制造一架喷气式飞机而言，这是非常惊人的速度。

在航空领域，如果飞机无法飞行，所有的设计和构建将毫无意义。可是，这架飞机飞起来了，而且飞得越来越快。凯利的臭鼬工厂生产的 P-80 "流星"战斗机是美国第一架水平飞行时速达 800 千米的飞机，虽然在第二次世界大战中 P-80 并未投入战斗。后来，F-80 参加了朝鲜战争，T-33 被广泛用作训练飞机。投产 8 000 多架的 T-33 飞机，一直在美国空军中服役，直到 1997 年。也就是说，凯利团队在 143 天内完成的设计最终服务了 54 年。

也许从凯利"摒弃所有规则"开始，有太多的理由说明这不该起作用。这并不符合人们对航空工程师的假设，但臭鼬工厂没有时间制订长期计划，因为有一个迫在眉睫的问题需要解决，且无法做出假设，所以他们直接进行实验。

今天，每个企业都应该这样做。因为即使你有最可靠的、经过深思熟虑的商业计划，这计划也是基于假设提出的。而一旦你的产品或服务进入市场，这些假设就可能被证明是错误的。在某种程度上，你的业务本身可以被视为一个实验。为了让实验成功，你必须愿意抛弃或至少质疑你最初认为千真万确的东西。

Masters of Scale
里德·霍夫曼的
经验分享　　▶

做一个"无知"的人，
而不是"无所不知"的人

我们决定将我们的播客节目命名为《规模大师》，是为了向那些将他们的公司或想法从零开始发展到取得惊人成绩的企业家致敬。但这个名字可能有误导性，"大师"意味着我们已经达到了一个顶峰，我们已经找到了解决问题的方法。但现实情况是，我们没有一个人真正达到了"大师"的水平。我们还在不断地学习，或者说我们应该不断地学习。对此，我们处于永久测试阶段。

我的口头禅之一是：成功比失败更能留下深刻印象。因为当你取得成功的时候，你会为学到一些真正有用的东西而感到自豪。其中的假设是，我学到的东西或这个工具将一直有效，所以我可以一直用它。这就是为什么即使火车已经脱轨了，你还在一遍又一遍地重复过去的做法。

当然，除非你要解决的问题没有发生变化，市场没有发生变化，竞争对手没有发生变化，行业和你都没有发生变化，否则，相同的工具、相同的认知、相同的策略无法继续发挥作用。

因此，作为一个企业家应该经常想一想，哪些旧的经验教训必须扔掉？哪些东西必须放弃或重新学习？为了忘却，你必须放弃那些你以为的真知灼见，然而，让你放弃你的专业知识或者成功经验是非常困难的。

例如，如果我要创办一家新的互联网消费公司，并且完全照搬我创办领英的方式，我就会失败。原因在于移动技术是不同的、扩张方式是不同的、求职的生态系统是不同的、人们使用的平台是不同的，它们几乎没有相同的地方。

不管你要创业的项目是什么，这个道理同样也适用于你。因此，如果你想成功，你必须使用不同的剧本。基本上，你应该想，"听着，我知道游戏规则会改变。在游戏规则改变时，我以前学到的只有其中一部分仍然适用，但大部分要重新学习"。对于所有的企业家，我的建议是要有一种学习的心态，只有先搞清楚新的游戏规则，然后才能制定出获胜的策略。做一个"无知"的人，而不是一个"无所不知"的人。

尽早与外界分享不完美的产品

埃里克·莱斯（Eric Ries）是长期证券交易所的创始人，也是《精益创业》（*The Lean Startup*）的作者。25 岁的时候，埃里克·莱斯是一家当时不知名的初创公司 IMVU 的联合创始人，IMVU 主营业务是为社交网络平台打造 3D 虚拟人物。IMVU 从一开始就有一个很棒的商业计划，埃里克·莱斯很清楚这一点，因为那是他写的。埃里克·莱斯说："这份报告我洋洋洒洒写了 50 页，非常雄辩，数据来源于美国人口普查和大量的分析。怎么说呢，读到它，会让你热泪盈眶！"

但有一个小问题，埃里克·莱斯真正需要的客户并没有读过他的商业计划书，也没有按照他预期的那样做。

在产品发布之前，埃里克·莱斯花了许多漫长的夜晚编写代码，希望让一切都恰到好处。但即便如此，在上线之前，埃里克·莱斯仍然担心会出问题，比如，可能会有大批用户下载软件导致服务器崩溃。

事实上，没有一台计算机崩溃，因为根本没人下载。

"我们一份都没卖出去，"埃里克·莱斯不太情愿地承认，"甚至没有人免费试用！"这一失败虽然在当时是灾难性的，但带给了埃里克·莱斯重要的领悟，并发展出他的标志性理论。他的公司基于一个离谱的假设开发了一个产品，因此6个月的时间白白浪费了。

这段经历带给埃里克·莱斯的思考是：如何才能更快地发现我们的假设是错误的？

当埃里克·莱斯和团队还在为失败而苦恼时，他们通过可用性测试进行筛选，开始理解自己所犯的错误，并调整策略。最终，他们做对了，3D虚拟人物开始流行，公司慢慢发展了起来。

但是失去的6个月却始终让埃里克·莱斯难以释怀。最让他烦恼的不是把产品开发错了，而是白白浪费的时间和精力。

有许多人相信，为了把事情做好，必须慢慢地、小心地、不动声色地做。这意味着要花时间去完善它，在完美之前不要将它公之于众。正如那句谚语，你只有一次机会给人留下第一印象！

在艺术创作方面，这或许能说得通，悲伤的诗人，把自己关在阁楼里，为逗号的位置绞尽脑汁。但是，对于创业公司呢？

这是一个糟糕的策略！

问题是，你以为你知道客户想要什么，知道现实中什么行得通，什么行不通。事实上，这些都是未经检验的假设，而解决方案只有一个：尽快测试这些假设。

你必须尽早与外界分享你并不完美的作品，持续地分享，并获得快速反馈。 这就是埃里克·莱斯所说的"最简可行性产品"，即可以用来检验假设的最简单、但不完美的产品版本。

当时，这一吸引人的术语是新生事物，但埃里克·莱斯很清楚，他的"测试－学习"理论源自发展了几个世纪的科学方法。"我们并没有开辟新天地，"他说，"而是将这些经验应用到商业中。"

值得注意的是，埃里克·莱斯的方法不仅是学习，还包括通过"迭代升级实现完美"，将所学内容举一反三。与科学方法一样，它包括评估实验结果并反思：它是否证实了我的假设？我是否需要做些调整？在商业中，这些调整可能小到增加一项功能，也可能大到改变整个战略。顺便说一句，埃里克·莱斯是普及了这个现在无处不在的术语'支点'的人，我们将在第 8 章介绍这一内容。

在 IMVU，埃里克·莱斯很快将他的理论付诸实践，工程师开始更频繁地发布代码，有时甚至是一天多次，以便用户更新产品。随后，团队立即研究这些用户的反应数据。很快，从假设到实验再到结果的时间越来越短。他的公司开始规模化。但是，有一件事仍困扰着埃里克·莱斯。

"当我们用这种非同寻常的方式做事时，它显然是有效的，然而没有人能理解为什么要这样做，"埃里克·莱斯回忆道，"我们的员工和投资者为此而抓狂。"埃里克·莱斯知道他必须整理出一套方法论，才能让这种新的工作方式服众。于是他做了一件事，把自己从"创始人"变成了"运动领袖"。他不仅采用这些科学的、基于实验的方法来推出新产品和新业务，而且他开始进行深入的研究。

　　埃里克·莱斯收集了各种各样的资料，从管理理论家到军事战略家，还有丰田的"精益制造"系统，该系统在生产过程中的每一步都能识别并消除浪费。如同科学家先是观察一种药物对一个物种的影响，然后再将其应用于另一物种那样，埃里克·莱斯将这些概念应用到软件开发中。

　　在研究这些资料期间，埃里克·莱斯离开了 IMVU，选择在一些初创公司做顾问的工作。他还开始匿名撰写博客。最终，那些博文奠定了他的书稿创作的基础。此时，可谓天时、地利、人和！2008 年金融危机发生之后，创业者需要在没有巨额资本、也不允许慢慢发展的情况下实现腾飞。由此，《精益创业》的销量超过了 100 万册。更重要的是，它成为一种做生意的新方式的手册。

　　硅谷最大的实验倡导者之一是马克·扎克伯格，他早期的口头禅"快速行动并打破常规"是 Facebook 成功的基础。即使是在目前的规模下，Facebook 仍在持续不断地试验。不过他现在的口号是"在稳固的基础设施条件下快速行动"。正如马克·扎克伯格所说，"在任何给定的时间点上，Facebook 的运行版本都不止一个，可能有一万个。基本上，公司的任何工程师都可以决定他们想要测试什么。"

　　这意味着一名工程师可以推出一个定制的、实验性的 Facebook 版本，不是面向全部用户，而是面向一万人，或者是他需要的能获得一次良好测试的人数。然后，工程师几乎可以立即获得结果：在这个版本上，人们是如何联系的？他们分享了什么？是如何分享的？有了这些数据，马克·扎克伯格说："工程师可以找经理说，'嘿，这是我建的，这是结果。我们想进一步探索吗？'这意味着你不必与经理争论你的想法好不好，因为你有证据。"

即使测试结果不尽如人意，仍然会带来值得学习的成果。马克·扎克伯格说，这成为他们"记录我们长期以来学到的所有经验教训"的一部分。

"测试－学习"方法并不适用于所有公司或产品。在某些情况下，向有限的受众发布产品的劣质版本是不明智的，甚至是不安全的。一些企业家根本不喜欢把有缺陷的东西带到世界上。例如，Spanx 的萨拉·布莱克利认为，你的产品"只有一次机会"给客户留下第一印象，你最好不要把它浪费在产品的劣质版本上。通过互联网发布的产品有许多机会，而实体产品却只有一次机会，她是对的！

我们许多人都在与"不完美"这个概念做斗争。学校教导我们把论文写得完美之后才可以交，但要成为一名实验者，需要忘却在学校习得的模式。

Hint 的创始人卡拉·戈尔丁做出了一个大胆的决定，不在瓶装果味饮料中添加糖和防腐剂，尽管她知道这意味着这些饮料的保质期会非常短，但她还是想知道人们是否喜欢这种口味。因此，她一边开始销售这种不完美的饮料，一边寻找可能延长其保质期的天然成分。

"我曾与许多企业家交谈过，他们采用的是完美模式，因为他们认为，在推向市场之前，产品必须是完美的。"卡拉说，"如果你不愿意在建造飞机的过程中试飞，如果这真的让你感到不舒服，那么你就有麻烦了。"

当然，这并不是说你应该发布一个劣质或功能欠缺的产品。"我告诉创业者，'如果你认为你的产品还不够完美，但它相当不错，而且你想弄清楚它是否在某种程度上是受欢迎的，那你就把它送到商店'，"卡拉说，"只要把它放在那里，你就会清楚并一路改进它。"

Masters of Scale
里德·霍夫曼的
经验分享   ▶

准备好为自己的产品尴尬

我经常说，"如果你不为自己第一次发布的产品感到尴尬，那说明你发布得太晚了。"为什么？因为你需要尽快让真正的客户测试产品，基本上，在你拿到最基础的版本的那一刻就是发布的最佳时机。但是尽快发布的目的不是"为了速度而速度"。这是为了从客户那里获取数据，接着让你有足够的时间利用数据改进。然后再次构建，再次测试，从而创建一个反馈循环，让你不断改进，并且这种改进不止几次。

不要害怕软件产品中的不完美，它们不会影响你的公司。让你成功或失败的是你能够以多快的速度构建用户真正喜欢的东西。所以，要学会忍受由于发布不完美的东西所带来的小尴尬。

多年来，一些人将我的理论解释为鼓励走捷径、鲁莽行事或在没有明确计划的情况下继续进行。但请注意，我说的是"如果你不曾为你第一次发布的产品感到尴尬"，我并没有说"如果你不曾对自己的产品深感羞愧"，没有说"如果你没有因为自己的产品被起诉"。

如果你的产品引发了诉讼，或者与用户的需求格格不入，或者在没有明显收益的情况下浪费资金，那么实际上，你很可能发布得太早了。毫无疑问，大规模实验会带来风险，但你也会获得宝贵的学习和提高的机会。

所以，要尽早展示你的作品，要经常展示它。最重要的是，不要躲在车库里试着独自完善产品，那不仅浪费你的时间，也将浪费你的机会。你可以在我的《闪电式扩张》中阅读更多关于这个主题的内容，具体参见《闪电式扩张》反直觉法则第 4 条——"发布让你难堪的产品"。

边做边学，让每一个教训都即时出现

还记得梅拉妮·珀金斯第一次创业的经历吗？她 15 岁时就在家乡澳大利亚珀斯市附近的精品店卖手织围巾。正如在第 2 章中我们读到的，通过那次创业，她学到的是自己可以承担一些非常可怕的事情，然后取得成功。这意味着她可以创业，而不必为别人工作。她说："我在年纪尚小的时候学到的这两点，确实帮助我明确了自己的方向。"

从销售厚实的手工围巾到建立并运行拥有 5 000 万用户的全球设计平台可画，一路走来她一直在进行她所谓的"即时学习"。当她和合作伙伴克利夫·奥布雷希特最初决定推出一款设计工具时，为了学习，他们从小事做起："我们有意先抢占学校年鉴这一小众市场，因为一开始我们没有资源或经验来应对整个市场。"她说。他们学到了很多关于用户测试、收集反馈、客户服务的知识。随着他们的第一家公司 Fusion Books 吸引了热情的用户，他们开始学习新东西：如何扩大规模。

当回顾这段时期时，梅拉妮说："我觉得在创业时学到的每一个教训都是即时的，有时恰好是在你需要了解它的时候。"

要交付她想要的新产品，需要一个可靠的、坚如磐石的、质量极高的全球设计平台，她需要风投资本在全球范围内扩张市场，并雇用技术人才。

那不是她能驾驭的事情。"我是带着学习的心态开始的。坦率地说，我别无选择。"

"尽管我们是一家初创企业，但我们对创业或风险投资知之甚少。开始我不明白，当有人说'我会为你提供资金'时，这并不意味着他们会为公司的全部经营周期提供资金。实际上，它的意思是，'我有兴趣以天使投资人的身份参与你需要组织的更大一轮融资'。"

梅拉妮开始寻找风投。她与硅谷的投资人比尔·泰（Bill Tai）见了面，当时后者正在澳大利亚参加一个会议，两人一见如故。比尔·泰邀请她下次到旧金山湾区去看他。每年，比尔·泰都会在湾区举办一场非比寻常的年度会议，他召集了一批企业家和风险投资家，他们一起玩风筝冲浪。"所以，我必须学习玩风筝冲浪。"梅拉妮说，"我从来没有玩过，那太可怕了。我当时穿着连体泳衣，天气很冷，周围很明显有鲨鱼。"

"那次会面很快就收到了效果，我收到了风筝冲浪创业家研讨会的邀请。一天早上，我做了一个演讲，这是我一生中最可怕的演讲。通过这次参与，我遇到了一群了不起的人，与我所见过的最有成就的投资者和企业家交谈，真是太紧张了。我的第一次演讲体验非常恐怖，但确实很有帮助，我们得到了很多反馈。"

这是另一次即时学习。梅拉妮没有打出她的第一个本垒打。事实上，可画找到投资者花费了相当长的时间。她学会了将每一次推介都视为一次学习和重新定义下一次推介的机会："在每次推介结束时，投资者都会提出许多问题。因此，如果我们能提前回答这些问题，并解决了问题，那么当我们到达球场的尽头时，他们就不会有任何问题了，剩下的就是投资我们。这是我们的理念，事实证明它是对的。"

这就是即时学习的样子：把你的想法付诸实践，倾听你得到的反馈，不管是好是坏，然后做出调整，反复尝试。他们把听到的每一个不同意见都记下来。当他们完善策略时，他们已经了解了哪些投资者最有可能听取他们的意见，以及哪些类型的顾问会让投资者更有信心。最重要的是，这让他们更加了解自己的公司。在一些宣传中，她意识到，"我们以使命和目标为导向的思维方式，与迭代升级的精益创业方法之间是脱节的"，这些投资者"永远不会接受我们的思维方式"，因为"我们一直是而且将继续是长期的思考者"。

在创业刚开始时，梅拉妮和合伙人并不知道他们需要知道的一切，他们也不必知道。当你有一个想法，你想为此打好基础，但你不能用 20 年的时间做准备。当你还在准备的时候，其他人早就采取了你的想法并付诸实践了。

你应当边做边学，解决越来越复杂的问题。如果幸运的话，你能及时找到问题的答案。

托比·吕特克（Tobi Lütke）有两个爱好：滑雪和编程。于是他将两者结合起来，还推出了线上滑雪板商店 SnowDevil。但后来发生了意想不到的事情，他的电子商务软件比滑雪板更受欢迎。

经过一系列的曲折故事（详见第 8 章）之后，托比和他的联合创始人看到了更大的机会。他们放弃了体育用品领域，重新定位并推出电子商务平台 Shopify。然而，随着公司的快速成长，管理商业事务的联合创始人退出了。这让托比始料未及。

托比不知道该怎么办，他认为自己不是个生意人。事实上，他对自己公司的商业情况一无所知，他一直只专注于技术工作。"对我来说，商人都是些古怪的人，"他说，"我不知道他们都做些什么，真正主持这场演出的人是工程师，对吗？至少我当时是这么想的。"

托比花了两年时间为他那家羽翼未丰的公司物色一位首席执行官。最终，一位天使投资人把他拉到一边，告诉他，他可能永远也找不到像自己那样关心 Shopify 的人。

于是，工程师托比成了首席执行官托比。现在他所需要的就是学会如何胜任这项工作。

"我开始的方式和我开始一切的方式一样，"他说，"我想，好吧，我不知道这项工作是什么样子的，我不知道工作内容的组成或者它的表现形式，所以我们得读一些书。"他读的第一本书是安德鲁·格罗夫（Andrew Grove）的《高产出管理》（*High Output Management*）。"按照安德鲁的说法，建立一家企业和打造一个工程所遇到的挑战听起来都差不多，这给了我很大的希望。就像设计软件那样，我将遇到的每一个问题都分解成更小的问题，一步一步来。"

对于工程师出身的首席执行官来说，这种领导力速成班并不少见。Dropbox 创始人德鲁·豪斯顿也有类似的故事。21 岁时，德鲁离开麻省理工学院，开始了线上 SAT 备考课程的创业项目。他决定学习一门有关公司经营的基础课程，并主要通过阅读自学。

德鲁可以将他所学课程的书名脱口而出：克莱顿·克里斯坦森（Clayton Christensen）和凯伦·狄龙（Karen Dillon）的《与运气竞争》（*Competing Against Luck*）、彼得·德鲁克（Peter Drucker）的《卓有成效的管理者》（*The Effective Executive*）、本·霍洛维茨的《创业维艰》（*The Hard Thing about Hard Things*）、史蒂夫·乔布斯的《成为》（*Becoming*）、讲述微软故事的《硬盘》（*Hard Drive*）、杰西卡·利文斯顿（Jessica Livingston）的《创业者》（*Founders at Work*），还有前面提到的安德鲁的《高产出管理》，德鲁说这可能是他最喜欢的管理方面的书。

德鲁不仅列出了听起来相当不错的书单。而且你随便说出一本书的名字，他就可以告诉你他从该书中获得的见解，以及他是如何一次又一次地将这些洞见应用到他的公司和创业实践中的。

"我发现系统地训练自己非常有帮助，"他说，"因为没有人会帮你。"虽然德鲁对自己的工程知识和将产品推向市场很有信心，"但我对销售、营销、融资或人员管理一无所知，而且我也没有太多时间学习。"

这是每个公司创始人都深有体会的一种感觉。德鲁自嘲他学习如何经营公司的挑战，就像为 SAT 考试临时抱佛脚的学生一样。"我打开亚马逊然后输入比如'销售营销策略'之类的关键词，"他说，"接着购买最受欢迎的书籍，然后快速阅读。"当他看到一本特别有用的书时，他会在页边空白处草草记下笔记，像阅读教科书一样学习，这一习惯一直延续到今天，他还将这一习惯传递给公司的其他领导者。

无知是一种财富

当你尝试做一些以前从未做过的事情时，你常常会发现自己处于极度无知的状态。在这些条件下，能够使企业家茁壮成长的是加快学习。

及时清零

当你找到了一些行之有效的方法，或者在某个特定领域取得了成功，自然而然地，你就会倾向于原地踏步。但终身学习者知道，如果你停滞不前或继续做曾经做过的事情，世界会把你甩在后面。

无视规则

通常情况下，商业领袖和企业家会走"之"字形路线到达目的地。在每一站，他们都会吸收有用的知识，让自己更加了解世界。

从实验中学习

你对用户或客户的需求的假设永远不会完全正确，因此尽快用真人测试一个产品，这是构建可扩展产品的最快方法。知道如何创办新公司的企业家往往不知道如何真正经营新公司。但是有很多学习方法，比如通过阅读、咨询导师；有一些投资人曾与创业公司的首席执行官合作过，你也可以选择与这样的投资人合作。

MASTERS OF SCALE

Surprising Truths from the World's
Most Successful Entrepreneurs

第 7 章

与用户一起打磨公司产品

保持开放的心态，
让行为本身说话。

————————
MASTERS OF SCALE

早在谷歌文档、谷歌地图或 Gmail 登上世界屏幕之前，谷歌创始团队就推出了他们羽翼未丰的搜索引擎。他们异乎寻常地痴迷于所谓的"卓越搜索"，但问题是，他们并不清楚"卓越搜索"到底是什么样子。

谷歌搜索的主页非常简单，只有一个搜索框和两个按钮，其中一个按钮上写着："我感到很幸运。"这与雅虎那种首页杂乱无章的门户网站形成鲜明的对比，而这在当时十分流行。谷歌的搜索结果页面也与其他门户网站不同，没有广告，没有新闻标题，只有搜索结果，但页面应该呈现多少条搜索结果？应该以什么样子呈现？

联合创始人拉里·佩奇希望谷歌的设计是基于客观数据的，而不是主观感受。所以他让工程师们做了一个"实验框架"。当时还是谷歌搜索团队的核心工程师玛丽莎·梅耶尔实施了第一个实验，目的是确定用户输入查询后显示的理想搜索结果数量。

第一步，玛丽莎从用户调查开始，询问他们希望每页看到多少搜索结果。20？ 25？答案是30。用户的反馈很明确：每页显示的结果越多越好。至少他们是这么说的。

但在下一个测试中，当他们观察用户的实际行为时，发生了意想不到的事情。谷歌部署了不同版本的搜索结果页面，除了显示结果的数量不同之外，其他方面都是相同的。这一测试的目的是统计：一个用户的搜索次数是多少？用户向后翻多少页？总共有多少用户放弃了这个网站？

结果很明显，每页显示的结果越少越好。

这个神奇的最佳数量是每页 10 个结果，而不是用户调查数据显示的每页 30 个结果。"当我们查看每个用户的第一页搜索结果时，"玛丽莎说，"在 10 到 20 之间，用户数量急剧下降。每页 25 个结果时下降人数更多，30 个最糟糕。"

是什么导致用户的认知和行为之间的巨大差距？答案是速度。每页显示更多的结果是有代价的，速度对用户来说非常重要，即使他们并没有意识到这一点。有 20 个或 30 个结果的页面比有 10 个结果的页面的加载速度要慢。尽管加载时间的差异几乎无法察觉，但其影响是不可否认的。

"对人们来说，时间比他们所说的要重要得多。"玛丽莎说，"通常，人们不想等待更多的结果，因为前 10 个结果已经足够好了。"

这一发现对谷歌产生了巨大影响，这不仅是关于"用户希望每页有多少搜索结果"这一特定问题以及对"速度至上"的认识，而且还包括真正理解用户反馈的过程。当你需要了解微妙的情绪和感受时，可以选择进行用户调查。但是如果你想了解用户实际会做什么，你需要观察他们的行为。

本章的内容是关于公司如何与用户一起开发产品或壮大公司，以及如何深入了解他们的需求，调整产品以便能更好地服务他们。

用户说什么不重要，做什么才重要

许多公司的领导人都被告知了解用户的方法是倾听他们的意见：进行用户调研。与他们举行小组研讨，读他们的评论、社交帖子和电子邮件。所有这些方法都会让你更接近你的用户，帮助你理解你的产品对人们意味着什么，并发现提高的机会。

然而倾听用户的声音也会让你误入歧途。

在搜索结果实验中，玛丽莎发现了所有伟大的产品经理和企业家都知道的事情：客户说他们想要什么和他们实际做什么之间往往存在着巨大的鸿沟。如果你真的完全遵循他们的建议，将发现他们会渐渐离你而去。对于将新产品或新服务带入世界的人来说，一项基本技能就是平衡这两种形式的用户反馈，当有疑问时，要观察他们的行为，而不是听他们说了什么。

类似的事情也曾发生在 Facebook。Facebook 最初只为哈佛学生提供服务，后来才扩展到其他大学和更广阔的世界。但如果创始人马克·扎克伯格听取了早期用户的意见的话，情况会大不相同。

显然，哈佛学生最喜欢 Facebook 的原因之一就是它的排他性。因此，当 Facebook 在耶鲁大学首次推出时，马克·扎克伯格说："哈佛大学的所有人都会说，'哦，得了吧，那些家伙？'然后你从耶鲁大学来到哥伦比亚大学，耶鲁大学的人会说，'哦，真的吗？那些家伙？'"每次 Facebook 扩展到新校园，现有用户都会抱怨，但没有人删除他们的个人信息或弃用 Facebook。事实上，他们反而用得更多了。马克·扎克伯格说："Facebook 不断发展和壮大，实际上，现有用户喜欢成为参与其中的一员。"

同样的事情也发生在 Facebook 增加了照片标签功能时，这意味着你的朋友可能会在某张照片中看到你，而你可能甚至都不知道那张照片是什么时候拍的。当马克·扎克伯格描述这一新功能时，"大多数人会说，'我不想要那个功能！不，不，不！我不想要那个。'"但他们的行为又是另外一回事了。马克·扎克伯格的结论是："人们并不善于预测自己对新事物的反应。"

马克·扎克伯格的观察结果在各个行业被一再证实，用户并不总是言行一致，这有很多原因。有时，在某种程度上，他们的主张更多的是一种愿望而并非切实的目标。例如，大多数城市居民会说，他们关心城市是否有一个歌剧院，但实际上很少有人买歌剧票。其他时候，他们没有完全意识到的因素影响了他们的行为，比如搜索结果出现的速度。

如果你真的想向用户学习，你必须跟随他们，无论他们带你到哪里，甚至让他们掌控你的产品，用你意想不到的方式使用它。当然，你可以随时要求反馈。但有时要忽略他们所讲的，观察他们怎么做才是有价值的。

在用户追随你之前，你先追随他

14 岁的朱莉娅·哈茨（Julia Hartz）是圣克鲁斯丑陋马克杯咖啡店的一名咖啡师，这是她第一次与一位愤怒的顾客发生争吵。实际上，这位顾客之前也有过几次出现不满情绪的状况。

"在那里，我知道如何做一杯很棒的拿铁。"朱莉娅回忆道，"但是这个女人在早上 5 点 55 分出现在门口，走进来之后对我大喊了 15 分钟，说咖啡有多糟。"这种情况持续了几周。"后来有一天我突然意识到：她是找不到可以说话的人。这与我无关，与拿铁无关。"

这和拿铁无关。几乎所有关于客户服务的信息都包含在这句话里。通常情况下，最热情的客户也是最暴躁的，而古怪客户的反馈会让你的公司飞速发展。

"这是我一生中学到的最重要的一课。"朱莉娅说。她学会了如何倾听，也学会了如何听懂话语背后的内容。朱莉娅共同创建的活动管理网站 Eventbrite 之所以蓬勃发展，部分原因在于她知道如何找出真正驱动用户的因素。

到 2006 年，网上售票业务已经趋于饱和。但朱莉娅和她的未婚夫凯文·哈茨（Kevin Hartz）以及另一位合伙人，看到了一群被忽视的用户：小型活动组织者。这些用户几乎没有（或者仅有很少的）活动经费，然而这样的用户数量庞大。

朱莉娅很早就决定，Eventbrite 将"与我们的早期用户携手打造产品"。而早期用户主要是科技博主，他们利用这个平台来举办聚会。科技博主的特点之一就是言辞犀利。"我们与一群最挑剔的人建立了一个非常紧密的反馈循环，因为他们正在使用我们的产品，"朱莉娅说，"而我们乐于接受批评与建议。"

科技博客 TechCrunch 就是这些早期用户之一。对于新技术而言，很难想象还会有谁比真正的技术评论家更挑剔。在朱莉娅眼中，犀利的言辞以及敏锐的观察力，使 TechCrunch 团队成为理想的合作伙伴。

她说："为一群开发产品的人或技术评论家开发产品，没有比这更好的获得优质反馈的方法了。"

早期，朱莉娅为了让 Eventbrite 的反馈循环保持通畅真的不遗余力，她和凯文·哈茨都公布了自己的手机号码，以便及时处理客户的实时问题和投诉。通过对所有反馈的快速反应，Eventbrite 得以从竞争对手留下的小型活动组织者的长尾效应中创造收入流。

很快，TechCrunch 组织的聚会发展成为 TechCrunch Disrupt 会议，这

是科技行业年度大事件中的重头戏。年复一年，Eventbrite 发现了一个规模更大、同样有发言权的客户群，帮助 Eventbrite 进一步完善产品，从而能够为更庞大、更复杂的活动提供服务，实现了 Eventbrite 与客户同步发展的初衷。

尽管朱莉娅和团队非常关注客户说了什么，但真正的收获来自密切关注客户在 Eventbrite 上做了什么，即使这让他们进入了意料之外的新领域。那就是他们第一次了解到他们的平台已经成为美国东海岸速配场景的一部分，例如，后来还发展了一项时髦的业务，那就是开设山羊瑜伽课程。

朱莉娅说："当看到这个平台被不同类别、不同地点的活动发起者使用时，我们有了新的灵感。"她开始考虑 Eventbrite 如何扩大规模。但首先，她需要一种方法来确定和理解每个群体的不同需求和优先事项。

观察用户的关键是不要带着预设或偏见。保持开放的心态，让行为本身说话。

"一开始，组织者让我们帮助他们销售门票，并保证门票交易的可靠性。"朱莉娅说，"然而，当我们真正观察到组织者是谁以及他们的需求是什么时，我们意识到，构建一个基于市场动态的支持平台，将是我们能够为他们做的最重要的事情之一。"

当 Eventbrite 深入研究了活动策划人的心理时，发现策划人的工作并不是一件轻松的事。"活动策划是一个焦虑重重的过程。"朱莉娅说。"活动策划人"经常被列为美国压力最大的 5 大职业之一，因为他们总有操不完的心：人们会来吗？我能把票或商品卖掉吗？大人物会出现吗？场地申请会通过吗？供应商是否可以及时交货？不会出什么问题吧？

同时朱莉娅也意识到，活动策划人可能是她合作过的最有创造力、最有创业精神的人群之一。比如一个叫查德·柯林斯（Chad Collions）的人将自己和女儿制作乐高模型的视频上传到 YouTube，不到一年的时间，他们就发布了数百个视频，拥有数百万粉丝。一天，查德的女儿漫不经心地说："如果能和其他喜欢乐高的人一起做这件事一定会很有趣。"因此，查德来到 Eventbrite 平台并组织了一场名为"积木现场"的乐高爱好者活动，他们竟然卖了 5 000 张票。

但查德并没有就此止步。他开始考虑组织其他类型的活动，包括为玩家、发明家举办节日等。"现在，他是一名全职活动策划人。"朱莉娅说，"我对查德有点着迷，因为他正是我们非常想支持的那种创业者。"

随着时间的推移，Eventbrite 早期用户群在不断扩大，同时也合作了新的和更大型的活动：会议、峰会、节日。他们继续密切地观察用户，不仅通过后台的数据，而且在现实生活中观察。朱莉娅的团队注意到，在大型活动和节日庆典中，检票是个大难题。因此，Eventbrite 投资了 RFID 技术，活动策划人可以在人们经过有 RFID 芯片识别器的安全门时快速地扫描门票。

但是，朱莉娅的团队并没有在完成技术投资后就宣布大功告成，而是去观察这项新技术的实际应用。事实证明，将 RFID 芯片识别器嵌入巨大的、不可移动的安全门中又带来了更多的麻烦。为此，作为一家此前一直专注于数字化平台的公司，Eventbrite 采取了一项大胆的举措。他们尝试着做了硬件上的改变：制作了一个小型的、专门设计的 RFID 检测仪，这种检测仪可以夹在任何一个安全门上。

他们先是做了一个样品，然后去现场观察它的使用情况。除了从一个闸门移到另一个闸门的时候需要一个扳手之外，新的芯片识别装置工作良好。可是谁会背着一个扳手在活动现场走来走去？于是，Eventbrite 又推出了一个带着夹具的改良版。问题终于被完美地解决了。

如果上面的事例听起来像是 Eventbrite 为客户解决痛点问题的苦差，那么，事实的确如此。但朱莉娅相信这些努力终有回报：每次 Eventbrite 帮助一位客户解决难题并取得进展时，他们也可以为其他活动组织者提供相同的解决方案，甚至是预先解决了组织者可能还不知道的问题。这里的关键是寻找那些普遍的难题：你可以为其提供可扩展的解决方案。

这种积极主动的问题解决方式使 Eventbrite 从一家小微初创公司成长为一家在 11 个国家有 14 个分部、拥有 1 000 名员工的跨国公司。他们从追随者，成为市场的领导者。

让用户成为产品的"侦察员"

在 Dropbox 的早期，德鲁·豪斯顿有些担心，或者说是非常担心，原因是他的用户成群结队地消失了，他不明白为什么。那些通过转介注册的用户，有 60% 都弃用了，而且再也没有回来。

"这让我们感到压力很大，"德鲁说，"所以我们上了 Craigslist 网站，给每一个参加半小时测试的人 40 美元，这是一个适用于任何人的可用性测试。"他们让受访者坐在电脑前，给他们一些基本的指示："这是你电子邮件中的 Dropbox 邀请，从这里开始，用这个电子邮件地址共享一个文件。"

德鲁的团队计划观察每个用户完成任务的情况，并寻找可以改进的线索。然而他们发现了预料之外的东西。

"五个人中没有一个人成功，五个人中甚至没有一个人接近成功。"他说，"大多数人甚至不知道如何下载。这真是太令人震惊了，我们心想，'哦，天啊，这是有史以来最糟糕的产品。这是最难的事情，什么样的天才才能解决这个问题？'"

这个所谓的"适用于任何人的可用性测试"其实是基于我们自身水平的"可用性测试"。德鲁的团队意识到他们需要了解产品在更大范围内的使用情况。通过更专注地观察付费用户，他们发现用户无法共享文件并不是唯一的难题。

"有人尝试下载我们的软件，但下载时间太长，因此他们去浏览其他网页。但随后当他们单击浏览器上的返回按钮时，却找不到下载的链接了。都是一些诸如此类的小事。"但这些"小事"影响着客户是否会使用该产品。

德鲁和团队立即采取行动，在用户测试和产品改进之间快速切换。最终，他们优化了用户体验中所有的小障碍。这成为德鲁多年来一直牢记的一个教训：团队认为非常简单的东西，不代表用户也觉得简单。唯一确定的方法就是去观察用户的使用情况。

詹·海曼整个公司的业务都是通过观察女性行为而受到启发的。正如我们在第 3 章中读到的，她看着妹妹沮丧地盯着满溢的衣柜，却发现没有一件能参加聚会的衣服。因为每一套都已经在社交媒体上亮过相了，穿来穿去就是那几件！然后詹·海曼从一家大型百货公司的总裁那里了解到，一些顾客发现了"租赁"设计师服装的方法。她们不撕掉标签，然后穿着它去参加活动，下周再原样归还。

当詹·海曼推出租赁时装和礼服服务的共享衣橱时，她以为顾客只会在参加特别的活动比如舞会、晚会、鸡尾酒会的时候，才穿租来的时装。但詹·海曼说，她的用户们找到了一个聪明的办法，可以让钱花得更划算："她们会保留周六晚上为聚会租的鸡尾酒礼服，周一上班时接着穿，只要在外面穿一件黑色外套就行了。"

詹·海曼本该为裙子的额外损耗感到烦恼，可是她并没有，因为干洗和物流正是这个行业背后的秘密引擎，事实上，共享衣橱经营着世界上最大的干洗业务。她本可以更明确地提出一次性使用的要求，或者收紧租赁天数的规定，但是，她看到了隐藏在这个"骗局"背后的一个商机，它邀请詹·海曼在用户生活中扮演更重要的角色。

詹·海曼很快便意识到：仅在特殊活动上美丽动人并不是用户的唯一需求，用户想让自己每天看起来都充满自信。一周五天，显然这是一个更大的市场，共享衣橱有机会成为用户日常衣柜的一部分，这是一项更大的业务。詹·海曼调整了商业模式，从一次租一件衣服转向预订服务，用户可以一次租几件衣服，然后循环往复。这个"云中衣橱"成为新的商业基础。

帕亚尔·卡达基亚的童年是在跳印度传统舞蹈中度过的。作为一个成年人，上舞蹈课仍然是她最快乐的事。"我从未间断过跳舞。舞蹈是我生活的重要组成部分。我在麻省理工学院跳舞，在贝里学院跳舞。这是我永远不会放弃的东西。"正如我们在第 4 章中读到的，与舞蹈的深度联结让她产生了一个深刻的信念，即最可靠的健身计划不应该让人觉得像是例行公事，而更应该像是一种召唤，或者能让人从现实生活中短暂逃离。你不应该强迫自己去上课，上课应该是灵感的来源。

2012 年，在这一信念的推动下，帕亚尔成立了一家名为 Classtivity 的公司。Classtivity 是一个线上课程平台，用户可以报名参加各种类型的课程，不仅有健身，还有绘画、陶艺，以及几乎任何你希望掌握的技能。她的商业模式是从预订的每一堂课中抽取一部分提成。

但用户使用 Classtivity 更多时候只是搜索，而不是预订。"我们列出了数千个课程，做了漂亮的设计，"帕亚尔回忆道，"然而一个月只有 10 个订单，太可怕了。"

帕亚尔不是第一个在开幕当天遭遇门庭冷落的创业者，也不会是最后一个。这几乎总是意味着创业者当时的关键假设是错误的。"那时我意识到这不是我们想要的方式。"

帕亚尔注意到许多健身工作室通过提供一定数量的免费课程来激励人们加入。她想知道，如果平台能在 30 天的期限内让人们尝试 10 种不同的课程会怎么样。她认为，一旦人们尝到了"运动的甜头"，就更容易产生复购的欲望。因此，她将健身课程分类打包成一个名为 Passport 的产品，允许用户在不同课程之间反复横跳。

一经推出，Passport 立即获得了巨大的成功。可当 30 天使用到期时，一些用户通过用不同的电子邮件注册来骗过系统，伪装成 Passport 的新用户。

帕亚尔本可以打击这些揩油的用户，但她反问自己：他们为什么要这样做？实际上，伪造者为一个新的机会指明了方向。用户并没有尝到"运动的甜头"，而是希望通过多样性寻找灵感。"他们想在周一上单车课，周四上舞蹈课，周六上瑜伽课。"她说。基于这一认识，打造会员模式的想法在她脑海中出现，这种模式基本上允许客户随时更新 Passport，而不必去伪造。"因此，我们做了一项调查，95% 的用户表示，如果他们能回到自己喜欢的工作室，他们会再次购买该产品。"

允许健身爱好者进入健身房联合会的各种课程，这是一个真正可扩展的想法。2013 年，Classtivity 转型为 ClassPass。用户每月只需支付 99 美元，就可以获得 10 门课程。从此 ClassPass 一炮走红，现在已经遍布 40 多个城市。

一旦帕亚尔意识到她的核心客户是热爱多样性的健身爱好者，ClassPass 开始快速发展。

每一个企业都面临着用户"流失"的问题，用户加入后又离开了。领导者的工作就是了解用户流失的原因。早期的 ClassPass 用户流失的原因是什么？报名参加 10 个班但实际只参加 6 个或 8 个班的会员，他们没有续约，因为他们觉得有点亏。为了收集数据，了解人们实际想要参加多少课程，公司推出了一项不限会员资格的夏季推广活动。他们发现，许多用户只想要 5 节课，而不是 10 节课，所以他们推出了一种新的低价产品。但用户也喜欢不限会员的产品，事实上，这种产品非常受欢迎，并且还激发了模仿者的竞争。帕亚尔知道，他们必须保留不限会员的设置，但也不能让这款不限会员的产品榨干公司。

她别无选择，不得不给广受欢迎的不限会员产品提价。对于一家初创公司来说，涨价总是有风险的，但帕亚尔认为这是保留该产品的唯一的方式。但她的用户并不买账，人们在网上议论纷纷，而且态度并不友善。

当该产品第二次提价时，一个用户在 Twitter 上写道："如果你是 ClassPass 的受害者，请举手。"

另一个用户回应说："不，不，我要注销会员资格！"

哎哟！

但实际情况是，尽管抱怨声不断，却很少有用户真的离开。如果帕亚尔听信了那些叫嚣者的话，她可能会降低价格，但种类繁多正是 ClassPass 大受欢迎的原因。帕亚尔更关注用户的行为，看他们做了什么，而不是看他们在 Twitter 上说了什么。尘埃落定后，"我们流失的成员很少"。

用户对价格上涨表现出一定程度的抵制是不可避免的，这是人的本性，没有人愿意花更多的钱。但是，如果你的愿景和商业模式真正一致，并且创造了人们喜爱的东西，那么用户很可能会停止抱怨。正如帕亚尔所反思的那样，她坚持认为，"ClassPass 从来都不是价格问题，而是一种有无限选择的体验。我们仍然在努力维护产品的体验始终如一，这是我们的核心使命"。

Masters of Scale
里德·霍夫曼的
经验分享　　▶

磨炼解读信息的能力

作为一名公司创始人，你就像战场上的将军。你面前有许多诱人的目标，同时时间和资源又非常有限。你需要一种方法来确定最具战略意义的目标，然后迅速让你的武器库发挥作用。

但如果你只关注用户说了什么，而不关注他们做了什么，那么你很可能会以子弹全部飞向错误的方向告终。如果你对用户说的话反应过度，就有可能失去对核心产品的关注。如果你听取了太多用户的话，试图面面俱到就有可能分散你的力量。

从用户的行为而不是他们的语言中获取线索的最佳方法之一是将用户视为你的侦察员，推动你早期产品的发展，并带回你可以使用的重要见解。然后，你必须磨炼解读信息的能力，并确保你已经准备好尽快对这些反馈采取行动。

最好的企业家致力于了解和服务一小部分用户，这些用户是他们未来用户群的核心代表。这一点非常重要，因为满足这些用户的需求，可能正是使企业家有能力为更大的市场服务的原因。这就是我鼓励创业者提前发布产品的原因之一。发布、观察、做出反应，反复进行。

这不仅是速度的问题，而是一个小团队与不断增长的用户群之间的完美舞步。通常情况下是用户领舞，但并不总是这样。有时，创始人不得不打破舞步编排，让用户快速旋转。

最有远见的创始人可以生动详细地描述用户的需求，但这些创始人也认识到，这幅图景是由他们的想象描绘出来的，他们需要做好准备，根据用户反馈的真实情况，修改这一想象中的未来图景。因为大多数人不擅长准确地想象未来，你不能仅仅通过向用户描述来获得反馈。

欢迎用户"劫持"产品另作他用

当你发布了一款改变世界的约会应用后，你会做什么？你可能发誓再也不会发明另一个，永远不会。Tinder 的"右滑"功能是一个变革性的发明，它的联合创始人惠特妮·沃尔夫·赫德知道，它也助长了一些不良行为。尽管她发过誓再也不会做类似的产品了，但她仍在思考应用如何帮助人们能够更真实、更有意义地建立联系。这成为她创建 Bumble 的目标，这也是一款让女性主动迈出第一步的约会应用（在推出时，这项服务主要针对异性恋人群提供服务）。这一想法立刻在测试用户群中产生了共鸣，但产品团队担心女性可能不愿意主动开启对话。为了鼓励她们，当应用为女性匹配到潜在异性时，女性必须在 24 小时内发送第一条信息。如果她们没有及时发送消息，配对就默认失效了。惠特妮和团队认为男性做出回应不需要这样的激励方式，所以男性想什么时候回应就什么时候回应。

惠特妮说："我们推出了该产品，而且我们的初衷是好的、真诚的。"然而女性用户站出来说："我们明白为什么给我们 24 小时的时间限制，这没问题，但他不必回应我，就是不公平的。"

"当我们听到这一反馈时，立刻意识到了这一点，"惠特妮说，"当再次听到同样的反馈时，产品已经在改进中了，我们的行动很快。"Bumble 要求男性也要在 24 小时内做出回应，Bumble 团队为双重标准道歉，并感谢用户帮助他们对产品进行了积极的调整。

惠特妮说:"就像所有疯狂的创始人或首席执行官一样,在最初的两三年里,我把醒着的大部分时间都用在了产品上,完善、把玩、实验、与人交谈:你为什么在这里?你是何时、何地、如何知道它的?我想了解用户的想法。"

惠特妮注意到了一些事情,"我们发现年轻男女都在说:'我不是来约会的。''只是老公在某处找到了一份新工作。'或者'寻找新的生活方式',这与约会无关。"

事实证明,在 Bumble 的帮助下,这一互动规则帮助女人迈出交友的第一步,女人不仅可以寻找约会对象,也可以结交朋友。

"我们意识到用户基本上是在'劫持'我们的产品另作他用,"惠特妮说,"例如,我们曾遇到一些用户,他们说,'我刚在 Bumble 上找到了新室友'。"用户开辟了一条新的道路,惠特妮不得不奋力追赶。她的团队很快建立了 Bumble BFF(Best Friend Forever)模式,助力用户寻找纯粹的友谊。

"你瞧,在 BFF 模式下,他们积极拓展人脉,"惠特妮说,"他们不是找室友,他们不是要交朋友,他们不想去做瑜伽,他们想创业,他们想认识一个在人力资源招聘部门工作的人。"因此,2017 年,一种专门为职业社交与辅导而设计的新应用模式诞生了:Bumble Bizz。

这些想法都来自从用户那里得到的启发,用户以惠特妮和 Bumble 团队无法想象的方式使用 Bumble。通过倾听和观看,惠特妮团队发现了意想不到的成长机会。

"我们的发展实际上就是让用户随心所欲地操作,我们只负责跟踪。"惠特妮说,"人类只是想建立联系,你无法定义他们在寻找什么,你必须让他们自己定义。因此，我们只是努力建立一个人们可以联系的平台。"

随着 Bumble 的国际化扩张，惠特妮发现对客户驱动的调整保持着敏锐的警惕，将促进 Bumble 在不同的文化中也能顺利地发展。随着 Bumble 的市场扩展到印度，用户规范将受到特别的考验。

惠特妮说："虽然女性现在比以往任何时候都更有权力，她们可以为自己发声，但在印度文化中，一些女性至今不被允许与男性随意交谈，不用说使用约会应用了，更不用说迈出社交的第一步了。"

但这种情况正在迅速改变。Bumble 进入印度的前几周，有 100 万女性迈出了"第一步"。正如惠特妮所说，"看看它是如何工作的，以及印度用户将我们带到哪里，这将是一件有趣的事情。"

Masters of Scale
里德·霍夫曼的
经验分享 ▶

如何避免"暴民"骚乱

ClassPass 并不是第一家体验到用户对定价愤怒的公司，肯定也不会是最后一个。例如，当奈飞提高会员费时，客户感到愤怒，不是因为价格本身，而是它给用户带来的感受。"我完全买得起，"一位愤怒的前用户说，"但这是原则问题。"

不管你喜欢与否，对于快速增长的公司来说，提价是不可避免的。通常情况下，大多数公司都是从一个不可持续的定价结构开始，因为这是吸引重要早期用户的唯一方法。但如果长期坚持这种商业模式，公司将无法生存。

PayPal 也是如此。平台早期承诺，凡是向朋友推荐平台，本人和朋友都会得到 10 美元的奖励，这是建立早期用户基础的一种简单有效的方法。但结果是，PayPal 为此每月要烧掉数千万美元。最终，它变得过于昂贵，使联合创始人彼得·蒂尔想要放弃全部激励措施以降低成本，尽管这一策略最初是由他提出的。

但最终我们找到了一种方法使这一闪闪发光、引人注目的承诺完好无损，那就是把亮度调暗一点。我们仍然给用户和他们的朋友每人 10 美元的回馈，但要得到它，他们还得再做一件事：输入信用卡卡号，验证他们的银行账户，并将 50 美元存入他们的 PayPal 账户。这样不会有人指责我们不遵守承诺，但一旦我们让人们为此多做些事情，事实上，需要支付奖金的用户数量急速下降。

当你从血流不止向挽救业务做关键性转变时，如果想避免"暴民"的反击，那么必须对信息保持高度警觉。"暴民"聚集在非常简单的评论后面。如果用户读到"PayPal 停止向新用户支付奖金"，他们会大发雷霆，但他们可能不会在"PayPal 要求新用户提供更多的信息，但继续支付他们承诺的奖金"的告示上停留太久。你还必须了解客户认为你的产品具有哪些价值，然后要重点保护这些价值。这是唯一重要的承诺。涨价骚乱会逐渐平息，如果你卖的是用户真正喜欢的东西，他们最终会让你走出困境。

伟大的文化创造伟大的产品

这始于初创企业首席执行官之间的一次对话。HubSpot 联合创始人兼首席执行官布莱恩·哈利根（Brian Halligan）加入了一个由创始人组成的群体，他们定期聚在一起交流信息和寻求建议。正如 HubSpot 联合创始人兼首席技术官达梅什·沙阿（Dharmesh Shah）所描述的那样："有一群首席执行官每季度聚一次。他们围坐成一圈，我总是把这想象成首席执行官的集体治疗。"

这次特别的会议发生在 HubSpot 成立的早期。CRM（客户关系管理）平台已进入第四个年头，并专注于服务其他快速发展的初创企业。这次会议的主题是文化，布莱恩·哈利根没有太多要说的。"当轮到布莱恩·哈利根时，他说，'嗯，我们现在没有时间做这件事。我们忙着研发产品，忙着销售，文化是我们以后要处理的事情'。"

首席执行官们并不买账。"他们严厉地批评了他，并说道，'布莱恩·哈利根，我们认为你还不明白，没有什么比文化更重要了。文化是决定公司长期命运的因素。如果你做不好这一点，其他一切都变得无关紧要'。"

布莱恩·哈利根接受了这个建议，并认为这听起来像是达梅什的工作，但达梅什觉得这简直莫名其妙，他最初的反应是抗拒。他仍然记得自己当时的反应："在所有关注文化的人中，我是最不合格的，我对此一无所知，我是一个内向、不爱社交的人，这完全不合逻辑。"

他对这项任务有些困惑。"但作为一名优秀的联合创始人，我说，'好吧，我会深入研究'。"

在处理文化问题时，达梅什发现这远远超出了自己的舒适区。他是一名训练有素的计算机科学家，善于采用数据驱动的方法。于是，他开始提出问题并分析结果。

达梅什向所有 HubSpot 员工发了一份调查问卷，问了两个问题：

- 在 0 ~ 10 的范围内，你推荐 HubSpot 作为工作场所的可能性有多大？

- 为什么是这个答案？

如果你有过客户满意度调查的经验，会发现第一个问题是用来衡量品牌净推广得分的。人们普遍认为，一个人推荐产品的意愿是表达幸福感和忠诚度的可靠指标。达梅什想的是：为什么不对一家公司提出同样的问题？而调查结果告诉了他很多。

> 我们了解到两件事：一是在 HubSpot 工作时，人们异常快乐。这是个好消息。二是他们快乐的原因是 HubSpot 的员工。这也是个好消息，但有点像循环。我该如何将其转化为某种可操作的东西？

达梅什的立场引起了许多创业者和团队领导者的共鸣。员工的幸福感至少部分取决于他们的同事。如果你喜欢你的同事，那么一天下来通常会感到很愉快。问题是：你喜欢这些人的哪些方面？

为了回答 HubSpot 的这个问题，达梅什以真正的技术专家的身份写了一个公式，他问自己："如果我要编写一个函数来计算团队中任何给定成员的成功概率，那么该函数的系数是多少？该函数的输入项是什么？"

为了找到答案，达梅什必须回答这个问题："在 HubSpot 做得好的人有哪些特点？"

他再次对员工进行了调查，并且发现，一个非常重要的品质是谦逊。"人们提出这样一个事实：HubSpot 的员工不自负、不傲慢。"

当达梅什确认不同的特征时，他将这些发现写在一个简短的 PPT 文档里，他称之为文化代码。之所以选择这个名字，"不是因为它是道德规范或伦理准则，就是字面上的代码的意思"，即决定结果的计算机代码。

这一平台让达梅什和布莱恩·哈利根得以分享和整理他们对文化的看法。它从一份仅供内部使用的 16 页 PPT 文件，已经发展到如今的 128 页，并对外公布，许多潜在员工和合作公司已浏览超过 500 万次，他们希望从中借鉴并定义自己的文化（你可以在 CultureCode.com 上看到它）。

不管你如何得出你的文化的关键属性，把它写下来并传达出去是关键。为什么？部分原因是它具有衍生性。一个吸引人的、随时更新的文化手册可以增强现有员工的文化认同感，并将合适的人吸引到你身边，包括那些可能没有意识到自己适合的人。文化手册创造了一个飞轮，一种伟大的文化孕育出更多伟大的文化，更多伟大的文化反过来又创造出伟大的作品。

但同样重要的是，定义你的文化可以消除文化盲点。"我认识的每一位企业家都会说，'哦，是的，我们雇用员工的主要标准是认同我们的企业文化'。"达梅什说，"但我的感觉是，'如果你没有明确写下你的企业文化是什么，你就不能这么说。否则，你真正想说的是我们雇用像我们自己一样的人'。"

当你通过谦逊、好奇、协作等属性来定义你的企业文化时，你就创造了一个透视镜来确定候选人和企业文化的契合度，超越了某人的"感觉"。你允许那些看起来或听起来不像你的候选人认同你的企业文化，并拥有归属感。你还可以帮助你的招聘经理用一种可以绕过他们隐含偏见的镜头来识别这些候选人，这有效地避免了单一文化的形成。

达梅什唯一的遗憾是，他们没有早点开始。"如果我们更早地意识到这一点，我们就会更早地认识到多样性的价值。公司承担着各种各样的债务，我们习惯于谈论技术债务，但文化债务也是一件非常真实的事情。当你的企业文化十分单一，即每个人看起来都是一样的，那么这是你在一个组织中所能背负的最高利率的债务之一。因此，如果能重来一遍，我会在第一周就谈到文化。"

"没有什么比文化更重要的了。"达梅什说，"我们同意，'这是决定公司长期命运的因素。如果你没有做到这一点，其他一切都变得无关紧要'。"

让情感与数据一起工作

在每一位创始人的创业过程中，总会有那么一刻，他们需要迈出可怕的一步：向其他人提供公司收件箱的登录信息。为了扩大规模，创始人需要找到系统的方法来分析客户数据，而不仅仅是凭自己的观察和直觉。随着平台 Eventbrite 的发展，联合创始人朱莉娅不得不放弃亲自阅读每一封客户邮件。她让工程师团队负责使用数据和搜索引擎流量的工作，让客户支持人员对收到的电子邮件进行反馈。那朱莉娅的工作是——不断寻找处理所有反馈的新方法。

她的方法之一是召开一次名为 Hearts to Hartz 的常设会议，组织 Eventbrite 的跨部门员工对接工作，如数据分析师和与客户直接交流的客服团队。朱莉娅说："观察他们之间的沟通，观察他们如何对接，太有意思了。这就是对客户的愿景与共情的体现，再加上数据告诉我们的信息。"

你可以把这两组搭档想象成《星际迷航》（Star Trek）中的一对重要人物：数据是你的斯波克（Spock）先生，超然而合乎逻辑；而用户的同理心是你的麦科伊（McCoy）博士，充满激情，且人情味十足。但为了充分发挥各自的优势，你需要将两者结合在一起。

"事实上，我认为在某种程度上，我们的数据小组得益于从不与客户交谈，"朱莉娅说，"因为他们只关注数据。"数据小组可以看到人们在做什么，而不是听他们说他们会做什么。但在你理解用户的理由之前，数据图是不完整的。"这就是客户支持团队的作用所在。"朱莉娅说，"将这些信息与真实的交流信息联系在一起，进行有机的结合，于是形成了一幅可以看到光和热的矩阵图。"

对于任何公司来说，这个矩阵图都是必不可少的工具。当你将数据和用户的同理心结合起来时，你可以更全面地了解用户的需求。不仅是现在，未来也是一样的。

像 Eventbrite 这样的数字平台严重依赖于数据和情感联系，这样才能更全面地了解用户，这并不奇怪。但可能会令你感到奇怪的是，詹·海曼的服装租赁业务共享衣橱也在深入地研究数据，而且一直如此。

"实际上，我们公司 80% 的员工是工程师、数据科学家和产品经理。"詹·海曼说，"我们销售和营销方面的人员很少。我雇用的第一名 C 级员工是公司的首席数据官，他在我最初的 10 名员工中。从公司成立之初，我们就在考虑数据。"

"每年，我们从用户那里获取数据的次数超过 100 次。"詹·海曼说，"用户告诉我们：她们穿了什么，她们穿了多少次，她们的喜欢程度，她们穿着它去了什么场合。我们将收到的所有数据，重新输入我们购买或制造的产品中，了解我们如何清洁它，如何提高该产品的投资回报率，以及我们现在该如何填补我们看到的需求缺口。"

的确，当谈到服装时，消费者的选择在很大程度上是由情感驱动的，但这并不意味着数据在帮助企业家更好地理解消费者的选择方面没有作用。"我们非常了解我们的用户，"詹·海曼说，"她们不仅告诉我们她们的穿衣风格或穿着偏好，同时也能描述她们的生活：在告诉其他人之前我们就知道她们怀孕了，或者她们本周有一个商务会议，或者她们下周末要去迈阿密。所以，我们对用户数据和库存做了大量的分析，并将这两个数据集进行匹配。"

因此，詹·海曼和她的团队 "比世界上大多数零售商更了解女性想穿什么"。她说："这让我们不仅可以从品牌那里购买服装，还可以将这些数据传递给品牌方，共同设计新系列。"

吴季刚（Jason Wu）的经历就是这样的，他是一位年轻的设计师，在米歇尔·奥巴马（Michelle Obama）爱上他的设计之后迅速成名。根据团队对数据的分析，共享衣橱知道他们的用户对吴季刚的产品非常感兴趣。同时他们也了解到，吴季刚设计的款式并不完全符合用户的需求。詹·海曼的团队将这些洞察带给了吴季刚，他们一起推出了一个新的系列叫 Jason Wu Grey，并获得了巨大的成功。

随着共享衣橱的发展，詹·海曼和团队始终密切关注数据，观察用户的行为并从中学习，然后将那些有价值的信息反馈给他们面向用户以及其他的业务中，共享衣橱与用户形成一个逐渐强化的、健康的循环。

你需要知道应该倾听什么

通过观察用户的实际行为而学到的远远多于仅仅听他们说什么，但倾听也很重要，你需要知道应该听什么。很少有人比在线设计平台 Minted 的创始人兼首席执行官玛丽亚姆·纳菲茜更善于倾听了。如今，Minted 的营收已高达九位数。

每当玛丽亚姆对产品或公司发展方向有疑问时，她都会邀请客户参加焦点小组活动或进行用户测试。她并没有把这件事委托给产品开发人员或营销人员，而是亲自上阵。"我组织了很多次焦点小组的活动，"玛丽亚姆说，"我主持会议，设计活动内容。当人们参加焦点小组的活动时，看到是首席执行官在亲自主持会倍感意外。"玛丽亚姆知道直接倾听客户的想法有多么重要。他们说话直截了当，非常坦率，给了她第三方报告几乎从未提供过的信息，带给玛丽亚姆许多啊哈时刻。因此，尽管 Minted 不断扩大规模，玛丽亚姆仍坚持与用户直接联系。她发现深入了解人们的思维很有趣，她会发现许多令她感到惊讶的东西。例如，玛丽亚姆了解到，对不同的设计师设计的文具收取相同的价钱会导致某种"选择困难症"。与直觉相反，她不得不改变卖价，只是为了给顾客一个做出购买决定的理由。

仔细观察用户，还会发现他们在核心需求和优先级上的惊人差异，就像朱莉娅和她的团队在 Eventbrite 的经历一样。当"60后"购买设计精美的文具时，他们并不在乎是谁设计的，但"80后"非常在意，玛丽亚姆说："他们说，'你为什么不讲讲这些艺术家的故事呢？我想听听这些人的故事。'"

与用户直接联系也使玛丽亚姆认识到现代婚礼不再仅仅由女性驱动。事实证明，"80后"男性也乐于参与婚礼的决策。她说："他们是积极参与的父亲，他们是积极参与的丈夫。通过一个焦点小组，我们了解到我们的婚礼设计太女性化了。"

如果玛丽亚姆没有参加那个焦点小组，她就不会注意到这种细微差别。它甚至可能不会出现在研究结果中，因为它超出了研究的既定目的。"你甚至都不会想问这个问题。"玛丽亚姆说。但是当你去积极地关注每一个回答的全部时，即使是超出所问问题范围的细节，也会学到一些让你大开眼界的东西。

20世纪90年代末，罗伯特·帕辛（Robert Pasin）成为 Radio Flyer 的首席执行官。Radio Flyer 是美国的标志性品牌，以它的鲜红色四轮车为代表。这家 1918 年由罗伯特·帕辛从意大利移民的祖父创建的公司正处于十字路口。他们的市场份额正在被其他更灵活的竞争对手夺走，后者用塑料制造各种四轮车和玩具。他发现自己在问一些存在主义问题：我们是什么？是制造商还是设计公司？我们能在哪方面成为世界第一？

罗伯特·帕辛想了解 Radio Flyer 对人们意味着什么。他开始做客户调查，请人们描述他们小时候对 Radio Flyer 的印象。当然，许多人都怀旧地谈论着四轮车，还有一些人对三轮车有着美好的回忆。

"我们会让他们描述三轮车，"罗伯特·帕辛回忆道，"他们会说，'嗯，它又亮又红，有铬合金把手，上面还有一个大铃……'"

但是有一个问题，罗伯特·帕辛说："我们从来没有做过三轮车。"罗伯特·帕辛发现了一种潜在的对他们从未生产过的产品的怀旧情结。作为回应，他本可以一笑置之，不去理会顾客们想象出来的那辆三轮车，或者他也可以认为整个研究报告是无效的而不予理睬。相反，他将客户的想象变成了现实。

他真的制造了三轮车。

闪亮的红色 Radio Flyer 三轮车很快成为该公司的明星产品之一，也成为三轮车的头号品牌。更重要的是，罗伯特·帕辛意识到，客户对该品牌的感知不仅是四轮车，还有对童年的怀旧情结——愉悦的户外游戏和闪亮的小红车。从那时起，Radio Flyer 就开始生产各种各样的产品，从小红滑板车到小红特斯拉。

Masters of Scale
里德·霍夫曼的
经验分享　▶

忽略用户的时候

创业可以通过两种方式：简单的方式和艰难的方式。你很可能不知道自己正在采用艰难的方式创业，直到一切都为时已晚。

简单的创业是指你第一次尝试就获得了正确的产品，你创造了一些用户喜欢并本能地想要分享的产品。

当用户带来其他用户时，这种扩张是自然发生的。

当你只做出正确了一半的产品时，很难进行扩张。当你创造了一些用户喜欢的东西，他们会使用，但还没有好到让他们愿意一直使用或与他人分享。

成功的产品通常以第一种方式出现，不过我至少可以想到一个例外：我参与创办的领英。

领英早期的用户喜欢我们。他们称自己为"开放式网络工作者"，甚至在个人简介中加上缩写"LIONs"（LinkedIn Open Networkers）。问题是，他们爱我们的原因与我们的实际情况不同。他们希望我们成为一个社交网络，"每个人都能够与比尔·盖茨联系，比尔·盖茨也联系他们"。

这显然是不现实的，这也是为什么我们热情的早期用户并不是帮助我们实现扩张的用户的部分原因。我们很感激，我们感谢他们的支持，但他们最终想要的不是我们能提供的东西。

我们面临着先有鸡和先有蛋的两难选择。在拥有庞大的用户网络之前，我们为领英设想的真正神奇的功能根本无法实现，比如一位招聘人员可能会说："我正在寻找一位在美国密西西比州比洛克西市工作的会计师，他拥有人文学位和10年的工作经验。"然后一键就找到了这位候选人。

与LIONs不同的是，那些有价值的用户不会一开始就爱上领英。那该怎么办？你可以批量工作，一次只添加一组细分用户。你必须找到一群会在早期大量使用你的产品的人。这可能是一个很小、很精准的切入点，然后你再把它扩大。

有核心用户爱我们的软件很好，但当其他人也开始爱我们的软件的时候，即我们的目标用户出现之后，我们就开始扩大规模了。

注意用户做什么，而不是说什么

观察你的用户如何使用你的产品，或者打算如何使用你的产品，这可以为你指明前进的道路。但你必须悉心观察他们做了什么，而不仅仅是他们说了什么。

你的人类行为理论将得到检验

你关于个人和群体行为的理论应该成为你的战略、产品设计、激励计划以及你做出的每一个决定的基础。但是，当用户向你展示不同的理论或方向时，要保持开放和警觉，这可能会给你的产品带来差异化特点。

追随你的用户

为了发展业务，你可能不得不放弃控制权。寻找用户"入侵"或"劫持"你产品的实例，然后陪着他们一起探索。

让情感和数据一起工作

用户的行为数据是你的斯波克先生，超然且合乎逻辑。用户的同理心是你的麦科伊博士，充满激情且人情味十足。把你自己想象成船长，负责让两个人一起工作，使其各自发挥最大的作用。

MASTERS OF SCALE

Surprising Truths from the World's
Most Successful Entrepreneurs

第 8 章

面对不可逾越的障碍要及时转向

当你穷尽了所有的办法
都无法诠释你最初的计划，
那就要立即转向。

———————
MASTERS OF SCALE

2004 年，一个新词被创造出来，它与一种新型媒体有关，当时许多拥有 iPod 的人对它兴趣十足。这个词就是"播客"。播客这一势头强劲的新型媒体的出现，彻底改变了音频的规则，它允许任何人录制和发布自制的内容，且不受广播规则或监管人的约束。这些内容不局限于 iPod 上，还可以在电脑上收听。这一新型媒体引起了早期用户和发烧友的极大兴趣。埃文·威廉姆斯对此也摩拳擦掌，并有了自己的计划。

埃文凭借一家名为 Blogger 的初创公司在硅谷一夜成名，Blogger 提供一项开创性服务，用户可以轻松创建自己的博客。Blogger 迎上了时代发展的洪流，但作为一家企业，也并非一帆风顺。在 Blogger 作为一家独立公司的最后一年，只有埃文一个人在工作，没有员工，也没有薪水。最终，他将 Blogger 卖给了谷歌。这很好！现在，埃文准备尝试一种不同的交流方式。

他一直满怀激情，力图让人们建立联结，或者更确切地说，是通过技术将他们的想法联结起来。埃文在美国内布拉斯加州的一个农场长大，在那里，他时常觉得自己像一个局外人。在一个以足球为中心的小镇上，他是一个以学校为中心的孩子。最初，他对计算机编程感兴趣，然后是网络论坛，这是他与小镇之外的人们建立联结的一种方式，但真正激发他想象力的是他在某期《连线》杂志上读到的一篇文章。"这篇文章谈到了将地球上所有的大脑连接起来。"埃文回忆道。这一愿景让他搬到硅谷，并创办了 Blogger，而后来又激发了他对播客的好奇心。

埃文认为，如果人们对于用文字表达自己有极大热情，那么可能他们更愿意通过语言交流的方式在网上分享想法。他获得了 500 万美元的资金，并建立了一个平台，使播客录制者发布作品和听众发现内容都变得轻而易举。他创建了一家新公司 Odeo，并将其定位为播客的头部平台。

然而，就在埃文满怀憧憬准备带 Odeo 起飞时，他发现一家竞争对手正在进入该领域，而且那不是一个普通的竞争对手：苹果。

2005 年，苹果公司宣布将把播客整合到 iTunes 中，当时 iTunes 已经是一款十分流行的音乐播放软件，这让 iPod 用户访问播客变得非常容易。当然，苹果的 iPod 用户群也是 Odeo 的绝大多数潜在听众。这是一个毁灭性的打击。

"这让我们大为震惊。"埃文说。

埃文不确定下一步该怎么办。他跟董事会说："我们应该关门吗？我们应该把钱还给投资人吗？"

出乎埃文意料的是，董事会成员问他是否还有其他想法可以尝试。"我想，'我当然有想法。我总是有很多想法。'"埃文知道如何快速补充自己的想法，"我回来后对 Odeo 团队说，'我不知道我们在播客领域是否还有机会。谁还有什么好想法吗？'"

埃文和团队采用了一种行之有效的激发思维的方法：黑客马拉松。过程很简单：召集所有员工，让他们想出一个点子，并在一次马拉松式会议里落实。通常，黑客马拉松用于解决狭义的特定问题。但这一次，它要努力回答一个更重大的问题：团队下一步应该做什么？

事实证明，黑客马拉松卓有成效。Odeo 的联合创始人比兹·斯通（Biz Stone）和网页设计师杰克·多尔西（Jack Dorsey）提出的创意脱颖而出，它是一款群发短信的产品，是比兹和杰克·多尔西私底下做着玩的一个小程序。埃文很快喜欢上这个创意，这让他想起了自己在 Blogger 时期做过的事情。

"我开通了一个更新状态的博客，用于和我当时的博客团队分享信息，"埃文说，"然后我和家人去旅行了，在旅行期间，我随时在博客上更新状态。分享你平时不怎么分享的东西感觉很有趣。"

这些"状态更新"后来被称为 tweets，也就是现在的 Twitter 动态。埃文和团队很快意识到 Twitter 具有巨大的潜力。这同时也提出了一个棘手的问题：要从 Odeo 完全转向 Twitter 吗？

这是一个艰难的决定。在董事会会议上，埃文介绍了 Twitter 的最新发展情况，也介绍了 Odeo 的最新情况，Odeo 似乎还没有做好"死亡"的准备。它没有增长，但确实仍有一批稳定的用户，这往往是领导者最痛苦的决定。放弃一个失败的产品很容易，但要扼杀一个缺乏发展潜力的公司则要困难得多，也更具战略意义。

"我记得当时的想法是，有时候失败也是好事，这样你就可以继续前进了，"埃文说，"但 Odeo 并没有彻底失败，所以我们不断迭代它，并想着，也许还会有什么转机。"

与此同时，团队内部与朋友、家人之间一直在使用 Twitter。"我们以一种新的方式感受到了联结。"埃文说。

2007 年 4 月，Twitter 从 Odeo 剥离出来，并在互联网史上占据了一席之地，而 Odeo 逐渐走向没落。

本章我们将探讨转向的艺术。"转向"的字面意思是转向一个新的方向；从商业意义上讲，这意味着偏离最初的计划，尝试一些相关但又不同的东西，重点通常是要对不断变化的环境或市场做出反应。它可能是由一个新机会的出现、意外的障碍或对产品潜力的深入了解触发的。它可以采取多种形式，从战略的逐步转变，到公司的全面重启。

事实上，大多数企业家在站稳脚跟之前都会经历多次转向。通常，即使在站稳脚跟之后，他们仍然有危机感。你必须把握新的机会，且是在它变得清晰而明确之前。同样具有挑战的是，你必须放弃一些东西，特别是曾经激起的某个希望、构想，以及让你投入时间和金钱的想法。人类不会轻易抛弃旧的观念。在转向的过程中，你可能会受到联合创始人、员工、投资者和用户的影响。这些可能是对你领导能力的最大考验。

尽管放弃一个受欢迎的创意或一个曾经辉煌的战略很难，但从战略的角度出发，企业家必须这样做。关键在于你要认识到什么时候该转向，然后团结人们朝着一个新的方向发展，即使这意味着你必须削减甚至彻底斩断其他业务。

越是仔细观察成功的创业公司，就越会发现它们与刚起步时是完全不同的，它们是后来经历逐步转向才成为成功的、规模化的公司的。不过，即使对产品或业务战略做了根本性改变，大多数成功的转向在某种程度上仍然与公司最初的使命十分接近。埃文就是这种情况，他是一个持续转向的企业家，他的 4 家初创公司看起来似乎毫无关联，但实际上都源于同一个使命，埃文一直在追寻的使命。

失败前及时的转向

2010 年，斯图尔特·巴特菲尔德一生中第二次产生了创业的冲动。他的第一家公司发生了戏剧性的变化。他与卡特琳娜·费克共同创办的、颇具开创性的照片共享平台 Flickr，是由他们失败的在线游戏——"永无止境的游戏"（Game Neverending）的一个功能意外发展而来的。这是一个经典的转向，同时也是他的下一个公司 Slack 发展的起源。

斯图尔特和卡特琳娜卖掉 Flickr 已经好几年了。斯图尔特想再次推出一款在线游戏。这个新游戏叫"失灵"（Glitch），他告诉自己这次会有所不同。他不必面对与"永无止境的游戏"相似的挑战。"从我们的角度来看，至少现在我们有了一些钱，有了更好的人际关系。而且，计算机硬件这几年也做得越来越好。作为工程师和设计师，我们的经验和能力也更强了。所以我们觉得这次我们不会失败的。"

当然，这次的赌注也更高了。斯图尔特和 45 人的团队花了 4 年的时间开发这款游戏，吸引了数万名玩家，筹集了 1 700 万美元，"失灵"最终赢得了一批忠实的粉丝。但它还是失败了。

斯图尔特说："'失灵'对于一小部分人来说非常成功，他们每周花 20 个小时玩这款游戏。但大约 97% 的注册玩家会在 5 分钟内离开。"

斯图尔特和团队一直努力尝试一系列"如果我们这样做会怎样"的实验。斯图尔特说："似乎下一步就能拯救它。"

即使是现在，当斯图尔特讲述这个故事时，你仍然可以从他的声音中感受到强烈的情感：他仍然在问自己，他还能做些什么。这个问题构成了大多数处于转型期的企业家的内心对话。

最后，斯图尔特意识到该结束了："我已经尝试了我们能想到的15个最好的想法来扭转局面，如果这15个都行不通，我认为再试第16个也是徒劳。"

斯图尔特面对的是所有创业过程中最艰难的时刻之一。那一天，你要向自己和团队承认，这次你们无法一起实现梦想。这是斯图尔特人生中第二次不得不结束他所热爱的产品以及和团队告别。

在准备宣布"失灵"即将关闭的那天，他召开了全体员工会议。斯图尔特回忆道："我站起来，甚至连第一句话都没说出口，就哭了起来。"

老兄，这太难了，因为首席执行官的工作通常就是讲好一个故事，让足够多的人相信你能在世界上有所作为。你必须说服投资者，你必须说服媒体，你必须说服潜在员工，你必须说服客户。我已经说服了很多人，让他们加入这个项目，辞去以前的工作，拿着微薄的报酬，最终换来的却是毫无价值的所谓公司的原始股。

当斯图尔特恢复了平静，他告诉团队，他对不得不让大家离开感到非常难过。事实上，他将尽一切努力来弥补。"斯图尔特和一些网页开发人员决定在他们产品的网页上建立一个页面。""失灵"的工程师之一蒂姆·莱弗勒（Tim Lefler）回忆道。这个页面的名字叫作"雇用一个天才吧"，它为团队中的每个人展示了其在领英的档案、照片和作品集。当"失灵"关闭的新闻稿一发布，该网站就发出信息："这些人正在找工作。"

斯图尔特和合伙人还写了推荐信，并为团队提供简历指导。正如蒂姆·莱弗勒所说："斯图尔特和团队决定，'我们将继续工作，直到其他人都找到另一份工作为止'。"

并非只有公司员工对"失灵"关闭的消息感到伤心。还记得那些每周花

20 个小时玩游戏的忠实粉丝吗？斯图尔特决定让用户自己选择，或者退款，或者以他们的名义进行慈善捐赠。斯图尔特说："我们想以一种分享更多善意的方式来做这些事情。"

这很快就得到了回报。

当斯图尔特和团队着手关闭公司的同时，他们也开始寻找最后一搏的机会。他们的银行账户里还有大约 500 万美元，斯图尔特曾提出将资金还给投资者，但投资者要求他再去找找新方向，再做一个其他的东西，只要是可以扩大规模的都可以。于是，斯图尔特和团队仔细研究了他们在游戏中开发的所有软件，并问自己：有什么是可以拓展的吗？

他们花了几周时间，真的发现了一样东西：团队在游戏中开发的内部沟通系统。它是一个基于聊天的通信工具，允许异步对话，并可以保存聊天记录，它为不同的团队和主题提供不同的渠道。斯图尔特认为它是具有潜力的。

尽管这款基于聊天的通信工具可能与斯图尔特曾志在必得的在线游戏相去甚远，但话说回来，这是一个他们很喜欢且很实用的工具。他们花了 3 年的时间对该产品进行优化，以满足他们的日常工作沟通需求，即快速、透明地进行沟通，从而实现更顺畅、更高效的合作。他们认为其他公司也需要这个工具，这个工具就是后来的 Slack。

在很多方面，这次转向都是一次重新启动。多年前，当斯图尔特创办 Flickr 时，他的在线游戏仍然存在，哪怕只是勉强存在着，这意味着他能够将团队从一个项目转到另一个项目。但这一次不同，"失灵"已经被关闭，团队也被解雇了。因此，斯图尔特不仅要从一个完全不相关的产品开始，还必须重新启动整个运营工作，包括租赁新的办公室、招聘新的员工，以及其他新的一切。

由于他们在公司倒闭时的体面做法，斯图尔特能够从原来团队成员那里寻求帮助，其中一个人就是蒂姆·莱弗勒。蒂姆·莱弗勒回忆道："他向我简要介绍了当时的情况，然后说，'嘿，我们希望你能回来和我们一起开发这款产品。'"

那时，蒂姆·莱弗勒已经有了另一份工作。那么他为什么要回去为曾经解雇他的人工作呢？部分原因是斯图尔特在解雇他之后仍不辞辛劳地帮助他，但最主要的原因是斯图尔特有一个听起来不错的新想法。

当蒂姆·莱弗勒来到 Slack 办公室时，他惊讶地发现，自己不是唯一一个重新加入团队的老员工。事实上，蒂姆·莱弗勒说："感觉有点像是重聚。"斯图尔特对蒂姆·莱弗勒的承诺体现了我在《联盟》一书中提到的原则：在组织内彼此信守承诺，从而形成终身联盟。

这一次，蒂姆·莱弗勒不必担心倒闭的事情了。团队成员重聚后，Slack 大获成功，于 2019 年上市，并在 2020 年末以 277 亿美元的价格被 Salesforce 收购。

忠于使命与爱好的转向

一些领导者在他们的职业生涯中具有非常清晰的、长远的发展目标，还有一些人则是跌跌撞撞地寻找自己的使命。托比·吕特克始终站在第二阵营。从销售滑雪板到创办名为 Shopify 的电子商务平台，托比完成的是创业者遇到的最不可能的转向之一。

托比在德国的一个小镇长大，他在很小的时候就"爱上"了电脑，以及一种叫作"编程"的游戏。托比说，他有一个程序员的头脑和性格："我喜欢沉浸在真正有趣的事情中，而忽略生活中其他的一切事情。"

他不喜欢学校。"上学对我来说很难。我更喜欢电脑。"多亏了托比所推崇的"德国教育系统的智慧",他得以提早离开学校,开始了计算机程序员的学徒生涯。后来,托比从德国移民到加拿大的渥太华,在那里,他年少时的"爱恋"开始失去光彩。他的工作是一名程序员,他发现兴趣一旦成为工作,快乐很快就消失了。因此,他转向一个新的职业,目的是可以"恢复编程只作为一个爱好的地位"。同样地,另一项业余爱好成了他的新职业。

在加拿大,托比成为一名狂热的滑雪爱好者。于是,一个将滑雪与编程技术相结合的想法出现在他的脑海中。"我对什么是最好的滑雪板做了深入的研究,有了一个大致的构想。我想,嘿,我可以在网上销售滑雪板,这将是一个很好的业务起点。"

2004 年,托比着手创办一家名为 SnowDevil 的线上滑雪板商店,他预计只需要几天的时间商店就可以启动并正式运行了,但他立刻就遇到了一个障碍。

"最初,我想找一些适合这项业务的软件,"托比说,"令我惊讶的是,我居然什么也没找到。并不是说没有电子商务软件,而是它们基本上都是对用户很不友好的数据库编辑器。很明显,没有哪个做零售的人懂软件开发。"

托比决定从头开始构建自己的软件。

他说:"我发现了 Ruby on Rails,我非常喜欢这项新技术,于是开始昼夜不停地工作,可能一天要工作 16 个小时,这样的生活持续了几个月。"托比从零开始完成了整个网站的编码工作,并成功推出了他的滑雪板商店。他回忆道:"网站的效果非常非常好。我开始在美国和加拿大各地销售,有些产品还销往欧洲。"

网站后端的编码工作,即解决支付、处理订单和更新列表等问题,只是托比实现目标的一种手段。但很快，他那些分布在世界各地的客户们表示，他们感兴趣的不仅是滑雪板和软垫夹克。他们开始问托比是否也愿意为他们的线上商店开发后端软件。

这是许多创业者都会遇到的十字路口。创业者在实现最初愿景的过程中，总是要解决一些附带的问题。这个问题是如此令人烦恼、如此普遍，以至于这一问题的解决方案比你最初的想法更有价值。

一个可能的转变开始清晰起来，托比发现自己正在为世界各地的零售商建立电子商务平台，目的是让人们都能轻松地开办一家线上商店，这样，其他零售商就不必像他那样被不友好的系统折磨了。他们只需在一个平台注册，几分钟内就搞定了。这个平台就是 Shopify。托比说："Shopify 是一款完美的软件，真希望我当初创建滑雪板商店时也能找到这样的软件。"

但是，当托比决定正式从线上滑雪板商店转向电子商务平台时，他的联合创始人退出了。这位联合创始人打算另外创办一家线上滑雪板商店，但并不想参与 SnowDevil 的进化过程。托比回忆道："联合创始人觉得这个项目越来越大了。它正在变成另一件不一样的事情。"

因此，他失去了联合创始人兼首席执行官。这往往是转向带来的痛苦，也是必然的结果。被原项目吸引的团队可能不会对新业务感兴趣。

但托比自己却为这项新的使命而倍感振奋。"我们意识到，这家公司一直以来关注的就是互联网创业的概念，这是我们所热爱的，"托比说，"互联网应该是人人可以参与的、民主的。我们一直在追求这个理念，或者说，如果创业真的变得很容易，世界会是什么样子？"

就这样，程序员托比最终成为 Shopify 的首席执行官，这是一家总部位于加拿大渥太华的跨国电子商务公司。这家公司最初的想法是为滑雪板商店提供一个更好的数字购物车，后来演变成一个面向全球的网上商务平台。如果你去年网购的商品不是在亚马逊下的单，那么就肯定是在 Shopify 上。

托比成功的一个关键原因是，他将 Shopify 变成了一个平台，不仅让商家可以轻松地创办线上商店，还让应用开发人员能够帮助商家建立专卖店。托比做出了一个明智的决定，他开放了 Shopify 的开发权限，让开发者也能从他的平台上赚钱，而不是关闭它，独享所有的应用收入。托比说："为了让平台起步，我们基本上把 Shopify 的所有经济收益都放在桌面上，让渡一部分收益给第三方应用开发者。"

这帮助他们吸引了越来越多的用户使用 Shopify。回顾过去，这些决定为 Shopify 的广泛成功铺平了道路，但在当时却是艰难的决定。"这很难做到，因为你把本来自己很容易就赚到手的钱放在了桌面上，或者说，你通过把这些钱分给别人来投资自己的未来，"托比强调，"对于大多数企业来说，这并不容易。"

强大的平台、生意兴隆的应用商店和开发者社区的结合，保障 Shopify 抵御了竞争的影响，并建立了一个积极的反馈循环，促进了创新，吸引了更多的用户和开发者。

但是，托比很快指出，平台发展需要时间。"我们在 2009 年就开始完成了很多基础技术工作。直到 2018 年，也就是近十年后，我们才跨越了'盖茨线'。我记得比尔·盖茨说过：'当使用你平台的人比你赚了更多的钱，你才能称得上是平台。'"

2018 年，超过 100 万家企业使用 Shopify 实现了 400 亿美元的销售额，平台应用开发商的收益超过 9 000 万美元。这一切都要归功于托比从销售自己的产品转向帮助他人销售产品的决定。

让转向成为大家的共同决定

一个转向比一个急转弯更重要。现在，有一个即将转向的机会，你能清楚地看到它吗？你能说服其他人一起转向吗？

你必须改变你原有的想法。这可能非常困难，因为它涉及人性，人们不会轻易放弃固有的观念。你可能会面临联合创始人、员工、投资者和用户的反对。这很可能成为对你领导能力的最大考验，人们将重新评估你的信誉：你还值得信任吗？

为一家初创公司工作有点像并肩作战。当你和你的战友蹲在战壕里时，你们之间会建立起巨大的信任。如果我意识到你在照应我，我也会照应你。

这也是通过策应进行管理的关键：对于大多数员工而言，如果他们觉得受到了关照，同样也会关照你。

我相信，作为首席执行官，在关键时刻，你必须始终带领核心团队，你必须让他们觉得决定是在共同参与的情况下做出的。它不一定要民主，事实上，它也不应该是民主的。但它必须具有参与性。人们必须感到自己有发言权，他们必须感觉自己的选票很重要，公司把他们的利益放在心上。

例如，当你的团队在应该坚持旧策略还是转向新策略方面存在分歧时，你不置可否，并同时肯定这两种想法似乎是明智的。这是维持和平最民主的方式，对吗？但作为创始人，你永远不会说："我们在研究 X，我们也在研究 Y，因为我的团队喜欢这两个想法。"这可能是权宜之计，但我可以告诉你们这个故事的结局：就像电影《末路狂花》（*Thelma & Louise*）的结局一样，两人手牵着手，一起开车冲下悬崖。

事实上，你的团队应该做出决定：X 或 Y，选择一个。最终做决定，这是创始人的责任。但当你这样做的时候，一定要带上你的团队。

解决新问题必须做出的转向

有时，是某种特殊情况促使领导者在职业生涯中转变方向，但斯泰西·布朗－菲尔波特（Stacy Brown-Philpot）却不是这样。斯泰西在底特律西区长大，获得斯坦福大学工商管理硕士学位后，她加入了谷歌，并在那里待了 8 年。那是 2013 年，她刚从印度出差回来，一切都……还不错。"我环顾四周，发现自己此时坐在一个有两扇落地窗的办公室里。当时我的狗也在那里，还有一张它的床。我有一张桌子、一个沙发、一个助手，我拥有大多数职场人梦寐以求的一切，可是我觉得我的事业还不止这些，"斯泰西回忆道，"我必须做一些让自己心动的事情，以一种能让我更有成就感的方式。"

幸运的是，斯泰西很快就遇到了"跑腿兔"（TaskRabbit）的创始人利娅·布斯克（Leah Busque）。"跑腿兔"是一款很受欢迎的应用软件，雇主和需要工作的人都可以通过它找到合适的人选或工作机会，其中主要是一些零杂工或跑腿的工作。斯泰西了解了这款软件后，非常喜欢它。"我是一个有使命感的人。"斯泰西说，"'跑腿兔'想要彻底改变日常零工市场的使命感真的吸引了我，它把我带回了底特律，它把我带回那些善良、勤劳的人身边，他们因为整个行业的失败而失业，他们找不到工作，但他们有很强的职业道德。"

2013 年，斯泰西担任"跑腿兔"首席运营官之后，很快意识到如果要扩大规模，公司将面临深层次的挑战。她深入研究了一些数据并得出结论："为了实现目标，我们必须在这个行业做一些不同的事情。"

斯泰西关注了一个特定领域——自由竞价系统，它连接着"跑腿兔"两端的用户：应聘型用户（竞聘工作的人）和招聘型用户（提供工作的人）。在目前的制度下，应聘型用户必须对每项任务进行竞标，这意味着许多人都在竞相以更低的报价提供服务。同时，对于招聘型用户来说，对所有出价者排序并做出选择往往要花费太多时间。

这种开放式的"无底线"的规则对大约 50% 的人是有效的：一些应聘者和招聘者在竞价战中顺利成交。但另外 50% 的人则有过不愉快的经历，他们要么被混乱的选择所淹没，要么被过分的低价竞争所压制。斯泰西在研究竞价"游戏"的动态时说："不开心的用户数量是开心的用户数量的 10 倍。从长远来看，这种自由竞价系统是行不通的，我们必须改变它。"

这要求"跑腿兔"做出一个重要的转向，向着更具结构性和可靠性的方向转变，向着更少选择和更少混乱的方向转变。斯泰西和团队对这个更好的系统有着强烈的直觉，但这需要他们重新思考整个业务经营的模式。他们想出了一个计划，放弃了像"名人扮演者"或"生日派对小丑"这样的开放式职位，并将人们可以提供的服务简化为 4 种最受欢迎且易于理解的类别：零杂工服务、家庭清洁服务、搬家服务和个人助理服务。

与此同时，"跑腿兔"选择给予应聘者更多权利，包括允许他们决定想要在什么时间工作、想要如何工作以及想要收取多少报酬，而不是靠低价竞拍决定他们的酬劳。

应聘者无须焦急地查看手机，以防他们在潜在任务上的出价高于别人的。同时，招聘者只要访问网站或应用一次就可以预定一名人选，而无须滚动长长的投标列表。取而代之的是，招聘者将得到一份根据费用、评价和技能综合筛选出的应聘者名单。

当你想要做出如此大的转变时，首先需要验证这个想法。斯泰西希望在新用户中进行测试，因为第一次使用该平台的用户，没有什么既定的假设。于是他们选择英国伦敦作为测试市场，因为"跑腿兔"在伦敦有一定的知名度，但那里的市场从未开放。

令斯泰西高兴的是，"跑腿兔"的流线型迭代测试结果很好：派单率提升了，完成率也从 50% 上升到 80%。斯泰西说："我们确定这样做是对的，然后就把它带回了美国。"

如果英国人喜欢，那么美国人也会喜欢，对吗？不完全是这样。改变一个现有的系统从来不像引入一个新的系统那么简单。在这种情况下，问题不一定是变化本身，而是应聘型用户是如何得知变化的。对他们来说，这是他们的社区、他们的生计。斯泰西当然知道这一点，但她以为应聘型用户应该会拥护这一决定。"我们想他们会非常兴奋，因为这对他们来说更有利了。"

斯泰西说："在我们告诉科技博客 TechCrunch、《今日美国》以及其他媒体的同一天，我们告诉了用户这些变化。"然而，这是一个错误，应聘型用户并不买账。"他们感到不安，主要原因是没有预先告诉他们这一改变，另外一个原因是他们将不得不以不同的方式工作。"

斯泰西在"跑腿兔"实施了一个客观上更为积极的计划。她知道，这将确保应聘者获得更公平的报酬，并使流程更为精简，更易于招聘者使用。但是改变整个平台的规则并不是一件小事，尤其是当你忘记预先告诉用户这一点的时候。更重要的是，"跑腿兔"不仅是一个平台，它还是一个社区，在这里人们有一种归属感。当人们有归属感时，他们希望有机会投入其中……或者至少让他们在看到新闻之前能对即将发生的变化略知一二。斯泰西没有及时让社区用户参与进来，这无意中削弱了他们的参与意识。

事后看来，斯泰西很清楚"跑腿兔"应该做什么。"当时，我们有两万多名应聘型用户在平台上寻找零活并赚取收入。"她说，"我们本应将应聘型用户视为沟通链的一部分。相反，我们却说，'你知道吗？他们只是用户，当其他人都知道的时候，他们自然也会知道的'。""跑腿兔"管理层应该通过与用户沟通来测试这一假设，确保每个人都准备好与他们一起实现这一转变。

尽管受到了回击，斯泰西和团队仍坚持按计划执行。起初，他们的财务表现受到影响，也失去了一部分用户，但随着时间的推移，新系统带来了更高的客户满意度，两端的用户都更加开心，平台也获得了更高的收益。这次转变成功了。

这同时也改进了"跑腿兔"的公司文化。经过学习，他们已经认识到让用户群体参与重大决策的重要性，尽管过程有些痛苦。"我们成立了一个零工委员会。"斯泰西说，"委员会中，有一些人很喜欢'跑腿兔'，有一些人总是持怀疑态度。我们告诉他们，'我们需要你的意见，如果你能参与进来，你也能帮助我们与其他用户进行交流'。"斯泰西相信，如果公司在转变时期就有委员会的话，那么转变会进行得更顺利些。

还有一个意想不到的结果，一个非比寻常的结果：一旦"跑腿兔"摆脱了原来用户之间恶性竞价的模式，一个支持性的、共享的零工社区就开始出现了。用户开始举办课程，发布视频，互相传授技能，提升彼此的赚钱能力，形成一个动态的、自我强化的循环，让每个人都从中受益。

现在，"跑腿兔"正在利用这个不断壮大的社区的力量进行培训和发展。斯泰西说："一些应聘型用户开设了课程，我们会付钱给他们来支持这项业务的开展。"这不仅是提高技能的一种方式，还能给一些零工从业人员一种意义感、目标感，以及收入，而不仅是完成一个零活。

但是这个社区的真正力量还没有完全显现，直到它出现在斯泰西的家门口。一天，一个电工过来修电灯开关，斯泰西想起这个人曾给她送过生日蛋糕，所以斯泰西就问他是如何从送蛋糕到做电工的。"因为'跑腿兔'社区，"他说，"我参加了一些课程，学到很多东西，现在我在平台上的收入是以前的 2 倍。"

Masters of Scale
里德·霍夫曼的
经验分享   ▶

如何知道什么时候是关键时刻

每个人或多或少都倾向于认为自己与生俱来就拥有梦想。人们会讲这样的故事："当我两岁的时候，我就知道自己 40 岁时要做什么。"但这通常是一种错觉，计划改变了，人也会随之改变。所以，你应该这样想："当时机成熟时，尽早转变才是明智的。"

这并不意味着你没有坚持初心。这并不意味着一旦情况变得艰难，你就会惊慌失措并立即放弃，而只是意味着你明白改变是游戏的一部分。

我建议人们在商业计划书中这样表述。你说："为了让这种直觉发挥作用，我有了想法 1，我有了想法 2，我有了想法 3，我有了想法 4。"一旦你尝试了 5 个想法，你必须问自己："我的第 6 个想法和其他 5 个想法一样好吗？"

当你穷尽了所有的办法都无法诠释你最初的计划，那就要立即转向。人们错误地认为，"当公司关闭之后，我会转向其他事情"，但那时恐怕为时已晚。要在市场轻轻地打你的脸之前就采取行动。

突发情况中迅速的转向

2020 年初，随着新冠疫情的暴发，Nextdoor，一家最初为了促进邻里之间更多互动而创办的公司，其首席执行官萨拉·弗里亚尔（Sarah Friar）注意到 Nextdoor 平台上发生了一些有趣的事情。首先，用户黏性上升了约80%；其次，用户之间互动的性质也正在发生变化。人们不仅是打招呼，或询问有没有可靠的零杂工作的推荐；新冠疫情期间，他们还利用这个平台询问附近是否有人需要帮助，他们热切地希望能在这场危机中为他人做点什么，或提供一些帮助。

"我们看到，在新冠疫情暴发的第一个月，平台上关于'帮助'的对话增加了262%。"弗里亚尔说。在 Nextdoor 覆盖的大多数社区，都已实施了"居家令"，特别是有感染风险的人都要待在家里。"几乎每个人都伸出援手，'我可以去帮你买吃的，我可以去帮你取处方药……'"，一些助人者甚至开始自发组织。在弗里亚尔所在的社区，她看到 Nextdoor 上的爱心小组成员已经发展到 500 多人。

小组的领导人耐心地将需要帮助的邻居与愿意提供帮助的邻居进行匹配。弗里亚尔也加入了这场运动，并与一位名叫伊丽莎白的年长女性配对。"她对寻求帮助感到非常内疚，"弗里亚尔回忆道，"当我第一次和她说话时，我可以看出她有明显的防御姿态，因为她花了很长的时间告诉我她有多健康。"伊丽莎白先前的状况使她特别容易感染病毒，她不能冒险外出，所以弗里亚尔帮她取了处方药和贝果。

所有这些都促使弗里亚尔在 Nextdoor 上创建一些新的服务和功能，该平台很快从单纯的邻里网络转为更活跃的外联和信息交流中心。

弗里亚尔最先创建了新冠疫情帮助中心，用于提供关于疫情的准确信息，以及为本地商户提供一些支持。随后，她推出了邻里帮助地图，使用户可以很容易地根据他们居住的位置寻求帮助或提供帮助。2020 年晚些时候，这张地图显示出持久的影响力，因为它演变成了选民帮助地图，将需要帮助打印选民登记材料的人与可以在家打印的邻居匹配起来。

当初新冠疫情来袭时，Nextdoor 正在对一款名为 Groups 的新产品进行阿尔法测试。弗里亚尔决定停止测试并直接启动它。"它被陷在一系列的迭代困境中，于是我们说，'好吧，可以了，撕下邦迪创可贴吧'。"Nextdoor Groups 提供虚拟聚会的服务，有助于缓解社交距离带给人们的心理影响，这一想法对新冠疫情之后的老年邻里关系维系具有持久的价值。

可以说，这场危机推了 Nextdoor 一把，促使他们拿出新的创意，在还没有准备好的情况下采取了行动。"我认为，在危机时期，客户会给你更大的空间，允许你做一些可能并不完美的事情，"弗里亚尔说，"如果他们知道这是出于善意，他们能够更加包容尚有缺陷的产品。"

随着 Nextdoor 不断对平台进行调整以适应新的发展，弗里亚尔也在思考未来。她让团队思考一些问题，比如：新出现的主题是什么？未来会有什么不同？我们可以用哪些新的、创造性的思维方式让社区成员团结在一起？

弗里亚尔说："我认为，如果说这场疫情带来了什么好消息的话，那就是我不再觉得自己是在向人们强行推销 Nextdoor。人们意识到亲近的力量，我们需要邻居成为支持我们的第一道救援线，这是无须回避的事情。现在如果我们听到那些尖刻的评论，比如'但是一些邻居不是很古怪吗'，我会说，'也许吧，但他们可能会帮你买到能救命的东西'。"

如果给转向的定义是对意想不到的发展或障碍做出快速的反应，那么可以将 2020 年称为转向之年。对于初创公司而言，除了要应对常规的挑战，比如扩张、融资、招聘员工、优化产品、发展公司文化等，现在又要增加一层复杂的东西，从对疫情的大规模恐慌到业务量突然下滑，从消费者可支配收入的大幅下降到要求保持社交距离，等等。

BuzzFeed 的创始人乔纳·佩雷蒂（Jonah Peretti）说，在某种程度上，创业者天生就能在充满挑战的时代和情况下茁壮成长。"我注意到，在危机时期，由创始人领导的公司发展得更好，因为它们的领导者天生喜欢即兴发挥。这些领导者通过第一性原理思考问题，并且可以调整和改变他们的业务。"

"在这种时候，"他补充道，"你必须完全开放，愿意改变你一直在做的一切，去追求你以前不知道的机会。"这发挥了创始人的优势。正如创业者习惯于奋斗一样，他们通常也享受这种奋斗。

在乔纳的案例中，新冠疫情让 BuzzFeed 本应创造辉煌的一年变成必须努力才能维持收支平衡的一年，其中最大的影响来自广告商的流失。乔纳说："我们眼看着数千万美元蒸发了。"因此，BuzzFeed 不得不通过削减国际扩张和重组业务的方式减少了约 4 000 万美元的成本。同时，他们更加关注电子商务业务量、交易平台收入和程序化收入（这得益于新冠疫情期间 BuzzFeed 流量的增加）。与此同时，也是由于这场疫情，BuzzFeed 加强了与客户公司之间的联系，其中一些客户在转向电子商务时会向 BuzzFeed 寻求帮助。

危机增加了领导者迅速做出明智决策的压力，同时也缩小了误差的范围。它迫使领导者更有效、更明智地使用有限的资源，包括领导者自己的能量。它要求一个领导者能够胜任这一角色，振奋团队的士气。

眼镜电商平台 Warby Parker 的联合创始人尼尔·布卢门撒尔（Neil Blumenthal）以多种方式迎接挑战。新冠疫情期间，Warby Parker 不得不关闭许多门店和总部的大部分部门，但尼尔要求必须确保线上业务能够持续交付客户订单。他说："人们每天都需要'戴眼镜'。"因此，尼尔的第一步是确保供应链的稳定，以及所有的装配中心都能跟上进度。"接着我们要弄清楚如果暂时解雇员工所需的失业补贴。然后是搞明白当门店关门后，我们该如何处理 120 份租约？"随着门店的重新营业，Warby Parker 对门店客流量和"导购体验"都实施了严格控制，在顾客试戴前后，零售助理会对每个眼镜架进行消毒。

尼尔说，他认识到在危机中最关键的技能之一是沟通。"你的沟通需要比之前多两到三倍，"他说，"因此要简化沟通。"尼尔和另一位联合创始人戴夫·吉尔伯（Dave Gilboa）通常每周会召开一次全体员工会议，然后把会议纪要与大家分享。"在新冠疫情期间，我们改为每周两次全体员工的视频会议，并缩短会议时间，因此更易于解决问题。视频会议于周二和周四进行，这样团队拥有做出明智决策所需的信息，他们也知道接下来要做什么。因为，你没有了在办公室期间那些走廊上的闲聊，失去了所有这些非正式的沟通方式，你需要用更加结构化和正式的沟通来补充。"

埃伦·库尔曼（Ellen Kullman）是杜邦（DuPont）公司的前首席执行官，现在是 3D 打印初创公司 Carbon 的首席执行官。多年来，她一直在危机中扮演着重要角色。她指出，在危机期间需要"创造自己的轨迹"。大多数领导者已经为自己的业务制订了计划。但问题是，一场危机将推翻原来的计划，迫使你转向 B 计划，然后可能转向 C 计划或 D 计划。这样一来，"你必须写自己的故事了。不要打别人给你的牌，而要打你想要的牌。"**领导者必须设计一条新的轨道，承认变化已经发生了，并明确表示公司正在适应这种变化，对未来有明确的展望，并对如何在新环境中取胜有一个可靠的计划。**"如果你对结果没有一个明确的假设，"埃伦说，"那么你和你的员工都不会知道你们是输是赢。"

当公司在新冠疫情期间遭受了巨大的打击，爱彼迎联合创始人布莱恩·切斯基对这种不确定的感受相当强烈。在 2020 年春天之前，"我们准备上市，"他说，"我当时正在编写 S-1 文件，也在着手准备一个重大产品的发布，我有一个很棒的计划。但是，新冠疫情突然暴发了，我感觉自己就像一名船长，此时，一枚鱼雷击中了船舷。"

一夜之间，爱彼迎的业务几乎陷于停滞，因为许多人停止了旅行。"首先，是恐慌的感觉，我提醒自己必须调整呼吸。"对处于危机中的领导者来说，这些都是正确的：放慢脚步，拿出一定的时间重新确定方向，并关注自己的压力水平。

但布莱恩·切斯基慢下来的时间并没有持续很久。他采取了一系列措施帮助爱彼迎应对危机。公司增加了对月租和长期租赁的关注，满足危机期间寻求临时安置的人们的需求；还开始提供更多的在地体验产品和虚拟体验产品，从客厅音乐会到新西兰牧场的虚拟之旅，甚至是虚拟的萨尔萨舞派对。布莱恩·切斯基将这些新产品视为对爱彼迎产品的长期补充，他预计，即使以后人们恢复了正常的旅行，这些产品仍然是受欢迎的。

布莱恩·切斯基给那些面对危机的人的主要建议是：专注于你的核心原则，思考作为一个组织，你在努力实现什么，你的主张是什么；作为一个领导者，什么对你最重要。"当事情真的很糟糕的时候，"布莱恩·切斯基说，"很难做出商业决策，因为你无法预测事情会如何发展。但你可以问问自己：在这场危机中，我希望人们如何记住我？"

"跑腿兔"的斯泰西和联合广场酒店集团的丹尼·迈耶有着相似的想法：危机是一个放大格局、超越自身的机会。斯泰西说："我希望看到硅谷的公司能够联合起来，在救援工作中与我们携手战斗。我们掌握着更多的技术，我们更深入地了解技术如何以及应该怎样发挥它的作用，即使在可怕的事情发生时，我们也知道如何快速有效地沟通。"

斯泰西的目标是："'跑腿兔'不仅在被需要的时候随时待命，而且我们也协同其他科技公司，在某一时间点我们可以与数以百万计的人联系，我们可以针对某一具体问题进行部署，努力帮助人们从危机状况中尽快恢复。"

就丹尼而言，他已经把目光投向了他的餐厅之外，他在思考新冠疫情危机如何能够成为一个导火索，为餐饮业带来长久的变革。"正如我的一位同事所说，'餐饮业就像一个 90 多岁、患有基础病的新冠患者。事实上，并不是新冠疫情把我们打倒，几乎任何事情都有可能拖垮我们，但这次竟真的发生了'。"丹尼花了很多时间与同行交流想法，他们提出了一个问题："这场危机为我们提供了什么样的机会，可以处理我们个人过去无法成功处理的事情？"他们现在正在研究如何改善餐厅员工的薪酬、小费制度、餐厅面临的薪资税问题和酒类管理的法规问题，以及与业主的关系。

Xapo 的首席执行官文斯·卡萨雷斯和 Automattic 的创始人马特·马伦韦格（Matt Mullenweg）都认为，危机可能是一个好时机，通过改变公司的结构，让公司更具适应性和灵活性。更具体地说，就是加强远程办公模式。如果说新冠疫情带来了一个积极的变化，那就是大大小小的公司都见证了远程办公的好处。在分布式办公成为刚需的很多年之前，文斯和马特就一直支持分布式办公模式。文斯说，他的数百名员工遍布 50 多个国家，在各自的小型办公室中工作或居家办公，这样他可以更轻松地从世界各地招聘到最优秀的人才。"但居家办公的员工必须把事情做好。"他说，"在办公室工作和远程工作的区别，就像与父母住在一起和搬出去独自生活的区别。如果居家办公的员工对此不太清楚，很容易会感觉与世界脱节。"而且，Xapo 建议新员工在居家办公时要比他们去办公室工作投入更多的精力，并建议他们开辟一个与日常生活截然不同的独立的工作空间。

马特的分布式公司 Automattic 运营着 WordPress 博客平台。他指出，"造就一个伟大的分布式公司的因素和成就一个伟大的个人公司的因素几乎完全相同，它们是信任、沟通、透明、开放和迭代"。如果办公室意外关闭或者你主动选择了分布式办公的状态，比如每周有一天居家办公，马特建议将此作为一个机会，重新思考你的工作方式。"我们太多人的生活都是被预设的，"

他说，"如果你有机会拉开距离，重新想象，以初学者的思维或新鲜的眼光看待你的工作方式，我认为无论工作环境如何，它都会对人们的生活产生巨大影响。"

当远程工作被强加给一家公司时，马特建议问一个积极的问题："好吧，我们的分布式办公到底是什么？"你可能会认为通过视频进行远程会议比通过电话进行会议要好得多，因此你购买了耳机，甚至买了更好的摄像头，这样无论人们身在何处，他们看起来和听起来都更专业。或者，你可能会发现，即使你置办了最先进的视频会议设备，有些工作还是通过电子邮件完成更好。工作程序的改变成为重新审视和改进工作规范和流程的好机会。

一场危机不仅使转向成为必然，而且可能还导致了大规模的转向，毫无疑问，它可能是痛苦的，在某些情况下，它甚至是毁灭性的。但正如上述这些例子所表明的，艰难的境遇也有有利的一面。危机会促使你更加专注，行动更加迅速。当我们周围的混乱迫使我们重新校准我们的假设、用新的眼光看待世界时，我们可以迸发出无限的创造力。正如我们在整本书中所看到的，当今一些最伟大的创业公司都是在绝望的境况中诞生的。

Masters of Scale
**里德·霍夫曼的
经验分享** ▶

危机中，要以人为本

你如何帮助你的企业应对危机？不仅要考虑业务，你还要考虑公司内外参与业务的所有人员。

在危机时刻，更重要的是停下来，问问自己："首先是如何做人。要确保对员工、社区以及社会负责，我需要做些什么？"

从一个充满同理心和关怀的地方开始，不仅要关注什么对公司及员工有益，而且要关注什么对社区、家庭和整个社会有益。作为企业家，我们一直专注于发展业务并扩大规模。这是一件很难的事情，会有恐惧，会有失败，创造新事物是一个巨大的挑战，需要从零开始。你需要变得非常专注，以至于几乎快要忘记了你为什么做这件事。

提醒自己，你做这件事是因为它能够创造新业务、新工作、新产品、新服务。它可以创造未来，这非常重要。但是，你不得不停下来，问问自己："让我先从做人开始。要确保对员工、社区以及社会负责，我需要做些什么？"

重启

尽管不是经常这样，但有时一个转向可能完全背离了公司最初的使命。像这样的重启是可行的，但很少没有磕磕绊绊。

开关

转向通常发生在现有业务中，例如，当公司从一种战略转向另一种战略时。在进行转向之前，尽早获得相关的反馈非常重要，或者至少向尽可能多的利益相关者传达这些变更的信息。

急转弯

有些转向是对意外状况的反应，比如突然出现的新问题或机遇。它可能会阻塞你的道路，你需要机敏地侧移以避免撞车；也可能是路边突然出现什么引人注目的东西，你觉得它值得一试，于是去研究它，从此便开始追求这种新的可能。

反弹

危机可能导致一些你并不想要的转向，但它们也可以提供学习、试验和改进当前业务的机会。因此，在应对危机的同时，也要展望未来，并提出这样的问题："在这些限制条件下，有什么新的创新可能性？从长远来看，如何使我们的业务更灵活、更强大？"

MASTERS OF SCALE

Surprising Truths from the World's Most Successful Entrepreneurs

第 9 章

领导者要与公司共同成长

管理者告诉人们该做什么，
而领导者激励人们主动去做。

———————

她没想到会接到这通电话。

安杰拉·阿伦茨在担任博柏利（Burberry）首席执行官期间表现亮眼。在短短 8 年的时间里，她带领英国传统品牌实现了高利润的转型，股票价格上涨了 200%，主营业务收入和营业利润都翻了一番。这一成绩是如此耀眼，英国媒体报道称安杰拉是当前英国薪酬最高的高管。

她和家人都已在英国安顿下来，享受着幸福的生活。安杰拉刚刚向董事会提交了一项计划，要在未来 5 年内将品牌主营业务收入再翻一番。

接着苹果公司就打来电话。

苹果首席执行官蒂姆·库克（Tim Cook）邀请她担任苹果的下一任零售主管。"我很荣幸，非常荣幸能被苹果公司看好，但我有世界上最伟大的工作，我正在执行一项使命。所以，我谢绝了他们。"

6 个月后，他们再次打来电话。"我回复说：'才 6 个月，一切都没变。我没有理由再讨论这个话题。况且，我有两个孩子在伦敦上大学，而且我丈夫认为我们余生都会在这里生活。所以，别再联系我了。谢谢，但还是不用了！'"

招聘部门的领导者都要注意：坚持是有回报的。"苹果又打来了电话：'你愿意和蒂姆·库克一起喝杯咖啡吗？'我不想表现得无礼，也不想表现得傲慢，毕竟他是世界上最伟大的首席执行官。所以我答应了一起喝杯咖啡。"

尽管蒂姆·库克坐在对面，且很有说服力，但安杰拉还是拒绝了他……很多次。

> 我告诉蒂姆·库克我不是合适的人。他不了解我，我有很好的直觉，也很有创造力，但我不是一个商店经营者。他说他们经营着世界上最高效的商店。他们已经有很多优秀的经营者了。我说我也不是技术人员。我不会写代码。他非常平静地说，他们已经有足够多的技术人员了。因此，过了一段时间，我才意识到，他真正想要的是领导力，他希望团队再次团结起来。

安杰拉在做这个决定时十分挣扎。她问自己："为什么在你的生活十分完美的时候，却有人想把它搅乱？"但最终她决定：这可是苹果公司，她不得不答应。她辞去了伦敦一个崛起中的时尚品牌的首席执行官的重任，转而执掌硅谷的这家航母级公司的零售部门。苹果本身已在零售业占主导地位，在过去的十多年里，他们在全球的门店数量翻了两番，但伴随着成长而来的是成长的烦恼。

安杰拉的挑战是：保持苹果的标志性魅力，同时管理现在的用户群体：科技方面的晚熟者和早期的痴迷者。要实现这一目标，需要有一个宏大的愿景，也需要一个能够团结全球团队的变革推动者。安杰拉已经准备好迎接挑战。

她来的时候情况如何？

"我讨厌它。"

安杰拉的坦率令人惊讶，但她的反应并不那么强烈。任何时候，当你从一个组织跳到另一个组织时，尤其是当你在苹果和博柏利这两座大山之间攀爬时，你会发现这并不容易。这很难，因为它们是不同的，规则、目标、假设、沟通方式都不相同。

"这实际上就像去了火星一样，"安杰拉说，"人们说的是不同的语言。"

"最初的三四个月，我变得非常没有安全感，"安杰拉回忆道，"但是你可以和自己谈谈，对吗？在这个世界上，我不可能什么都会。他们请我来不是为了让我学习这些的。他们让我来是因为我有天赋，我应该专注于发挥我的天赋。前 6 个月的工作中到处都是困难，但后来我意识到，我必须按照自己的方式去做，他们让我来就是需要我按我的方式来做。"

安杰拉在重整团队之前，必须先让自己振作起来。在一个快速发展的组织中，每一位领导者都能在她的故事中看到自己。因为安杰拉从博柏利跳槽到苹果时所面临的冲击，与领导者在自己公司进行扩张的过程中所感到的迷茫并无太大区别。

领导正在规模化的公司，意味着你要不断地适应和发展。你不能遵循单一的风格或方法，你总是在变革中领导，你的公司也一直在发生着变化。那么你自然而然地拥有了一种非常有弹性的领导方式，创建了一个有弹性的团队和公司。

在安杰拉入职新工作 3 个月后，有人建议她，作为苹果零售和线上销售的主管，应该向公司的 70 000 名员工发一封介绍性的电子邮件。但安杰拉有不同的想法。

作为 3 个十几岁孩子的母亲，安杰拉知道冗长的电子邮件不是与苹果公司年轻员工沟通的最佳方式。"我想象假如我的 3 个孩子在苹果商店里工作，他们是不会愿意看电子邮件的，"她说，"所以我要做一个视频。"

"我们不做视频。"有人告诉她。

"我只是要录一个视频，我并不是要一个演播室，也不是要做造型或化妆。我只要用 iPhone，且只需要 3 分钟或更短的时间来表达 3 个想法，不用剪辑，什么都不用。"

因此，安杰拉在办公桌边用 iPhone 录制了她给苹果员工的第一份视频备忘录。"我只是说，'嗨，对不起，我以前没有联系过你们，但是我们以后要用这种视频的方式联系，我每周要和你们谈一次，因为我想让你们知道我们的计划是什么，我们要去哪里，我想让我们加强联系'。"

在视频录制大约 1 分钟后，她的电话响了，是她的女儿。iPhone 摄像机还在录制，安杰拉说了句抱歉，接起电话说："宝贝，妈妈 2 分钟后给你回电话。"然后，她继续录制给苹果员工的视频信息。

当录制完毕后，有人建议她删掉接电话的部分，"因为苹果追求完美"。她解释道："不，不一定要完美。他们必须看到我是真实的。他们还应该看到我把孩子放在第一位。第二天，我一定会收到 500 条短信，说感谢我接了我女儿的电话。"

就这样，安杰拉开始与她在苹果的新团队建立联系。她知道，在她着手为这家靠保持创新和活力获得成功的企业带来变革时，她需要这种联系。**无论你的员工是 70 000 人还是 7 人，领导者都需要通过两件事来创建一个强大的团队：崇高的使命和日常的人际交往。**在那 3 分钟的视频中，安杰拉设法把这两方面都塞了进去。

此前，作为博柏利的首席执行官，安杰拉带领公司改变了销售额长期

停滞不前的糟糕状况，实现了惊人的飞跃。曾在丽诗加邦（Liz Claiborne）
担任高管的安杰拉，在博柏利的工作成绩斐然，然而她却发现自己管理的
11 000 名员工对公司并无太多认同感。而当时博柏利这一文化积淀厚重的
品牌实际上已经趋于平庸。

　　安杰拉和首席设计师克里斯托弗·贝利（Christopher Bailey）一致认为：
他们应竭尽全力加强公司的"英伦特色"。安杰拉巧妙地确定了一个决定性
因素，其余其他因素都源于此，随后的每一项决定都将与这一决定挂钩：从
模特到博柏利商店播放的音乐，英伦风统治着一切。

　　但安杰拉知道，公司还需要一些有抱负的东西，将每位员工从处理事务
性工作提升到有目标感地工作。她为博柏利的品牌添加了一个重要的新元
素：社会影响力。博柏利基金会将从每一笔交易中抽取部分收益用于支持社
会公益事业。

　　随着这些变革的实施，她决定在 6 个月后直接向公司的所有管理者发
出行动呼吁。来自世界各地的 200 名高管空降于一次场外会议，会上博柏
利的变革计划和战略被一一部署，然后安杰拉与大家正式见面了。

　　她站起来说："看，这就是我们正在做的事情。我知道你们有一些人对
此表示怀疑。你们在这里已经工作很长时间了，可能认为现在做事情的方式
就是最好的，但它不起作用。"然后，她毫不客气地说："我将很高兴在这
次会议后与你们见面，给你们最好的退休待遇。不想这样的话，你就需要
100% 相信我们正在做的一切。"

　　这是一次艰难时刻的艰难演讲，太多的领导者避免这种艰难的谈话。但
事实是，尤其是在准备变革之时，人们希望在接受新任务时能够直截了当和
清晰明了地了解任务。安杰拉知道，如果你不让人们团结起来全力以赴完成
任务，你就无法实现飞跃。

那次会议为安杰拉打开了大门，让她与她的全球团队建立起更紧密的联系。回头看在丽诗加邦工作的时候，她从公司首席执行官保罗·查伦（Paul Charron）那里学到了一个重要的沟通经验，保罗·查伦以经常去员工办公室看看事情的进展而闻名。安杰拉在博柏利也做了同样的事情，她也格外重视庆祝员工的成功。她为世界各地的经理人和员工设立了奖励计划，并经常去参加他们的庆祝活动，这些活动都被记录下来并在网上分享，以便整个公司都能看到。她还专门录制视频以表彰部门成绩，并在董事会上播放。

最能鼓舞士气的转机开始出现了。当博柏利专卖店的销售额开始出现两位数的增长时，很显然，安杰拉的领导风格是与愿景和实际相符的。

她在博柏利的成功引起了蒂姆·库克的注意。起初，安杰拉可能对是否要加入苹果公司犹豫不决，但她无法抗拒蒂姆·库克向她提出的挑战。从一开始，苹果专卖店就被视为苹果超级粉丝的圣地，但随着品牌广受欢迎，苹果的客户群也在增长和变化。现在面临的挑战是，如何在吸引更多主流人群的同时，保持商店对技术型用户的吸引力。

要实现这一目标，需要有一个宏大的愿景，同时也需要零售团队在日常的工作中能够紧密配合、相互协调。而现实却是，这些团队之间存在语言障碍，并且他们分布在不同的时区和地理位置。就在那段时间，安杰拉的iPhone视频备忘录成为一种常规做法，这是建立和加强这种联系的重要组成部分。4年来，安杰拉每周录制这些视频，无论她在何处。为了打造一支有凝聚力的团队，她会定期让来自苹果全球不同办公室的高管们轮流露面。

安杰拉还致力于在苹果的零售店网络中建立更多的人际联系。例如，通过精心设计的各种应用，让在不同苹果商店工作的人们更容易互相联系并一起解决问题。

她带到苹果专卖店的一项使命是从一个问题开始的，这个问题的灵感来自蒂姆·库克的一句话。安杰拉说："之前，蒂姆·库克总是说'苹果的零售不仅是销售'。如果不仅是销售，那还能是什么呢？"

她找到的答案是什么呢？——社区和连接。在安杰拉的推动下，苹果公司推出了一项免费的日常课程和活动计划——Today at Apple，在全球所有苹果商店都有提供。其使命是促进苹果公司与当地社区的人们建立联系，加强面对面的交流；同时通过教授他们如何使用产品，培养新的苹果客户。

Today at Apple 不仅对客户和企业都有好处，也让在苹果商店工作的人更有使命感，让他们感觉自己投入时间和精力做的事情十分有意义，并在上面打上自己的印记。"我们告诉零售团队，'你是社区中跳动的心脏'。"安杰拉说。

在这个项目上，对于哪种产品最有效，商店经理有很大的发言权。比如店内课程"周二教师日"指导教育工作者使用在学习课堂上可能会用到的各种苹果应用程序。一些商店有"董事会会议室"，企业家可以在这里与商业领袖会面并向他们取经。周六早上，孩子们可以来上一节"一小时的编程课"，以取代看电视动画片。

安杰拉还给苹果商店带来了其他变化，比如用流动的客服代理取代了传统的收银台，这样他们可以在商店的任何地方为你办理结账。还有，她取消了"天才吧"，它的等待时间让人不可思议，取而代之的是，客户现在可以远程预约服务维修，并在指定时间将设备带来即可。

安杰拉将 Today at Apple 视为自己在苹果的标志性成就，它充分发挥了她作为领导者和连接器的最大优势。她于 2019 年初离开苹果，现在是拉夫劳伦（Ralph Lauren）和爱彼迎的董事会成员。

和任何标志性的成就一样，即使在安杰拉离开之后，该项目仍在不断发展和改进。这就是领导者团结全球团队的方式：用指导性的使命激励他们，将他们彼此联系起来，然后看着他们承担起这项使命，自己也成为领导者。

文化鼓点，激励所有人保持同步

要制作一个鼓点，许多西方流行音乐最基本的节奏就是4/4拍，并据此开始发展，你可以在军鼓上加一些重拍，或者也可以在镲片上加一些情绪进来。

克里斯·汤姆森（Chris Tomson）是独立摇滚乐队"吸血鬼周末"（Vampire Weekend）的鼓手。所有鼓手都熟悉4/4拍的节奏，这是通往更复杂节奏的大门。自2006年吸血鬼周末乐队成立的第一天起，克里斯就一直依赖4/4拍。

"吸血鬼周末的前几次排练，是在哥伦比亚大学的宿舍里进行的，我本应该是吉他手，"他回忆道，"但我们一直找不到鼓手。"

所以他说他可以试一试，就这样，吉他手克里斯变成了鼓手克里斯。

因为克里斯没有像大多数职业鼓手那样花很多年打磨技艺，他不得不依靠最简单有效的节奏，"没有矫饰，没有点缀，只有一个可以让歌曲更具感染力的基调"。

克里斯知道，他既是音乐的背景音，也是乐队的中坚力量，他的节奏决定了乐队其他成员的节奏，帮助大家保持同步。

即使过了这么多年，也别指望克里斯会用20分钟的独奏独领风骚，抢了乐队整场演出的风头。有些人喜欢那样做，但克里斯说："如果一场演出结束后，我没有被特别注意到，那对我来说就是一场成功的演出。我觉得作为一名鼓手，不被自我所束缚才更酷、更棒。这不是炫耀，这是完全为乐队和音乐服务。"

那么，商业领袖可以从吸血鬼周末的鼓手身上学到什么呢？事实证明，有很多。因为每个领导者都必须为他们的公司创造一个文化鼓点，用克里斯的话说，这个鼓点可以让整个乐队保持同步。伟大领袖的鼓点不会迫使人们跟随他们，而是激励他们朝着同一个方向发展。

对于一位领导者或一个组织来说，没有一个所谓"正确"的鼓点。你的鼓点取决于你的气质、经验和你领导的人。你的鼓点可能集中在效率、创新或工作与生活的平衡上，或者可能是所有这些因素的混合体。

杰夫·韦纳的鼓点是富有同情心的管理，但情况并非总是这样。在成为领英首席执行官之前，杰夫在雅虎的 7 年间担任过各种领导职务。一天，大约是他在那里工作的第三或第四年，一张管理者研讨会的宣传单出现在他的办公桌上。杰夫很快就把那张纸扔进了他的"也许永远都不会处理"文件夹。

他对管理顾问抱有一种合理的怀疑态度，因为在职业生涯早期，他自己就是这样的人。杰夫说："有句古老的谚语说，有时候顾问会拿走你的手表，然后告诉你现在几点了。"他非常赞同。

但杰夫团队的其他成员参加了这个项目，并强烈推荐。最终，杰夫的好奇心战胜了他的怀疑主义，他报名参加了由一位名叫弗雷德·科夫曼（Fred Kofman）的顾问主持的研讨会，该研讨会侧重于管理的人性化。

那次研讨会彻底改变了杰夫对领导力的看法。

杰夫回忆道："我从未听过有人这样谈论领导力，认为保持专注和意识是多么重要。"弗雷德所传达的信息是，作为一名领导者要"摆脱自己的思维"，要设身处地地为你的同事着想，并努力了解他们的特点：他们的动机、优势和弱点。

杰夫说，以前，他的领导方式更以自我为中心。"我认为我犯了一个错误，总是期望我周围的人按照我的方式做事。"在这种思维模式下，领导者走在前面，其他人都跟在后面。在杰夫看来，这一直是一种自然、自信的领导方式，但现在不是了。

后来，当杰夫考虑离开雅虎时，他约弗雷德共进晚餐。"我在谈论我下一步想做什么。"杰夫说。他还没有特别考虑领英，但他确实向弗雷德提到，他有兴趣追求"扩大世界集体智慧"的目标。

弗雷德回答说："我明白你为什么对此感到兴奋，但是没有同情心的智慧是无情的，没有智慧的同情心是愚蠢的。"

无论是什么激发了这些对话，它们都深深地影响了杰夫。特别是，"同情心"这个词成了他的口头禅，2008年他离开雅虎加盟领英时，这也成为他带来的新领导风格的核心原则。

作为领英的新任首席执行官，杰夫带领公司实现了惊人的增长：在接下来的10年里，公司从338名员工激增到10 000多名员工；从3 200万会员增至5亿会员；收入从7 800万美元增至79亿美元。他以同情心为领导哲学和领导风格的核心，实现了这种增长。

杰夫简洁地说："管理者告诉人们该做什么，而领导者激励人们主动去做。"即使你在军鼓上加些节奏或即兴演奏也无伤大雅。

当杰夫开始在领英传播这种鼓点时，他做的第一件事是：与公司里的每一个人建立直接的联系。

杰夫知道，公司有 300 多名员工，这将是一项艰巨的任务。但如果你认为自己是一个"富有同情心的领导者"，你需要足够关心员工并为他们腾出时间。此外，这是他准确解读现有文化最可靠的方式。杰夫说："在我决定未来计划之前，我想确保我了解正在发生的事情，尽可能多地向曾经为发展公司做出努力的人们学习。"

同情心意味着理解他人，愿意并能够通过周围人的视角和思考方式看待一切，但它也需要一些反省和反思，需要努力抵制情绪和本能反应。正如杰夫所说："你必须试着成为自己思想的旁观者，特别是当你变得情绪化时。如果有什么东西触发了你，你必须抢在你的愤怒爆发之前对自己说，'等等，我想知道他们正在经历什么，是什么让他们这么做。'"

通过花时间考虑这些因素，你可以重置对话，将潜在的冲突转化为更利于合作的交流。用偶尔的争吵换取更富有成效的对话，这听起来似乎也没什么了不起的，但这些小小的人际互动全部加起来就不一样了。在一个组织里，当你不仅是在员工中，而且在客户、股东、媒体、分析师中执行这种人际互动的方式，综合起来看，"它确实可以创造很多价值。"杰夫指出。

虽然杰夫以同情心来领导人们，但这本身并不一定能激励人们。如果你想创造一种有凝聚力的文化，那么鼓手可以设定 3 个特别的节拍。"首先要有清晰的愿景，"杰夫说，"其次是坚守信念的勇气，最后是有效传达以上两件事的能力。"

清晰的愿景是指一个组织要努力实现的目标，重要的是人们清楚地知道他们要去哪里，为什么要攀登这座山。杰夫说："这一愿景越独特、越引人注目，人们就越有可能追随它。"坚守信念的勇气就是坚持和捍卫这一愿景，特别是在有阻力的情况下，这将尤为重要。最后，你必须能够有效地传达愿景和信念，无论是通过言语、行动，还是更为理想的两者兼具。创造一个引人入胜的故事，并与人们保持一致。

杰夫几乎痴迷于向员工传达领英的愿景和价值观。他和团队努力寻找准确的语言。一旦语言被锤炼得精妙传神，他就会一遍又一遍地重复，鼓点不绝于耳。

一些领导人害怕重复自己的话，他们的假设是人们会厌倦听他们以前听过的东西。杰夫坚持认为，他们完全错了。他引用了著名政治演讲撰稿人大卫·格根（David Gergen）的观点，后者曾教授过一些世界上最卓越的沟通者。杰夫认为，作为一名领导者，即使你厌倦了自己说的话，你也应该重复关键信息。"这是违反直觉的。"杰夫承认。你是说这些话的人，你当然很清楚这些话是重复的，但其他人专注于其他事情，只有反复聆听这些信息，才能真正投入其中。

确保鼓点响亮而清晰，在危机时刻它将变得更加重要。对领英而言，最大的考验之一发生在 2016 年 2 月，由于预期下调，公司股价在一天内暴跌 40% 以上。杰夫没有试图转移焦点，反而召开了一次全体会议来正面讨论这个问题。杰夫那次的演讲视频后来在网上疯传。他向员工传达的主要信息是：虽然股价可能会更低，但这是唯一发生变化的事情。"我们的使命不变，"杰夫告诉员工，"我们的文化和价值观，以及领导力都没有改变。我们正在做的工作比以往任何时候都重要。"

这是一个很典型的例子，说明了团队的共同节拍如何打造一个富有同情心、始终如一的抵御绝望的堡垒，无论是在战争时期还是和平时期都能让每个人团结起来。

保持一致的"鼓点"

公司在扩大规模时最常见的错误之一是偏离一贯的"鼓点",这可能发生在数百名或数千名新员工加入时,他们离领导者太远,以至于听不到节奏。因此,尽管他们可能理解"是什么",但他们可能不清楚"如何做"。也就是说,他们可能知道自己的工作是什么,公司想做什么,但他们不了解公司是如何做的。"如何做"是一家公司的文化和价值观,必须清楚地传达。

在规模较小时,组织足够紧凑,一个强有力的领导者可以直接将鼓点传递给团队的每个成员。毕竟,这位领导者可以定期与每个成员互动。但随着公司规模的扩大,这种对话变得不可能了。领导根本没有足够的时间让每个员工参与进来与其一对一互动。这时候领导者需要切换到一对多广播的形式,这样每个员工都能听到鼓点。安杰拉定期给她在苹果的团队播放视频,爱彼迎的布莱恩·切斯基每个周日会给所有员工发一封电子邮件,让他们了解他最关心的事情。

这种对话需要的不仅仅是语言。保持这种一致性的部分原因是,领导层要以一致的方式行事,以加强公司的文化和价值观。例如,组织经常奖励那些取得成就的人,而不考虑他们是如何取得成就的,即不会问:他们是不是以符合我们文化和价值观的方式取得成就的?

这种庆祝和奖励"做什么"而不是"如何做"的倾向,是公司在成长过程中失去个性的原因之一。你需要一个清晰的愿景,不仅要知道你想实现什么，还要知道你想如何实现。你应该大声地、经常地分享这个愿景，尤其当你的公司已经扩大了规模，并且你正在将这些信息传达给5 000名、10 000名、15 000名或更多的员工的时候。随着人数的增加，员工与领导层的距离也越来越远，这意味着你需要更努力、更频繁地敲锣打鼓，让人们听到你的声音。

完全透明，让最好的想法获胜

40多年来，瑞·达利欧（Ray Dalio）一直将建设性分歧作为其公司——富有传奇色彩的对冲基金桥水基金（Bridgewater Associates）的基石。作为创始人，瑞·达利欧带领桥水从一个人在公寓运营的小公司到成为世界上最大的对冲基金，为全球约350家机构的客户管理约1 600亿美元资产。

但这不是一条笔直的成功之路。故事开始于1982年10月，在美国国会大厅。瑞·达利欧是一位年轻的全球宏观投资者，他穿着深色西装，打着条纹领带，看上去十分干练。他因预测墨西哥将拖欠外债而备受关注。瑞·达利欧预测一场全球债务危机即将来临，它将带来一场连绵不断的衰退，甚至将导致经济的全面崩溃。现在国会要求他对此做出论证。

瑞·达利欧并不是唯一一个这样认为的人。一本名为《即将到来的货币崩溃》（*The Coming Currency Collapse*）的书在图书排行榜上名列前茅。白宫内部备忘录曾就如何应对永久性经济衰退问题向罗纳德·里根总统提供了建议。国会让瑞·达利欧来的目的是向公众发出警告。瑞·达利欧声音洪亮，信心十足，并把自己的投资组合押在经济会继续衰退上。

但是……

"我大错特错，"瑞·达利欧说，"当时是股市的最低点，之后便进入了牛市，我和我的客户都亏了钱。当时我的公司很小，但我不得不让所有人都走了。我很沮丧，不得不向父亲借了 4 000 美元来支付我的家庭开支。"

对瑞·达利欧和他的公司来说，这是一个毁灭性的、令人羞愧的失败。回顾过去，很容易看出他是如何犯下这一错误的：他看到了一种模式正在出现，并认为自己掌握了整个大局。但他遗漏了一些东西，他没有预测到美联储会放松货币政策，这一政策启动了市场，并带来了 20 世纪 80 年代的经济繁荣。

他犯的错误是可以理解的，但也是可以避免的。如果他能向他人咨询，如果他在投下大赌注之前能建立一个测试自己的假设的系统，他可能会对冲自己的赌注，减少公司的风险敞口。简而言之，他需要的是有更多的机会让人们告诉他他错了。

瑞·达利欧从 1982 年的灾难中艰难地走了出来，最终，桥水基金恢复了元气并开始扩张。他决心不再犯同样的错误。"我有一个原则，犯错误是可以的，但不从中吸取教训是不可以的。"他说。

他问自己，如何才能在我认识的人中找到最聪明的且不同意我的观点的人？瑞·达利欧重新设想了团队与他以及团队彼此之间的互动方式。他告诉团队，"我认为每一个组织或每一段关系，都需要人们决定如何相处。我将对你们完全诚实、完全透明，我希望你们对我也完全诚实和透明"。

"完全透明"成了桥水基金和瑞·达利欧个人的工作原则：一种严格的、系统化的讲真话的方法，鼓励不妥协地讲出真话。这种方法背后的理念很简单：愿最好的想法获胜。

为了使完全透明原则发挥作用，组织中的人，特别是当权者，必须明确公开他们做出某些决定的原因。瑞·达利欧立即开始对这种行为进行建模：每次做出决定后，他都会对其进行反思，记录下推动决策形成的标准或原则。瑞·达利欧解释说："这样做可以在自己的头脑中创建一个清晰的思路，并可以让你与其他人沟通。"

然后，瑞·达利欧与公司员工分享了他所有的反思过程，以录音、视频和书面文件的形式，解释了每天发生的事情背后的所有原则。员工可以看到这一点，然后自己决定："这些有意义吗？我会做些不同的事情吗？"这将引领公司内部围绕原则展开讨论。

但这并不意味着人们可以无视这些决定，或者干脆制定自己的规则。瑞·达利欧的指导原则之一是：确保人们不会将投诉、提出建议和公开辩论的权利与决策权相混淆。

一些组织拒绝公开辩论的一个常见原因是，他们不希望公开辩论导致混乱或完全没有边界。然而，这是很容易避免的，只要清楚地传达出领导者仍然是领导者，他们仍然做出关键决策，但他们也致力于倾听和认真考虑来自公司任何地方、任何人的意见的信息。

随着瑞·达利欧继续在桥水基金记录和分享他的原则，这些原则开始展现出其生命力。一开始它只是一份内部备忘录，后来变成了一份可下载的 PDF 文件，并很快传播到公司外部，最终下载量达大约 300 万次。后来，它成为一本畅销书《原则》，并由此推出了一款手机应用、一本儿童读物和一个流行的 Instagram 账户。

应该注意的是，当你像瑞·达利欧那样邀请人们畅所欲言时，你可能并不总是喜欢你所听到的。有一次，桥水基金的同事告诉瑞·达利欧，他们在分享一些坦率的想法时可能会过于激进，在某些情况下，这会打击士气。

瑞·达利欧的同事们能够告诉他这一残酷的事实，而他也在倾听。这为激进的坦率和建设性分歧体系提供了一个很好的论据。这些批评表明，他的制度行之有效，但可能需要一些调整。因此，桥水又制定了一些协议和准则，努力使分歧和批评保持建设性和积极性。例如，意见不一致的各方被敦促要遵守两分钟规则，限制争论的时间，并求助于公司中的其他人担任调解人。指导方针建议每个人，包括瑞·达利欧在内，都应该努力用更积极的语言来表达批评，例如，将失败重新定义为学习机会。

瑞·达利欧说，为了最大限度地利用完全透明原则，应该本着相互尊重的精神，对他人观点保持好奇，以及认识到每个人都在同一个团队中，即使他们并不总是站在同一条战线上。

Facebook 的谢丽尔·桑德伯格（Sheryl Sandberg）也支持这种方法。她认为，领导者有责任在邀请组织中的人提建议时对他们完全诚实，因为如果人们觉得不能畅所欲言，他们就会有所保留，你就会错过关键信息。在进入Facebook 之前的几年，谢丽尔就学到了这一教训，这要追溯到在谷歌工作的早期，当时她受雇于埃里克·施密特，任务是增加广告收入，从而推动谷歌的发展。为了增加收入，她必须组建一个团队。

谢丽尔从一个融洽的四人团队开始，他们十分关心团队的发展将如何影响团队的活力。在第一天，她向大家保证，团队中的每个人都将参与面试新员工。

两周后，这个团队的规模扩大了 3 倍。事实证明，让 12 个人参与面试是有问题的。"我做出这个承诺是为了让他们对发展团队不会有顾虑，但一周后我就取消了。"她说。谢丽尔遇到了一个典型的挑战，这是在领导扩张中的团队时经常遇到的问题：这周确认的假设下周就要被推翻。

随着团队的不断壮大，谢丽尔继续参与面试工作。当团队达到 100 人时，她注意到她的面试门阻碍了招聘过程。在与她的直接下属碰面时，她说："我想我应该停止面试。"她以为他们会马上打断她的话说："绝对不行。你是一位出色的面试官。我们需要你亲自对团队成员给出建议。"

"你知道他们做了什么吗？"谢丽尔微笑着问，"他们鼓掌以示同意。我想，'我成了团队发展的瓶颈，却没有人告诉我，不过这是我的责任'。"

请注意，团队为她放手的决定而鼓掌这件事并没有惹恼谢丽尔。然而，她感到不安的是，早些时候没有人告诉她真相。她知道，她需要每个人的诚实投入，才能按谷歌业务要求做出频繁、快速的决策。但这种开放并不是自然发生的。

谢丽尔说："我意识到：我必须保证让每个人能够畅所欲言。"

这是企业家尤其应该注意的领导力课程。一个杰出的、有远见的创始人，一个专注于愿景的人，并不总是同时具备良好的沟通技巧。

Masters of Scale
**里德·霍夫曼的
经验分享** ▶

利用好建设性冲突

古希腊哲学家苏格拉底以倡导合作式辩论来激发批判性思维而闻名。最终，他的方法被称为苏格拉底法，即一人提问，另一人回答，直到只剩下一个假设。讨论可能会变得激烈，但双方都明白，他们在为更大的真理而相互挑战。

也许值得一提的是，苏格拉底被处死正是因为他的信仰，以及他将这些信仰广泛地传播给雅典的年轻人。可以肯定地说，挑战既定思维并不总是适合人们。但我认为，利用建设性冲突不仅是一个好创意，而且对决策过程至关重要。如果你不愿意面对棘手的问题，不愿意在观点上存在分歧，你就无法有效地制定战略或决定方向。深思熟虑的领导者在分歧中茁壮成长，因为分歧为他们提供了所需的信息，帮助他们在赢得拥护之前改进他们的想法。

对于冲突，我们都有自己的舒适阈值。有些人喜欢激烈的辩论，有些人会觉得辩论压力很大。但是如果老板都不能被挑战，那么就没有人可以。我相信，作为一名领导者，你的工作就是邀请有价值的批评。通过建设性地处理团队中的分歧，你可以改进想法并推动重点工作。

驯服"海盗"，引领必要的转型

对于一个新任领导者来说，执掌一家老牌公司从来都不是一件容易的事。尤其当这家公司是优步，而且它正在经历 2017 年那种混乱和丑闻时，什么样的人想要涉入泥潭呢？

达拉·科斯罗萨西（Dara Khosrowshahi）就是那种人。达拉是一位经验丰富的领导人。这位不知从哪里冒出来的 20 多岁的伊朗裔美国人，自从被他的老板巴里·迪勒发现并让他担任高级领导职务以来，一直在管理着快速增长的公司。达拉知道被扔到池底后奋力求生是什么感觉。达拉的父亲曾是伊朗一位成功的商业领袖，在动荡期间，他被剥夺了一切，被迫逃离这个国家，希望在美国能够重建他的职业和生活。因此，达拉曾亲眼见证，即使是经历最严重的挫折，我们也可能生存下来并东山再起。

但是……在 2017 年加入优步？当被问到那是什么感觉时，达拉回答说："我在出冷汗，因为我想起了加入优步的第一周。"

关于达拉所处环境的一点背景：应该承认，优步毫无疑问取得了巨大的成功。在超过 220 亿美元风投资金的推动下，截至 2017 年，优步几乎无处不在，业务遍布全球 600 多个城市。

但这样的规模是有代价的，随着优步的迅速扩张，其文化开始失去控制，这是源于不当的领导加上存疑的商业策略。很快，这家公司就被负面新闻淹没了，政治内讧、商业间谍的指控，甚至还被刑事调查缠身。由创始人特拉维斯·卡兰尼克（Travis Kalanick）领导的公司领导团队也表现出对支出漫不经心的态度，这同样对公司十分不利。

优步与监管机构、出租车公司甚至优步自己的司机之间的冲突也时有发生。优步在其主要市场遭遇抵制，随后退出了一些市场，比如中国。在美国国内，优步在高峰时段收取更高费用的做法备受争议，这些争议在"删除优步"活动中达到了高潮。

然后是优步臭名昭著、极为激进的"Bro"文化。2017 年 2 月，在达拉就任优步的首席执行官 6 个月前，前优步工程师苏珊·福勒（Susan Fowler）的一篇博文揭露了公司普遍存在的厌女症和性骚扰现象。

作为优步董事会唯一的女性，阿里安娜·赫芬顿曾深入参与到修复公司文化的努力中。阿里安娜认为优步是当时创业圈一个更大问题的极端表现。"人们崇拜高速增长的文化，如果你是一个顶级的创业公司，那么任何事情都是被允许的。"她这样描述道。当董事会开始打击优步时，阿里安娜代表她的董事会成员发出了这样的承诺："今后，优步将不再容忍'杰出的混蛋'。"

然而，董事会只能做这么多。新的首席执行官必须登上这艘海盗船，在不完全失去早期推动优步取得成功的海盗精神的情况下，控制住局面。毕竟，许多成功的初创公司都具有海盗般的特质，好斗、创新、愿意冒险进入未知领域，有时甚至会进入他人的地盘，以及无视或违反规则。

正如 Mailchimp 创始人本·切斯特纳特（Ben Chestnut）所说："如果你是一家创业公司的创始人，你绝对是一个海盗。谁会加入一个创业公司？简直是疯了！因为创业公司风险太大，他们肩上扛着作赌注的筹码，他们要证明一些东西，他们不想要规则，他们只想快速前行。"

但是，随着初创公司的成长，这些"海盗"创始人有时会遇到麻烦。因为在某一时刻，"海盗船"必须加入"海军"，必须成为一个更成熟、更负责任的组织。这个时候，创业者常常会寻求外部帮助。"创始人创造了一些伟大的东西，然后他们雇用其他人来维护它，"本·切斯特纳特解释说，"那些人是不同的。"通常情况下，局外人是一位经验丰富的高管，他知道如何"管理事情"并建立系统。

对达拉来说，进入优步后的第一个惊喜，是见了公司领导层其他成员，那些以虚张声势的运营风格而"臭名昭著"的领导者们。"但公众对该公司的看法与我到那里所看到的截然不同。"他说。达拉发现公司里充满了聪明能干的人，他们本可以轻易地放弃这条船，在其他地方找到好工作，但他们却想坚持下去，因为他们相信优步。

达拉发现，在优步工作的大多数人并不是一群无法无天的"海盗"。显然，是那里的文化促进了鲁莽行为的发展。这意味着，和其他管理着迅速扩张的创业公司的领导人一样，达拉也面临着相同的挑战：你如何恰到好处地驯服"海盗"？

识别出"道德海盗"和"犯罪海盗"之间的区别是一个好的起点。"道德海盗"可能会颠覆传统的商业规则，但他们不会违反法律，也不会做出造成实际伤害的事情。他们被自己强烈的道德规范所驱使。想想《加勒比海盗》中的杰克·斯派洛船长吧。而"犯罪海盗"没有这样的道德指南针，为了追求成功、荣耀、刺激和财富，他们会不择手段。

达拉知道，要在优步站稳脚跟，他必须坚定地结束破坏规则的海盗时代，同时培养他在优步队伍中找到的许多道德战士。他所采取的领导方式，是他在为巴里工作期间培养出来的，那时达拉担任旅游网站 Expedia 的负责人。达拉并不想将一种新的文化强加给优步，而是想看看是否能通过鼓励优步的员工们，来引导和帮助他们塑造必要的转型。

因此，达拉立即问优步员工：你认为未来能够代表优步文化的应该是什么？

在达拉之前，优步的核心文化包括了"热血澎湃"和"战斗到底"等充满哥们义气的格言。但是，当达拉开始听了员工们的反馈时，很明显，每个人都准备好了，都渴望抛开那些胡言乱语的哥们义气。事实上，一些主张正是为了摒弃他们一直以来的有毒文化。有人还呼吁认可出身背景、种族、宗教、性别和性取向的多样性。有一种观点认为，"无论你带来了什么，你都能够为我们称之为'优步'的公司做出贡献"。

此外，优步员工承诺"做正确的事"，但他们也希望能够得到信任，而不是被持续地微观管理。

对达拉来说，这让他想起了 2005 年在 Expedia 学到的一个特别的教训。作为当时苦苦挣扎的旅游网站的首席执行官，他"夜以继日地工作，做出一个又一个决定"。当时他认为投入地工作就意味着把工作做好。直到一位年轻的经理对他说："达拉，你一直告诉我们该做什么，而不是告诉我们该去哪里。"这位经理解释说，这会降低员工的积极性。实际上，人们的工作效率并不高，因为人们习惯于达拉告诉他们该做什么，这意味着当达拉不在时，员工就不知道该做什么。所以这位经理问："你能告诉我们你想让我们去哪里，然后让我们知道怎么去吗？"

"对我来说，这就像'砰——'的一声巨响，令人恍然大悟。"达拉说，"我必须真正地努力工作，约束我的控制欲，不去干涉人们在做什么，而是告诉我的团队我们要去哪里，并相信团队能让我们到达那里。"

达拉所说，对于所有的创始人来说几乎都是一个挑战，他们大多数人一开始都是问题解决者，习惯于自己解决问题。但领导者的工作不是微观管理和提出解决方案，而是为团队界定项目成功的因素以及真正的限制因素分别是什么，然后让他们提出解决方案。

考虑到这一点，达拉努力避免对优步的员工进行过于指令性的领导。当他从他们那里收集信息时，一个鼓点信息出现了：我们要在对的时间做对的事情。"我们不想给员工定义什么是对的。"达拉说。相反，达拉告诉他们的是："你已经知道什么是对的事。从现在起，这就是我们要做的。"

达拉还启动了一项由员工主导的倾听计划，名为"180 天变革"，该计划聚焦公司与司机之间的紧张关系。之前，一段特拉维斯对一名优步司机大喊大叫的视频在网上疯传，已使这一问题在公众面前备受关注。达拉强调无论他去哪里都要与当地的优步司机见面，他对这种关键关系采取了与特拉维斯截然不同的态度。

"我们称我们的司机为'司机伙伴'，"他说，"我想这样对待他们。"团队的努力立即让一些司机发生了改变，比如允许给司机小费，并为等待迟到乘客的司机支付费用。优步还推出了一款新的司机应用程序，该应用从构建到测试，都邀请司机伙伴共同参与完成。

总的来说，达拉试图通过从对抗转向合作来修复公司与司机的关系。这种态度也适用于他与伦敦交通局等城市交通部门之间的互让谈判，因为后者要吊销优步的牌照。如果是过去，优步会因为这个问题直接进入战斗模式。现在，达拉亲自去拜访伦敦交通局的专员。"现在的对话不是通过律师进行的，"他说，"而是通过双方的正式面谈进行的，也许不是在所有事情上都能达成一致，但是我们在努力寻求一些折中方案。"

通常，在公司转型的某个时刻，领导者会突然感到："我们已经找到了出路，我们现在正走在正确的道路上。"当达拉被问到是否有这种感觉时，他是坦率的。"我还在等待那一刻，"他说，"我们现在的处境在好转，但文化转型很困难，而且需要很长时间。"

在我们写这篇文章的时候，"优步海盗船"还没有完全加入"海军"，也许永远加入不了。但这没关系，因为在达拉的领导下，战火已经平息，优步的"Bro"文化已经被禁止，"杰出的混蛋"也已退出人们的视线。

Masters of Scale
**里德·霍夫曼的
经验分享** ▶

为什么"海盗"也需要进化

几十年来，创业公司一直对"海盗文化"很感兴趣。就像科技领域的许多事情一样，这一切都始于史蒂夫·乔布斯。乔布斯在推出第一台苹果电脑（Macintosh）时，扔出了一句话："当海盗比加入海军更好。"苹果团队自制了海盗船，自制了一个海盗牌，自制了一面带有彩虹苹果标志的海盗眼罩。在硅谷，海盗形象依然存在。

人们很容易被企业家的海盗形象所诱惑。谁不曾想象过自己手持弯刀跳过索具？说实话，早期创业公司很像一艘乘风破浪的海盗船。海盗们不会召开委员会会议来决定该做什么，他们会迅速出击，打破规则，并承担风险。你需要这种海盗精神，这样才能在炮弹飞舞、环境凶险的情况下生存下来。

但一些公司越过了界限，尤其是在成长过程中，从虚张声势的英雄变成肮脏堕落的无赖。对于一种文化来说，从快乐地藐视正统文化，到真的相信胜利就是一切，并无视道德规范，这太容易了。海盗还有一个问题：它无法扩张。如果你成功地成为一名海盗，你的宝藏将会增加，你控制的领土将会扩大。但是，你无法仅仅靠一支破烂舰队来保护和巡逻那么多的领土。

这就是为什么每一家初创企业，都需要在某个时候摆脱其无法无天、肆无忌惮的文化，演变成一支更类似于海军的正规军队，同样英勇，但更具纪律性，有交战规则、沟通渠道和长期战略。

制造"明星"，为队友创造发光机会

正如我们所看到的，初创公司的领导者需要做艰苦的工作，确定使命，确定基调，联合个性迥然不同的成员，并为混乱的环境带来一些秩序。但当谷歌 20 号员工玛丽莎·梅耶尔受聘为该公司第一位女工程师时，她面临着一种不同的领导力挑战。从一开始，谷歌就需要一支灵活的、多才多艺的顶级员工队伍，他们可以帮助公司快速提升到新的水平。换句话说，谷歌需要很多明星员工，但没有时间去寻找和雇用他们。所以玛丽莎必须自己培养。

早期，谷歌有许多小型团队负责开发不同的产品和功能。当新产品上线时，他们通常会求助于玛丽莎进行设计或工程上的调整。这让她对整个公司的每一个产品和每一个团队都有了清晰的认识。她也是为数不多的知道谷歌系统如何工作的人之一。

随着公司变得越来越复杂，一个新的需求迫在眉睫：谷歌需要更多的产品经理，他们的头脑要足够灵活，能够涵盖公司快速增长的产品范围的各个方面，并且能够迅速达到玛丽莎和其他早期员工所要求的标准，要绝对精通和熟练。但是如何找到这些人呢？

在这一点上，玛丽莎与她的经理乔纳森·罗森伯格（Jonathan Rosenberg）有过一次历史性的对话。"乔纳森想雇用有经验的 MBA 和更资深的人才，"玛丽莎回忆道，"我跟他打赌，我可以雇用刚从学校毕业的新人，把他们培养成谷歌优秀的产品经理，而且做得更快。"

玛丽莎的第一个雇员是刚从大学毕业、22 岁的布莱恩·拉考维斯基（Brian Rakowski）。玛丽莎选择了什么项目让他先熟悉业务呢？她给了他……整个 Gmail。她对其他新员工也采取了同样的做法："我们把他们招进来，给他们提供了这些艰巨的待完成的工作。他们一定是世界上压力最大的二十二三岁的年轻人。"

玛丽莎将该试验命名为谷歌助理产品经理计划（APM）。从一开始，谷歌的 APM 计划就建立在让新的产品经理接触多种产品的原则上。该计划的核心是每年轮换一次岗位，使新产品经理在不同部门之间流动。

一旦人们适应了一份工作，他们往往想坚持一段时间，这是人类的天性。所以 APM 计划的成员最初拒绝轮换。但玛丽莎指导他们要抓住这个机会，并设计了一个游戏来鼓励他们，以此来说明这样做的好处。

在进行轮换时，按要求，加入 APM 要填写以下声明："我过去做 X，现在我要做 Y，通过这个改变，我要学习 Z。"比如，我过去做广告关键词，现在我要做搜索。通过做出这一改变，我将了解广告商作为我的客户与消费者作为我的用户之间的区别。

谷歌的 APM 计划变成了一台运转良好的机器，生产出大量的谷歌所需要的产品经理。同时，这个系统在整个谷歌的传播为新项目带来了资源，给现有的项目带来了新的思考。

玛丽莎说："通过跨部门学习，你认识 YouTube 上的某个人，或者认识在社交媒体或基础设施领域工作的某个人，这开始在整个组织中创造了一种非常奇妙的黏合元素。"

在该计划的第一年，即 2002 年，玛丽莎雇用了 8 名员工加入 APM。到 2008 年，她每年雇用 20 人加入 APM。现在有超过 500 名 APM 成员通过了谷歌计划。从那次打赌开始，APM 计划成为谷歌鲜为人知的成就之一。它可能没有 Gmail、Search 和 AI 那么有名，但如果没有它，就不可能有那些更知名的产品。

玛丽莎的成功道出了领导者的另一个关键属性，即从内部培养和发展人才的能力。招聘明星员工是昂贵的，有时甚至是不可能的，因为人才只有这么多，而且合适的人才未必随时都可以找到。此外，不断引进外部人才并不像培养内部人才那样可以建立和加强企业文化。巴里以在多家公司培养年轻人才而闻名，引用他的一句话："如果你雇用高级职位的人，作为一名领导者，你是失败的。"

玛丽莎在谷歌帮助塑造的明星员工，后来进入了更大的科技领域，加入了其他公司。最终，玛丽莎本人也转投其他东家，2012 年，她加盟雅虎，一家开创了许多在今天看来似乎是理所当然的在线服务的公司。但雅虎未能利用好这些成就，在 5 年内更换了 4 位首席执行官，当玛丽莎到来时，雅虎迫切需要扭转局面。

在这种可怕的情况下，玛丽莎无法大规模雇用一支全新的团队，但她可以从现有员工中培养她需要的团队。

雅虎的问题并不是缺少人才，玛丽莎很早就意识到这一点。公司人才济济，但是，激发这些人才所需的精力和热情被层层的官僚主义和多年的管理不善扼杀了。玛丽莎回忆起在她上任的第一周，一名员工走过来对她说："我们这群人已经在这里待了很多年，等待着领导层和董事会来解决问题。现在是时候了吗？我们真的能正常运行、专心做事以及创建一些东西了吗？"玛丽莎向他保证，确实是"开始的时间了"，她来雅虎的部分原因就是为了扫清障碍，让人们能够专注于将自己的想法付诸实践。

从她在谷歌的前任老板埃里克·施密特那里，玛丽莎学到了领导人就是"扫清道路"的人的概念。玛丽莎回忆，埃里克经常说："作为一名领导者，你不再需要亲自动手，比如说编写代码或设计东西。你的工作是为团队指明方向，并让其他一切远离他们的道路。为了让他们尽可能地做好工作，你必须为他们扫清道路。"

用这种方式思考领导力会颠覆以往的模式：领导者该做一些单调乏味的工作，让其他人大放异彩。如果用足球作比喻的话，就是防守对手，为队友创造一个得分机会。这是服务型领导的核心原则，它颠覆了商业惯例，即鼓励领导者努力理解和解决员工的问题和需求，而不是反过来的方式。风险管理平台 MetricStream 前首席执行官谢莱·亚夏勃表示，作为一名服务型领导者，"我的工作是稍微领先于其他人，挪开巨石，确保树木不会挡住道路。我的工作是让团队的工作更轻松。我必须弄清楚他们遇到了什么问题，以及我如何帮助他们解决这些问题"。

在雅虎,玛丽莎立即开始清理阻碍其团队发展的巨石和枯树。她最初的行动之一是任命一位"官僚大砍刀"专家,其工作是识别雅虎过度官僚作风造成的阻碍。"我们希望员工指出对他们来说毫无意义的流程。"玛丽莎回忆道。于是他们每周召开一次"P、B 和 J"会议,分别代表流程、官僚主义和堵塞。公司所有人都可以提出一个有关"官僚大砍刀"的问题,只要他们也能提出解决方案。这些措施开始使雅虎运转得更好,也使雅虎的所有员工成为解决方案的一部分。

玛丽莎还希望鼓励新的想法自由传播。雅虎并不像谷歌那样是一块崭新的石板,所以玛丽莎没有机会为一家新公司埋下原始的种子。但她所能做的是使她认为已经存在的、埋在淤泥中的想法浮出水面。她决定把现有的员工变成她需要的创意发动机。

为此,她发布了"首席执行官挑战赛",邀请各个岗位的员工提出新的想法来建设公司。而且还有一个巨大的潜在回报:如果一个创意每年为公司额外创造 500 万美元的收益,那么这个创意背后的每个人的奖金是 50 000 美元。"我想我们会得到大约 24 个创意,也许会批准其中的 6 个。"玛丽莎说。

结果她得到了 800 个创意。玛丽莎和团队批准了近 200 个创意。雅虎不断涌现的新创意,比如主页上的流媒体广告等,为公司带来了巨额的收益。

在规模较小的初创公司,培养现有员工发展出公司所需的技能相对更容易。因为公司文化尚在形成中,你有一个更长的时间线。但是在大公司也并非完全不可能,只是你必须时刻关注时间。在雅虎,从玛丽莎来到那里开始,时钟就在嘀嗒作响。它的许多投资者已经失去了信心,他们看到的唯一的价值是其拥有的中国互联网巨头阿里巴巴的股权。

在玛丽莎任职之初,雅虎对阿里巴巴的投资让雅虎保持了活力,甚至在早期为玛丽莎重振公司的努力提供了资金。但是，当投资者急于兑现阿里巴巴的股份时，玛丽莎团队就没时间了。然而，值得注意的是，在玛丽莎任期的最后 6 个季度，雅虎的业绩一直超出了华尔街的预测，也超出了公司自己的预测；在 5 年中，他们从公司内部创造了近 20 亿美元的收入。玛丽莎认为，如果再给她一年的时间，雅虎本可以扭转局面。

　　转变并不总是成功的，但即使不成功，也有值得吸取的教训。玛丽莎的例子证明，她从内部培养人才的战略不仅可以在谷歌这样的公司有效实施，甚至在雅虎这样衰退中的公司也能取得巨大成就。

保持同步

伟大领导者的"鼓点"不会迫使人们跟随他们，而是激励人们按照自己的意愿朝着同一个方向发展。你的鼓点取决于你的气质、经验和公司类型。你的鼓点可能集中在效率、创新或工作与生活的平衡上，也可能是所有这些因素的整合。

慈悲的领导者

富有同情心的领导者的一个核心原则，是愿意以你周围人的视角和思考方式看待一切，再加上一些自省和反思的能力，以及控制情绪和本能反应的力量。关注你的团队并向他们学习，你正在帮助你的团队找到他们自己的节奏。

敢于讲真话

作为一个讲真话的人，要准备好记录下驱动你做出决定的标准或原则。这样做可以让你自己的头脑变得清晰，并且能够让你更好地与他人交流想法。尽管自由反馈对于完全透明的公司来说是没有商量余地的，但重要的是制定协议和指导方针以保持分歧和批评是朝着建设性和积极性的方向发展的。

连接器

无论你的团队有 70 000 人还是 7 个人，领导者都需要两件事来创建一个强大的团队：崇高的使命和日常的人际交往。用指导性的使命激励人们，将他们彼此联结起来，然后看着他们掌控这项任务并成为领导者。

驯服"海盗"

许多初创公司在早期都具有海盗的特质：好斗、创新、愿意冒险进入未知领域。与其试图通过自上而下地强加一种新的文化来驯服他们，不如鼓励"海盗们"，引导和帮助他们塑造必要的文化转型，使之更像一支有着交战规则、沟通渠道和长期战略的海军。

明星员工制造者

招聘明星员工成本高昂，有时甚至是不可能的，因为不一定能找到合适的人才。最好的领导者是那些能够从内部培养和发展人才的人。然后，你的任务就是为他们清除障碍物，让你的新星闪闪发光。

MASTERS OF SCALE

Surprising Truths from the World's Most Successful Entrepreneurs

第 10 章

为周围世界带来善的力量

成功的企业家，
从创业的第一天起就开始
考虑企业的社会影响。

—————————
MASTERS OF SCALE

霍华德·舒尔茨在纽约市布鲁克林东岸卡纳西附近的公有住房中长大。霍华德的父亲是一名二战老兵，他以为战后回国后一切都会好起来的，然而他的美国梦并未实现。

霍华德的父亲带着黄热病回到家里，艰难地维持生计。战后的美国经济繁荣，但作为一名高中辍学者，他没有太多选择。在他那一系列看上去都是死路一条的工作中，最糟糕的是当送货司机，负责运输尿布。在一次送货的途中，他在一片冰面上滑倒，脚踝和臀部骨折。他因受伤而被解雇，没有补偿，没有医疗保险，没有任何保障。

"在我 7 岁那年，一天放学回家，当我打开公寓门的时候，看到父亲躺在沙发上，从臀部到脚踝都打着石膏。"霍华德说，"在 7 岁的时候，我怎么可能理解这些对我的影响呢？但我知道，目睹了父母艰难的生活经历，让我的内心留下创伤。这使我对生活在另外一种境遇中的人们更加敏感。"

多年后，霍华德在自己的公司星巴克尝试建立"一家我父亲从未有机会为之工作的、试图平衡利益与良知的公司"。从职业生涯的早期起，霍华德就开始思考如何保持这种微妙的平衡。

1986 年，霍华德住在西雅图，在一家规模较小的本地公司工作，这就是星巴克的前身，当时它只有几家店面。一次具有决定性意义的米兰商务之旅，让他对咖啡在人们生活中的作用有了更深刻的认识。

> 每条街道上都有两三家咖啡馆。这让我着迷，我看到的是浪漫、戏剧和意式咖啡的乐趣。
>
> 在意大利，我每天都会到咖啡馆坐一坐，并发现了一个现象：我看到有一些人也这样做。他们彼此不认识，但相互之间有一种情谊，因为他们有一种地域感、一种社区感，咖啡让人与人之间产生了某种联系。

霍华德回到西雅图后不久便离开星巴克，成立了一家颇有想法的新公司，拥有几家米兰风格的咖啡馆。与此同时，最初的星巴克收购了位于加州伯克利的皮爷咖啡（Peet's Coffee）。过度扩张的店主们意识到他们贪多嚼不烂，于是决定卖掉星巴克，并将优先权给了霍华德。

霍华德对新型咖啡店的愿景吸引了投资者，他筹集到资金后以 380 万美元收购了星巴克，当时包括 6 家咖啡店和 1 套老式的烘焙设施。到 1987 年底，他已拥有 11 家店面、100 名员工，并梦想将意大利咖啡文化的"戏剧与浪漫"推广到全美。

但在进行下一波扩张之前，他优先考虑了另一件事。他开始为这 100 名员工制订福利计划。对于霍华德的投资者来说，这一计划只是许多令他们感到困惑的做法中的第一个。

"你可以想象这种对话，"霍华德说，"我们当时规模很小，仍在亏损，商业模式尚未得到证实。我想以股票期权的形式给每一位为公司工作的人提供医疗保险和股权。"

他们认为这个决定，直白地说，简直是误入歧途。但霍华德是出于良知提出了这一商业决策，"我想投资我们的员工，"他说，"我想我将来能够证明它是对的，这将减少人员流失，提高绩效。但最重要的是，我想创建这样一种公司，让员工感觉自己是某个比自己更强大的系统的一部分。"

因此，星巴克成为美国第一家为所有全职和兼职员工（每周工作 20 小时或以上的员工）提供全面健康保险的公司。霍华德回忆道："我们找到了一种方法，以股票期权的形式向每位员工提供股权，包括兼职人员。"

当霍华德第一次向投资者介绍这一理念时，他没有说"我想投资我们的员工，因为这是正确的做法"或"我想投资我们的员工，因为没有人投资我的父亲"，而是说"我想投资我们的员工，因为这对我们的业务有好处"。这就是投资者支持的理由。

"当我回顾我们今天所取得的成就时，毫无疑问，如果没有文化、价值观和指导原则，我们在 76 个国家拥有的 2.8 万家门店将永远无法实现。如果公司的核心宗旨不是以人为本，不是确保每个人的成功，我们不会有今天的一切，这是不争的事实。"

如今，"利成于益"的观念还远未被普及，在 20 世纪 80 年代末霍华德执掌星巴克时，基于这种观念做决策就更少见了。当时，董事会成员不知道该如何理解他，但他下了正确的赌注，在接下来的几年里，星巴克取得了显著的增长。

许多伟大的创始人都有一个次要的目标，这是他们主要商业目标之外的目标。事实上，你可以说，每一家成功的公司都像一匹特洛伊木马，承载着创始人的第二个目标。

在最后一章，我们将思考提高第二目标优先级的几种方式，不管是以特洛伊木马的形式，还是以把第二目标融入现有业务的方式来实现。

当你的业务规模足够大时，你会在许多不同的层面触及现实生活。你的决策会影响员工、客户和整个社区。你将有机会塑造世界，无论是好是坏。这其实创造了一个机会，甚至是一种责任，试问：我们想要追求的是什么？我们怎样才能让人们的生活变得更好？我们如何才能以加强业务的方式做到这一点？

这不是简单说说"我是一个好人，所以我的公司也会做好事"，而是要问"我能带动怎样的积极影响来支持我的核心业务"。这些考虑不一定仅仅局限于核心业务之外的副业，如果你有战略眼光，它们可以也应该成为你商业的中心。

正在苦苦挣扎的创业者可能认为这是一个好主意，不过等扩张之后才会考虑。而最成功的企业家往往从创业第一天起就开始考虑他们的社会影响力。

不以利益，而以价值驱动

星巴克成立之初，霍华德就设想着这样一个未来：公司的成功与员工的成功紧密相连。"我保存了很多这样的日记。"霍华德回忆道，"很早之前，我就写了这家新公司的商业计划，关于如何实现利益和良知之间微妙的平衡。"

表面上，利益和良知的平衡听起来很简单，但当它落实到现实层面就变得复杂了。"我开始思考：这到底意味着什么？"

"重要的是要明白，我们没有钱投在传统营销、广告或公关上面，"霍华德说，"我们什么都没有。因此，我们通过客户在门店的体验来定义品牌。我们早就说过，品牌的价值将由公司的经理和领导定义，要超出我们员工的预期，这样才能超出客户的预期。"

"而且，咖啡是非常个人化的，是一种高频消费，因此我们有机会与客户建立密切的关系，从而建立品牌价值。"对霍华德来说，医疗保险和股票期权只是个开始，当他宣布将为部分星巴克员工提供大学学费时，他的投资者们再次感到震惊。

"当我们开始考虑这些学费的成本时，人们都担心我们负担不起，"他说，"我们如何使成本与收益持平？最终我们找到了一种方法。"

2014 年，星巴克与亚利桑那州立大学首次建立了合作关系，为每周至少工作 20 小时的每位美国星巴克员工全额支付大学学费。星巴克和亚利桑那州立大学分别以 60%、40% 的比例分摊了学费。这些学位是专门在线提供的，允许员工继续工作，亚利桑那州立大学也可以控制成本。

霍华德和团队对待减免学费问题像对待其他业务一样，他没有说："教育是无价的，所以学费公司必须负担。"相反，他说的是："让我们弄清楚如何获得最佳价值。"

乍一看，星巴克的福利计划似乎过于慷慨，但就像对中国的投资一样，最终这种慷慨得到了回报。如今，星巴克在中国有超过 4 800 家分店，每 15 小时就有一家新店开业。

"我们在中国曾连续 9 年亏损，"霍华德说，"投资者认为这行不通，中国是一个饮茶的社会，撤店吧。"

除了亏损，星巴克在留住中国员工方面也遇到了困难。不过，霍华德多年来对员工福利的关注，帮助他发现了中国父母在指导子女就业方面所起的关键作用。中国星巴克的大多数员工都是大学毕业生。霍华德意识到他们的父母有种感觉，我把儿子或女儿送进了大学，现在他们却在卖咖啡，而不是为苹果、谷歌或阿里巴巴工作，这哪行啊！正是父母对子女工作状况的不满导致了员工的流动性较高，阻碍了星巴克在中国的成长。

霍华德的解决方案是，向中国父母展示在星巴克工作的明显好处，以及星巴克背后以人为本的理念。首先，星巴克不仅为每位员工提供健康保险，还为他们的父母提供健康保险。正如预期的那样，员工的留存率开始飙升。其次，为了真正展示公司对中国文化中以家庭为中心的价值观的理解，霍华德告诉董事会，"我想在中国召开一次员工家长年会"。

别忘了，星巴克在中国每 15 小时就开一家新店。当霍华德说，让我们见见"中国员工的父母"时，他所说的不只是象征性地握个手。正如你能想象到的，在一个立足未稳的市场搞这么大的活动，是一个巨大挑战，并且让董事会相信它的商业价值也需要一些时间。

不过，在中国家长和员工中，星巴克的家庭活动很受欢迎，它已成为中国星巴克的年度盛会。"家长年会是在星巴克工作的员工及其家庭的一次庆祝活动，表达了我们对他们的孩子的重视。"霍华德说，"我们邀请从未坐过飞机的父母去上海或北京。我们让不知道父母会来的伙伴感到惊讶，这非常激动。这是我每年都不想错过的事情。"

这些家庭年会在中国的感染力不仅在于帮助星巴克解决了一个业务问题，让员工的留存率飙升，对客户留存率也产生了连锁效应。更重要的是，对霍华德来说，这些年会对员工忠诚度和幸福感的关注，抓住了全球化公司的本质——人性。"星巴克的精神、文化和价值观使这种时刻如此动人，"他说，"从这一切中，我们学到的是，我们都渴望与人建立连接。"

然而，当企业达到星巴克那样的规模时，它们不可避免地面临着一系列新的挑战。这是一对相互关联的问题："我如何做好事"以及"我如何做好生意"。随着机会和责任的扩大，这两个问题会变得更加复杂，而且企业更难避免的问题是，将客户视为"营业额"，将员工视为"工具人"。

霍华德认为，在很大程度上，星巴克避免了这些陷阱。因为星巴克在早期就确立了做好事的承诺，随着星巴克的发展，很显然，这些价值观与公司的成功息息相关。

"星巴克不是以利益驱动的，"霍华德说，"星巴克是以价值驱动的。由于这些价值观，我们变得非常有竞争力。**不是每个商业决策都应该以经济利益驱动**。我们的财务表现与我们不断努力提升和维护的持久价值观和文化直接相关。"

Masters of Scale
里德·霍夫曼的
经验分享 ▶

你想拆掉哪堵墙？

我们都知道特洛伊木马的故事。古代特洛伊城的城门口出现了一匹巨大的、高耸的、带轮子的木马。它是希腊人献上的祭品，在一场持续了 10 年的残酷战争中，它是和平的象征。但在那匹木马里面，埋伏着伟大的战士奥德修斯和一支由 30 名希腊勇士组成的精英队伍。木马被推进城里，等到天黑，他们从木马里溜出来，为城外的军队打开了大门。特洛伊就这样消亡了。

想象一下，你试图突破的边界不是一个主权城市的围墙，也不是一个毫无戒心的互联网用户的墙，而是一堵系统性偏见的墙，或顽固性疾病的墙，或根深蒂固的不平等的墙，或者懒惰的想当然的墙。

想象一下，要是从特洛伊木马肚子里释放出来的军队不是为了施展暴力，而是为了拆除限制人类体验的墙呢。特洛伊木马的好坏取决于它的预期用途。而一个企业或一种职业可以是一种善意的特洛伊木马，它结构良好，能将创始人的第二个目标向前推进。公司的使命打造了一个伟大的企业，也带来了社会的重大变革。

"让爱传递"促进多元化发展

琳达·罗滕伯格有个绰号：奇卡洛卡（Chica Loca），意思是"疯女人"，琳达将它视作一种恭维。

几十年前，她在拉丁美洲生活，当时正尝试为当地的创业者筹集资金，因此得到了奇卡洛卡这个绰号。在她创办 Endeavor 的时候，美国各地纷纷涌现创业公司并迅速筹集资金，但在拉丁美洲，"没有人创业"。琳达回忆说。事实上，人们几乎不知道还有创业这回事，当时西班牙语中甚至没有"创业者"一词。

而她的公司就是想改变这一切。

琳达必须先找到支持者。她设法与阿根廷房地产巨头之一爱德华多·埃尔斯泰因（Eduardo Elsztain）在他位于布宜诺斯艾利斯的办公室进行了10 分钟的会谈。爱德华多的生意一度得到亿万富翁乔治·索罗斯（George Soros）的资助。

我一见到爱德华多，他就说他知道我想见乔治·索罗斯。他看看他能做些什么。

我说，不，爱德华多，我们都是企业家。Endeavor 是一个由企业家组成、为企业家服务的组织。我需要你的时间、热情以及 20 万美元。

琳达回忆道："当时，爱德华多转向他的得力助手，说'这姑娘疯了'。"然后琳达向爱德华多补充，她曾经走进索罗斯的办公室，然后拿着一张 1 000 万美元的支票离开。"所以你很幸运，我只向你要 20 万。"琳达说。

最终爱德华多给她开了支票，并成为 Endeavor 的董事会主席。"现在他说这是他做过的最好的投资。"琳达说。

与此同时，琳达决定接受"疯狂"这个词作为她的荣誉勋章。"每个人都说我的想法太疯狂，但我并不这样认为。企业家们并不认为他们正在做的事情是疯狂的。尽管其他人会这么想，因为和安于现状相比，这很危险。"

琳达的疯狂想法是，在世界许多你意想不到的地方都有创业人才，这些人可以创办创新型、可扩张的企业，并创造就业机会。结果证明，这个想法一点也不疯狂。这也是一个很好的例子，说明任何成功的创业公司都可以通过"让爱传递"为世界做出更大贡献。

"让爱传递"可以采取多种形式，从指导项目到投资其他初创企业，再到专注于一些特定地理区域或不具代表性的人群，目的是帮助鼓励下一代的创业者，并促进他们朝着多样化的方向发展。

当琳达尝试在中美洲和南美洲打造一种创业文化时，文斯·卡萨雷斯是最早得到支持的人之一。他在阿根廷的巴塔哥尼亚的一个牧羊场长大。在二十出头的年纪，他创建了该地区第一家互联网服务提供商，后来公司被他人接管，他被扫地出门，一无所有。不过没关系，很快，文斯决定创办拉丁美洲第一家电子商务公司。唯一的问题是，他没有资本。

"所以我们和他见了面，在此之前，已经有 30 个当地投资者拒绝了他，"琳达说，"他让妹妹和最好的朋友为他工作，这可不是什么好兆头。但当我们一见到他，我们就说，'这家伙未来可期'。"Endeavor 帮助文斯筹集资金，并为他找到一名首席运营官。一年后，桑坦德银行以 7.5 亿美元的价格收购了文斯的公司。

文斯还取得了其他成就，包括启动了 Xapo，该项目的核心目标是通过推动一种更稳定的通用货币来实现"货币民主化"。但在琳达刚刚接触文斯时，文斯对此将信将疑，会有一个局外人对他的商业理念感兴趣吗？"当我第一次接近他时，"琳达说，"他认为我在经营一个邪教。所以，就连文斯都认为我疯了。"

在文斯大获成功之后，这个消息开始在南美洲广泛传开。"这成为一个振奋人心的口号，"琳达说，"人们说，'如果文斯能做到，那么我也可以'。"

就这样，该地区开始兴起创业文化。琳达说，事情就是这样发生的，当地的成功故事激励其他的当地人加入这场竞争。如果这种"让爱传递"的方式能够发挥作用，即当地的成功者再回过头来支持其他创业者，这一切就可以迅速发展起来。

"许多地方的创业文化都是由两三个成功的商人带动并发展起来的，"琳达说，"但是，如果他们不'让爱传递'，即没有在生态系统中进行再投资、成为导师、成为天使投资者，或激励员工创办新公司，那么这一切就停止了。网络效应是扩展整个商业社区的关键。"

琳达的公司为鼓励这种良性循环所做的最重要的事情之一，是帮助当地成功的企业家相信，支持该地区创业生态系统的发展符合他们自身的利益，这将创造更大的本地人才基地，开拓与商业伙伴合作的机会，并促进当地经济的发展。

随着越来越多的企业家开始关注这一问题，创业者精神会继续在拉丁美洲蓬勃发展。西班牙语中终于有了一个词来形容它。几年前，琳达接到一位巴西葡萄牙语词典编辑的电话，他想让她知道，由于 Endeavor 的一部分贡献，他们在词典中添加了 emprendedor（企业家）和 emprendedorismo（企业家精神）这两个词。"所以今天，"琳达说，"人们可以说，'嘿，我是一个 emprendedor'。"正如琳达一直所坚信的："如果你能说出它的名字，你就能成为它。"

从自己的需求出发也能创造社会价值

就像许多伟大的想法一样，它一开始时就伴随着一些挫败感。

富兰克林·莱纳德是知名演员莱昂纳多·迪卡普里奥（Leonardo DiCaprio）创办的电影制作公司 Appian Way 的初级主管。如果说"莱昂纳多的初级主管"听起来是一份有趣的工作，那么它需要的就是阅读海量的剧本。将剧本视为制作好莱坞电影的赌注，这是制片厂寻找可以制作成电影的故事和编剧的起点。确定脚本是否有用的唯一方法是坐下来阅读，那是富兰克林的工作，他读了很多剧本。

让我们快速地做一些计算：一部剧本通常在 90 ～ 120 页之间，平均篇幅为 106 页。在一周里，富兰克林会读 30 个剧本，意味着每周他要读超过 3 000 页。

电影业的每个人都是这样过日子的，富兰克林只是成千上万个电影人之一，每个周末抱着装满剧本的藏宝盒回家。

富兰克林说："你知道，试图使海洋沸腾是一种方法，但不是一种有效的方法。"

"剧本黑名单"就是在对这种方法感到沮丧的时刻诞生的。2005年底，富兰克林进行了一项数据收集实验。他列出了他能想到的所有制作公司同行的名单，匿名给他们发了电子邮件，并问道：你今年读到的最好的剧本中，哪些目前还没有投入制作？哪些是你真正喜欢、你想看的电影剧本？他找到了一些明显优秀的剧本，将结果汇编为电子表格，匿名公布，并称之为"剧本黑名单"。

然后它就像病毒一样传播开来。富兰克林开始收到同行的电子邮件："你看到这个了吗？"他甚至发现自己接到了"将入选明年的'剧本黑名单'"的电影经纪人的邀请。从这些反应来看，很明显，好莱坞的同行一直在寻找类似"剧本黑名单"的东西，这是一种发现高质量作品的工具，可以将其中的剧本转化为获奖电影。同行们和他一样对这个行业的现状感到沮丧，因此这个以封闭著称的圈子愿意以匿名的方式与他分享自己最喜欢的剧本。

"好莱坞的每个人都像是站在一片干草堆里寻找一堆针，"富兰克林说，"他们不知道要用到哪根针，但他们必须从每一根针开始。而我们发明了一种金属探测器。"

金属探测器还发现了什么？第一份"剧本黑名单"上有相当数量的剧本来自新手编剧、女性作者以及在好莱坞系统和网络之外的人，包括《朱诺》（Juno），一部由迪亚布洛·科迪（Diablo Cody）编剧、由埃利奥特·佩奇（Elliot Page）和迈克尔·塞拉（Michael Cera）主演的电影。在匿名交接的过程中，出现了一些背离传统的智慧。

富兰克林说："电影业的传统智慧都是陈词滥调，而非真正的智慧。其中更为有害的是，对作家的低估可能会让我们少赚很多钱。如果不是这些陈规陋俗，我们本可以拍出更好的电影。"

就在第二年的年度"剧本黑名单"公布后，富兰克林的匿名身份结束了，他在 Appian Way 的工作也结束了。随着"剧本黑名单"的重要性逐年增加，这为他打开了另一扇门。他创建了更具专业性的"剧本黑名单"，比如有色人种作者和其他群体。富兰克林在洛杉矶开启了一个深受喜爱的阅读系列，在那里，知名的演员们纷纷将年度最佳剧本加入了自己的阅读清单。

他意识到自己能做的还有很多。每年出现在"剧本黑名单"上的大多数剧本，都已经在好莱坞的体系中站稳了脚跟，无论是编剧被经纪人代理，还是故事已被电影公司选中，即使它还处于筹备状态。但是，富兰克林知道，还有更广阔的编剧群体，他们需要帮助才能进入工作室的大门。他们的剧本也一样好，只是他们没能得到一次露脸的机会，一次获准进入好莱坞系统的机会。

"我们应该去寻找这些人，而不是指望他们来找我们。"他说。

富兰克林真正伟大的想法，以及他的可扩展的业务是，利用年度"剧本黑名单"的影响力创建一个平台，帮助不知名的编剧获得评论和阅读，并帮助电影制作人找到最好的剧本。

回到我们前面的比喻，这就像把一个金属探测器举在空中，让干草堆来找你。在"剧本黑名单"平台上，任何人都可以在网站上传剧本，只需支付少量费用。编剧可以支付合理的费用来评估他们的剧本。"然后，"富兰克林说，"我们就分享优秀剧本的信息，这些都是得到读者好评的剧本。在过去的 8 年中，由于我们建立了良好的信誉，人们可能会相信我们的判断。"

为什么要打破好莱坞的大门，允许更多来自系统外的编剧进入呢？这一切都要回到制作富兰克林想看的电影上来，那种有着伟大的、诚实的故事，能引起人类共鸣的电影。

就我个人而言，我会尝试让一个一直过着"正常生活"的人，而不是一个因为父母在这个行业工作而能够进入好莱坞的人写剧本，后者的父母给了他们一个信托基金。我的个人经验告诉我，那些过着"正常生活"的人在讲故事时更有洞察力、更有人情味。

如果"剧本黑名单"是一个特洛伊木马，在木马的外面有一个巨大的标志，上面写着：伟大的剧本！制作伟大电影的剧本！赚钱的剧本！而特洛伊木马的内部则是一个更加包容的愿景。作为一名来自佐治亚州的黑人，富兰克林的曾祖父是一名奴隶，他发现这种包容的愿景与他产生了深刻的共鸣。

如果我说："这是一个宏伟计划的一部分。"我就是在撒谎。我认为这是一种自私的追求，我就是想得到一份好剧本的清单，这样我就可以阅读它们，而我所做的交易是为了获得我想要的东西。

但是，通过坚守他想看到的东西，他创造了一个更大的良性循环。"'剧本黑名单'的所有工作都十分明确，是为那些有才华的人解锁这个网络，为了这些人的利益，也为了这个一直在自我破坏的封闭网络的经济利益，他们甚至都没有意识到他们在桌子上留下了多少钱。"

善良的组织规模化，善的力量才会随之扩大

作为一个在危地马拉长大的孩子，路易斯·冯·安从没有想过要创建一个数字化、大众化的语言学习应用。他也没有想过会成为一家"独角兽"初创公司的创始人。

"我想成为一名数学教授。"路易斯说。

当时最好的数学教育在美国，因此路易斯在高中高年级时就计划着如何申请美国的大学。"要到美国上大学，就必须参加英语能力测试。"路易斯回忆道。他计划参加托福考试，但有一个小问题：危地马拉的报考名额已经满了。

"我吓坏了，以为自己不能再申请大学了。"路易斯说。

路易斯四处寻找其他选择，并得知邻国萨尔瓦多还有托福考试名额。"幸运的是，我有足够的钱飞到萨尔瓦多参加考试。"路易斯说，但这不是一件小事，"危地马拉是一个危险的国家，而当时的萨尔瓦多是一个更危险的国家。但我必须去那里，我必须参加考试。当时我想：我要做点什么让参加考试变得容易。

路易斯在托福考试中取得了优异成绩，并被杜克大学录取，如他所愿地来到美国上大学。他暂时放下了想改变语言测试方式的念头。

多年后，当路易斯任卡内基梅隆大学的计算机科学教授时，他的一个想法浮出水面：他的专业与一种特殊的众包相关，他想创造一种工具，可以利用众人的贡献。而且，"我想做一些与教育相关的事情，帮助危地马拉这样的国家，这就是为什么我想到了语言学习。"路易斯说。

当他了解到全世界的人每年会花费 50 亿到 100 亿美元来学习英语和证明他们已经掌握了英语时，他认为他可以建立一个让人们在任何地方都能免费学习英语的平台。"多邻国"就这样诞生了。

今天，"多邻国"可以让人们在小课堂学习语言，并且受到成就和反馈的激励。现在它有超过 3 亿用户，这些用户每月完成 70 多亿次练习。课程的大部分内容都是由热心的用户创建的。这就是为什么除了西班牙语、汉语、阿拉伯语，你还可以在"多邻国"找到很小众的语言，如世界语、纳瓦霍语……甚至克林贡语。

"多邻国"刚刚推出时，只提供西班牙语和德语学习，因为路易斯自己开设了西班牙语课程，而他的瑞士联合创始人开设了德语课程。在早期他取得了一定的成功，但要真正成长，他知道他需要更多的语言。"我突然想到，也许我们可以进行众包，让人们自行帮助我们增加课程。"路易斯说。

路易斯做了一个尝试，当人们写信问他是否提供一门特定的语言课程时，他会回答："不，我们没有，你能帮我们创建吗？"人们说可以，所以路易斯分享了他为"多邻国"开设语言课程的工具。在第一周，大约有50 000人申请添加一种语言。这些贡献是如此的宝贵，使"多邻国"被誉为"巧妙利用众包获得商业成功的最佳范例之一"。

路易斯之所以能够迅速发展"多邻国"，不仅因为人们响应了他所追求的使命，即让全世界的人都能轻松地学习语言，而且他们还希望成为其中的一部分。你可能会说，善良是促成"多邻国"成功的一个关键原因。

在"多邻国"，路易斯努力履行这一使命。他创建了一份合同，确保所有帮助他创建语言课程的无偿贡献者保留他们所创建内容的所有权。他一直努力保持语言课程的免费性，履行为所有人提供语言学习的承诺。

"我们不想对内容收费，"他说，"即使教育领域赚钱的标准方式是对课程收费。"而路易斯只是在课程结束时发布一则自动广告。他原以为这可能会带来几美元的进账。"现在这些小广告的收入高达数千万美元。"然后他添加了一个会员功能，让你可以关闭广告。"很快，会员费比广告费更加可观。"他说。如今，"多邻国"比任何教育应用都赚钱，路易斯也从未违背他不收取内容费的承诺。

对路易斯来说，最令人满意的一个产品可能是"多邻国"自己版本的

"托福考试"，它很便宜，只需 49 美元，而且你不必去任何地方，更不必进入战区，在家就能参加考试。

在本书提到的每一家公司的 DNA 中，都可以看到慷慨的身影。莎莉·克劳切克的初创公司 Ellevest 致力于帮助女性成为更积极、更聪明的投资者来缩小"性别投资差距"。ClassPass 的帕亚尔·卡达基亚围绕着帮助人们变得更积极，以及帮助人们找到健身激情的愿景建立了自己的企业。23andMe 的安妮·沃西基开始了她的基因测试业务，目的是让人们能够更好地控制他们的医疗信息。查尔斯·贝斯特发起了多诺筹，其目的是通过让捐赠者与项目进行配对来资助有价值的学校项目。

随着这些"天生善良"的组织逐渐扩大规模，善良的行为也逐渐扩大和繁殖。惠特妮·沃尔夫·赫德的在线约会初创公司 Bumble 就是一个例子。正如我们在第 3 章中看到的，惠特妮创建 Bumble 的部分原因，是她想通过让女性拥有更多的控制权，包括鼓励女性采取主动这样的设置，来改善女性在线约会的体验。

惠特妮和 Bumble 在赋予妇女权利方面的努力不止于此，他们还引入了 Bumble 基金，为由有色人种妇女和少数不具代表性女性群体创办、领导的美国企业提供早期投资。与此同时，Bumble 继续在世界各地开拓市场，通过推出应用程序，进而向不同文化背景的女性传递赋予女性权利的信息。

"这是我职业生涯中的亮点，"惠特妮说，"进入不同的文化，了解那里的女性的思维方式。到目前为止，对于我们团队来说，最感兴趣的是印度。我们进入了一种传统上压抑女性约会和恋爱行为的文化中，在那里，她们的生活是被指定的，不仅仅是爱情，她们从很小的时候起就被指定了一生将过怎样的生活。"

惠特妮承认，Bumble 是在印度带来文化变革的一小步，但无论如何，

"它给了人们一些已经存在于他们心中的东西。因此 Bumble 进入印度这个女性现在比以往更有权利的地方后，她们的声音终于被听到了。"

在拥有 1 亿用户之后，当 Bumble 继续专注于创造一个让女性感到舒适和安全的约会生态系统时，惠特妮的第二个目标已经超越了一对一的约会和社交网络。

"我认为很多人都渴望融入一个社区，"惠特妮说，"如今，孤独是一种流行病。这是一种你永远无法通过介绍一个人来治愈的疾病。"

惠特妮新的关注点是，如何才能建立一个更安全的约会生态系统，而且是更广泛地关注社区的生态系统。展望未来，她说："我认为，就我们在世界上的存在状态而言，它将会在 Bumble 内部和外部发生。"

Masters of Scale
里德·霍夫曼的
经验分享　▶

利用人群的力量做好事

我相信，众包可以以意想不到的方式扩展你的业务，只要将你的使命与人群的动机保持一致。

路易斯在众包中发现了一个极其宝贵的资源。事实上，正是这一资源使"多邻国"的规模暴涨。他是因为接触了一群热情的用户才发现这一点的，这些用户热爱"多邻国"提供免费语言学习的使命，仅这一点，足以帮助他完成这一使命。

早在 2001 年，在创建第一个众包平台多诺筹时，查尔斯也发生了类似的情况。查尔斯知道，有一群热心人等着支持像他这样的老师，只要他们能感受到与他们资助的课堂项目的联系，他们愿意慷慨解囊。查尔斯特殊的"做好事"使命与一个群体的动机完美契合：事实上，他还能够招募一批经验丰富的多诺筹上的教师志愿者，对其他教师的项目请求进行审核，从而节省了时间和金钱。

这是一种准确的匹配，你需要找到正确的众包。众包是一种利用技能和规模的方法，而这些并不存在于公司内部。当它起作用时，它会带来非凡的机会，和单打独斗比起来，它可以让你的扩张发展得更快、更远。但是，如果你把匹配弄错了，最终可能会让一些微弱的火星发展成一场火灾。

把那些和你有共同使命的人们聚集在你的旗帜下。为了让他们留在那里，你必须确保你将他们的努力引导到让他们感兴趣的事情上，让他们觉得自己的激情也产生了价值。

现在，当你与用户接触并与他们合作完成一项任务时，请记住这一点：你已经提高了风险级别。如果你让他们失望，他们会对你的承诺和产品失去信心。你努力聚集的强大的人群将散去，当然，曾经愿意与你合作的意愿也会一起散去。

用产品的附加功能，完成企业的社会使命

我们建议你在创业的第一天就启动企业的社会使命。实现方法有很多种，有很多企业将社会公益作为产品附加功能的例子。

来自"跑腿兔"的 TaskRabbit for Good 就是一个正确完成附加功能的

示例。在改善了公司与服务型用户的关系后，斯泰西·布朗－菲尔波特希望在"跑腿兔"中加入更多的社区服务元素。

当斯泰西加入"跑腿兔"担任首席执行官时，"跑腿兔"围绕着日常工作进行改革的使命确实对她产生了影响。但斯泰西逐渐意识到了实现第二个目标的可能性：我们如何利用技术为中产阶级创造更多的工作机会？她开始进一步研究如何让没有高中学历或没有高级技术的人更容易接触到"跑腿兔"。

2016 年，斯泰西成为阿斯彭学会（Aspen Institute）的亨利皇冠奖学金计划奖学金项目的研究员。所有研究员都被要求发起一项增加其社会影响的项目。斯泰西的创意就是 TaskRabbit for Good，为可能无法访问它的人和非营利组织打开"跑腿兔"平台。

TaskRabbit for Good 与社区组织合作，帮助有需要的人作为服务者来赚取有意义的收入。同时，邀请目前的服务者与非营利性组织自主匹配，这些组织主要关注无家可归者、创造就业机会和提供灾难救援行动。救灾行动通常在周末或未来几周需要额外工作时间。这不仅为服务型用户提供了一种简单的途径，使他们有机会参与他们所关心的事业，还帮助这些组织接触到志愿者，而无需支付协调和管理费用，因为"跑腿兔"为他们提供了这些服务。

斯泰西说："我们把人们送到救灾现场，是的，我们的使命是帮助人们获得有意义的收入。同时我们也致力于影响社区，这可能意味着去帮助社区中一些根本负担不起服务的人。"

TaskRabbit for Good 是"跑腿兔"的自然发展，它利用了公司现有的资源和专业知识，然后将其应用到相关的有需求的领域。这表明，即使是那些提供产品的公司，且他们的产品与改善世界没有什么直接的联系，他们的产品也值得仔细研究，因为可能有一些隐藏的用途有待发现和解锁。

Instagram 的凯文·斯特罗姆就是这样。他说，作为一名企业家，他的人生目标一直是成就一番大事业，而不仅是给世界留下更漂亮的照片。

将 Instagram 卖给 Facebook 后，凯文·斯特罗姆和联合创始人迈克·克里格开始思考回馈社会的问题。他们感恩于公司取得的成功并且还在日益壮大中，同时也意识到了摆在他们面前的独特机会：利用他们强大的平台为社会实现一些变革。于是他们坐在一起，自问：除了产品，我们还能对这个世界产生什么样的影响？

凯文·斯特罗姆和迈克·克里格非常清楚年轻人在 Instagram 上花费了大量时间。这些年轻人通过 Instagram 了解世界，通过 Instgram 让他们的自我表达更艺术化，并在这里与朋友、家人和同学互动。然而，两位联合创始人也被这些互动的恶劣程度所困扰。

这涉及凯文·斯特罗姆和迈克·克里格的个人问题，他们都计划要孩子。事实上，凯文·斯特罗姆的女儿弗雷亚就是在这段时间出生的。凯文·斯特罗姆问自己：为使弗雷亚长大并使用社交媒体时，可以不必面对今天孩子们在网上所面对的恶劣内容，我们该做些什么？

两位联合创始人发誓要找到一种方法，为互联网带来更多的善意。凯文·斯特罗姆向团队提出了挑战："你们可以利用机器学习构建某种工具，通过 Instagram 让互联网变得更加友好吗？"起初，每个人都只是看着对方耸耸肩。但是凯文·斯特罗姆坚持这个想法，并告诉他的团队："困难的问题是我们需要解决的。"

事实证明，他们用来过滤垃圾邮件的机器学习和人工智能技术也可以用于检测欺凌或骚扰。就像它可以检测到垃圾评论一样，他们的技术也可以检测到人们彼此之间的恶意行为。

它的工作方式相对简单。Instagram 从用户那里获得了大量数据，比如用户说"嘿，我认为这篇文章或评论是霸凌"。然后，一个训练有素的员工团队会检查所有这些问题，以确定哪些报告是有效的，并将其输入网络。最后，团队的算法使用了一些标准，比如相关人员相互了解的程度、用户之前的互动以及他们有多少粉丝，这些信号以及其他信号的结合有助于确定评论或帖子是否构成霸凌。如果事实证明的确涉及霸凌，Instagram 将隐藏霸凌者的帖子。"我们已经看到了这种效果，霸凌者也不想成为孤岛。"凯文·斯特罗姆说，"这是破窗理论的内容，如果你周围有一堆破窗或碎玻璃，你会觉得，'哦，我这么做没关系'。如果人们没有看到别人霸凌，他们也不想成为唯一的霸凌者。通过清理，我们发现它具有这种有趣的规模效应。"

Instagram 的霸凌过滤器让他们可以通过技术和指标来监控平台上的善意和恶意。"一点一点地去做，我认为这让互联网变得更加友好。"凯文·斯特罗姆说，"最困难的是，如何衡量善良？"他说他不确定自己是否准确地解决了这个问题，但他希望如果 Instagram 能够解决这个问题，他们可以与其他公司共享这些工具和算法。

凯文·斯特罗姆从未想到他的社交媒体公司会接受这样的挑战。但现在他把反霸凌运动视为他的主要成就之一。

做好事的想法，什么时候开始都不晚

许多企业家从一开始就有为世界做好事的想法，但斯科特·哈里森（Scott Harrison）则不同。相反，在职业生涯早期，斯科特只关心一件事：玩得开心。按照某些人的标准，也包括他自己当时的标准，即游戏人间。

18 岁离开家后，斯科特决心要以叛逆来对抗他所接受的保守教育，他开始追求金钱、美色和享乐的生活。作为一名俱乐部推广员，他找到了这一切，于是他在 40 家不同的夜总会工作。"我总是和那里最漂亮的女孩约会。"他说，"我真不敢相信在纽约喝酒还能赚钱，但我就是这么做的。"

有那么一段时期，这种放浪不羁的日子让他感到潇洒快活，但 10 年后，斯科特意识到，他所经历的那些美好时光并没有给他带来多少好处。他开始考虑该换一种活法了。

然后斯科特问了自己一个有趣的问题：我生活的对立面会是什么样子？

"我想，好吧，如果我是一个自私自利、及时行乐的夜总会推广人，却没有为其他任何人做过什么，"斯科特说，"那么，真正帮助需要帮助的人会是什么样子呢？如果我辞职去做一年的人道主义服务呢？"

斯科特不只是好奇，他还采取了行动。他卖掉了大部分资产，放弃了纽约的公寓，开始向他能想到的每一家慈善机构发出申请。经历了几个月的被拒之后，向发展中国家派遣医疗人员的"志愿医疗船"（Mercy Ship）愿意接受他。条件是他每月须支付 500 美元，并愿意在战后的利比里亚生活。

斯科特的反应是什么呢？"太好了，这与我的生活完全相反。这是我的信用卡，什么时候开始？"

3 周后，斯科特和一群颌面外科医生住在一艘约 150 米长的医疗船上。他被赋予摄影记者的角色，他的工作就是记录每位患者手术前后的样子。这是一项痛苦的工作，但也令人振奋。斯科特讲故事的本能显现出来，他觉得有必要与家乡的人们分享他的经历。

他将面部长有巨大肿瘤的患者的照片发送给俱乐部电子邮件名单上的数千人。不是每个人都想在收件箱里看到这些惊人的图片，但斯科特的许多朋友被这些图片触动，并有兴趣以某种方式提供帮助。"他们很多人都在说，'我不知道还有这样一个充满疾病和缺乏医疗保障的世界存在'。"

斯科特知道他发现了什么。"我很早就领悟到，照片能以文字无法表达的方式打动人们。"后来，在与"志愿医疗船"共事期间，斯科特遇到了一个令人揪心的问题，但解决方案却相对简单。

"在利比里亚，我第一次看到了水危机。"他回忆道。"志愿医疗船"捐出少量资金帮助人们打井，斯科特被派去拍照。"我见到当地的饮用水，我从未见过这样的水。"在他看来，这就像"浓巧克力牛奶"，他了解到该国 50% 的人都以饮用劣质水为生，而这正是困扰利比里亚的许多疾病的根源。

斯科特找到了他的目标。然而，当他计划发起一个非营利组织来解决这一问题时，他从纽约朋友那里一次次听到的都是同样的观点，乏味至极。"他们说，'哦，我不给慈善机构捐款，慈善机构效率低下，官僚主义严重，首席执行官可能只想着自己如何赚到数百万美元，然后开着奔驰到处潇洒'。"

在这种愤世嫉俗的情绪中，斯科特看到了一个机会。他将发起一个专注于为世界带来清洁水源的非营利组织，并通过正面应对冷嘲热讽来激发人们的慷慨。

他创建的非营利慈善机构"水"（Water）基于一个三管齐下的计划。该组织承诺对捐赠的每一分钱的去向都做到彻底的透明；他保证公众的捐款将100% 直接用于水利工程；他还将创建一个网站，该网站使用照片和视频讲述真实的故事，人们渴望成为其中一部分，并与他人分享这些故事。

斯科特把积极的价值观作为"水"的基石。"我们的信条是：希望（而不是悔恨）、邀请、灵感。我们拍的照片是人们有了干净的水源，而不是饮用污水的孩子。我们会说，'这就是我们要做的，我们正在举办一个赋予生命的聚会，这是前后对比的照片。你想成为解决方案的一部分吗？'"

作为公司的首席代言人，斯科特知道他必须通过"水"来推动全球范围内资源的良性循环。他评估了他所能支配的资源：他的照片、保持透明度的承诺，以及一份具有影响力的人的电子邮件名单。

他想到了一个好主意，那就是人们的生日。不管你想不想要它，你每年都会遇到，现在斯科特要把它充分地利用起来。当时的想法是，人们可以要求朋友和亲人以自己的名义将生日礼物捐赠给"水"。

让人们把自己的生日礼物捐给"水"的想法很简单，这是一个邀请赛。它还利用了这样一个事实，让人们彼此之间建立了最牢固的情感关系，而不是与品牌或慈善机构的关系。

斯科特说："随着各个年龄段的人开始捐赠自己的生日礼物，这个想法一下子就流行起来了。"这一生日活动后来成为"水"的标志性筹款方式之一。2014 年，他们筹集了 4 500 万美元，帮助 100 万人获得洁净的饮用水，相当于每天帮助 2 500 人。

"水"的捐赠款数年来高歌猛进，直到……悄无声息地逐渐消失了。"我们的问题是，"斯科特说，"人们给'水'捐赠了一个生日礼物后说'我已经捐过了，我筹集了 1 000 美元，我捐了一口井'。人们在第二次生日时就不会再捐了，这种筹款方式没有办法重复操作。"

这是一个严重的挫败，但斯科特环顾四周，汲取了新的灵感。当时，个人在线娱乐服务会员制做得风生水起。斯科特想，如果我为纯善事业建立一个会员程序，让人们每个月都能看到，知道他们的钱全部都花在哪里了，那会怎样？

斯科特将这个会员程序的想法命名为"春天"。随着"水"10 周年纪念日的临近，斯科特设计了一个宏大的计划，在一个 20 分钟的在线视频中介绍"春天"，讲述了"水"的 10 年之旅。

如果说这是一个被广泛传播的视频，似乎有点保守了：实际上它获得了 1 000 万的浏览量，而且数字还在增长中。而会员项目也在地域上不断扩展，现在已经扩展到 100 个国家。

"水"的商业模式的转变，是从一年一次的捐款到每月的定期捐款，捐款额平均每年增长 35%。来自 100 个国家的用户，平均每个用户每月捐款 30 美元，这意味着每年筹集到超过 7 000 万美元的善款。斯科特从一个派对男孩变成了一个具有远见卓识的非营利机构创办者。15 年后，他凭个人热情为 29 个国家的 56 000 个水利项目提供了资金，为 1 000 多万人提供了洁净水。

斯科特的故事证明，如果你打算把良好的意图转变为一项事业，最伟大的工具之一就是能够讲述一个引人注目的、鼓舞人心的故事，如果有图片就更好了。斯科特说："励志故事的真正力量在于，它创造了一个循环，满足了人们分享的欲望。然后，他们就会打开自己的网络，鼓舞人心的故事就会被传播开来。"

斯科特带给人们的另一个启示是什么？你不必一开始就"好"，但最终你还是可以做到的。

投资于人，企业家应该让社会变得更好

说到"让爱传递"，没有人比罗伯特·F.史密斯做得更好了，至少莫尔豪斯学院的学生们一定会这么认为。作为 Vista Equity Partners 的创始人和首席执行官，以及美国最成功的投资者之一，罗伯特·F.史密斯应邀在历史悠久的黑人学院莫尔豪斯发表 2019 年毕业典礼演讲。在演讲中，他出人意料地宣布，他将负责偿还每个即将毕业的高年级学生的债务。

这并不是他极度慷慨的唯一例子：2016 年，罗伯特·F.史密斯捐赠了 2 000 万美元帮助建造史密森尼学会国立非裔美国人历史文化国家博物馆，这一度引起了公众的关注。

罗伯特·F.史密斯的爱的种子是在他很小的时候就播下的，他在科罗拉多州一个紧密团结的黑人社区长大。在他读一年级的第一天，他被安排上了一辆公交车，45 分钟之后，他来到了一个学生社区，那里的学生和他以前见过的孩子一点都不一样。但他很快发现，那些孩子和他一样喜欢跑得飞快，喜欢玩，爱讲笑话。

"我们并没有从肤色或经济地位的角度来看待对方，"他说，"我们发现，我们之间更多的是相同，而不是不同。随着我们的成长，我参加了他们的生日派对、成年礼之类的活动，这创造了一种奇妙的人际关系。"

只有一辆公共汽车开到罗伯特·F.史密斯家附近。他后来得知，为推动当地学校取消种族隔离，有一些公共汽车已经被征用以接送学生，但在政策开始实行之前，有人烧毁了其中 1/3 的公共汽车。所以，只有一辆公共汽车能到达罗伯特·F.史密斯所在的社区，只有几个街区的孩子有机会坐上那辆公共汽车。回顾过去，罗伯特·F.史密斯认为这是一辆"幸运"的公共汽车。

他说："当你观察那些坐在公车上的孩子们和他们现在的生活，再看看

我们社区那些没有坐上公车的孩子，你会发现在社会经济成就、教育机会以及他们给社区带来的影响等各个方面都存在着巨大的差异。"

当母亲带着 7 岁的罗伯特·F. 史密斯去华盛顿参加游行时，他听到马丁·路德·金发表的《我有一个梦想》的演讲，也许这是对少年时期的他最有影响的一段经历。

"她把我带到那里这件事对我产生了深深的影响，让我明白，我们的社区代表着什么，我们的社区在为某件事而奋斗，重要的是我们是其中的一分子。我认为这是我灵魂的一部分。也就是说，我必须回馈并帮助我的社区在这个被称为美国的美好国家向前发展。"

罗伯特·F. 史密斯上高中时，他发现丹佛附近有一家贝尔实验室，于是打电话给他们，希望得到暑期实习的机会，尽管当时才一月。他们回答说："等到你成为大三或大四的学生，再来申请也不迟。"罗伯特·F. 史密斯承认他只是个高中生，对于大多数孩子来说，故事到此就结束了。而罗伯特·F. 史密斯却连续 5 个月每周给贝尔实验室打电话。最终他们让步了，给了他实习的机会。

从这一点可以看出，没有什么可以阻挡罗伯特·F. 史密斯。

罗伯特·F. 史密斯在哥伦比亚大学获得工商管理硕士学位后，进入高盛投资银行，曾先后为微软、苹果和德州仪器等科技公司价值数十亿美元的并购项目提供咨询。他于 2000 年离开高盛，成为 Vista Equity Partners 的创始人。

在接下来的 20 年里，外界看到的是 Vista Equity Partners 令人难以置信的财务表现。业内人士知道，罗伯特·F. 史密斯专注于创建一家多元化的公司，就像专注于创建一家成功的公司一样，这两项使命并不冲突，相反，它们似乎在相互加强。在招聘方面，罗伯特·F. 史密斯的公司开发了一套有条不紊的方法，可用来识别和培养员工与生俱来的技能和才能。这样他们就能发现那些可能没有特权背景或没有上过顶级院校的人才的潜力。这套方法造就了多元化的员工队伍，为该公司带来了丰富多样的技术和视角。如今，该公司已是一家在市场中领先的投资公司，管理着 570 亿美元的资产。

罗伯特·F. 史密斯将此描述为"一种全面的商业方法"，并表示这会激发 Vista Equity Partners 更具创造性思维和更多的工作产出。他认为，如果企业，特别是科技和金融行业的企业，能够通过教育和培训为所有种族、族裔和性别的人积极修建通道，让他们有机会参与到这些企业业务中，那么公司和社区将受益匪浅。这就是罗伯特·F. 史密斯所说的"第四次工业革命的动力"。

与此同时，罗伯特·F. 史密斯是一位模范创始人，他的眼光超越了商业，他还以其他方式为社区服务。其中许多人的灵感来自南非反种族隔离活动家斯蒂芬·比科（Stephen Biko）遗孀组织的一次午餐会。在午餐会上，他们讨论了 Ubuntu 的概念，Ubuntu 是班图语，意为"人类之爱"。这是一个强有力的概念，在罗伯特·F. 史密斯向莫尔豪斯学院的毕业生做出承诺的那天，它就出现在他的脑海里。他说："我想到了这些年轻的非裔美国人组成的莫尔豪斯社区。在这个国家，他们在许多不同的层面上承受着不公平的负担。我想知道，我该如何帮助他们减轻这些负担。一种方法是减轻他们身上的债务，不仅是他们自己的债务，还包括他们大多数人要为家庭承担的债务。"

在 2018 年的毕业典礼上，罗伯特·F. 史密斯告诉 396 名新毕业生："我们家族的 8 代人都在这个国家生活，今天我代表他们为你们的校车加点油。"然后他宣布了关于帮助毕业生偿还贷款的消息。之后，他补充道："现在，我年轻的兄弟们，你们已经清楚该如何练习 Ubuntu 了吗？你们将如何回馈你们的社区？"

他承认，他希望 1/4 的人愿意在他们所在的社区当教师，教授编程和工程知识。"我希望他们中的 1/4 成为杰出的化学工程师；我希望他们中的 1/4 成为医生，处理我们社区在这个国家面临的医疗差距；我希望他们中的 1/4 成为政治家，利用他们的力量和能力改变政策，这样我们就不必在附近只能乘坐一辆公共汽车。"

罗伯特·F. 史密斯相信，"当你投资于人时，你就解放了人类的精神。当你能够解放人类的精神，并看到这种精神帮助人们发挥个人潜能，成为最好的自己时，你会感到非常充实，这就是这个星球上最激动人心的事情了"。

社会公益是企业的心脏

社会变革不应该只是企业的副作用，如果你有战略眼光，那么社会公益可以而且应该成为企业的心脏。这不是说"因为我是个好人，所以我的公司就会做好事"，而是问自己"我能有什么样的积极影响来支持我的核心业务"。

从第一天开始就做好

如果一家公司有一个植根于善良的使命，如果你能有效地向全世界传达这一使命，然后实现它，那么它可以成为帮助你扩大规模的驱动力之一。

随时可以转向好的方向

你不必一开始就"好"，最终你仍然可以做到。当你不得不改变你的商业模式时，可能会遇到一些坎坷，但是如果你打算放大你的良好意图，你最强大的工具之一就是通过讲述一个引人注目的、鼓舞人心的故事来描述你的目标和未来。

当善行只是一个附加功能

即使是那些提供与改善世界无关的产品的公司，也值得仔细研究一下，因为其中可能有一些隐藏的功能有待发现和解锁。一个值得关注的地方就是你的员工以及他们与当地社区的接触。

让爱传递

　　成功企业能为世界做出贡献的最重要方式之一，就是"让爱传递"。它可以是指导项目，投资其他初创企业，也可以是专注于特定地理区域或不具代表性的人群，旨在鼓励和加强下一代创业者，并促进他们的多元化发展。

让社会变得更好

　　企业家对社会负有责任。如果没有社会的基础设施，我们将无法创建我们的企业并收获成功。我们应该遵循希波克拉底誓言的原则：最重要的是，不要伤害他人。企业家应该努力让社会变得更好。

未来，属于终身学习者

我们正在亲历前所未有的变革——互联网改变了信息传递的方式，指数级技术快速发展并颠覆商业世界，人工智能正在侵占越来越多的人类领地。

面对这些变化，我们需要问自己：未来需要什么样的人才？

答案是，成为终身学习者。终身学习意味着具备全面的知识结构、强大的逻辑思考能力和敏锐的感知力。这是一套能够在不断变化中随时重建、更新认知体系的能力。阅读，无疑是帮助我们整合这些能力的最佳途径。

在充满不确定性的时代，答案并不总是简单地出现在书本之中。"读万卷书"不仅要亲自阅读、广泛阅读，也需要我们深入探索好书的内部世界，让知识不再局限于书本之中。

湛庐阅读 App: 与最聪明的人共同进化

我们现在推出全新的湛庐阅读 App，它将成为您在书本之外，践行终身学习的场所。

- 不用考虑"读什么"。这里汇集了湛庐所有纸质书、电子书、有声书和各种阅读服务。
- 可以学习"怎么读"。我们提供包括课程、精读班和讲书在内的全方位阅读解决方案。
- 谁来领读？您能最先了解到作者、译者、专家等大咖的前沿洞见，他们是高质量思想的源泉。
- 与谁共读？您将加入优秀的读者和终身学习者的行列，他们对阅读和学习具有持久的热情和源源不断的动力。

在湛庐阅读 App 首页，编辑为您精选了经典书目和优质音视频内容，每天早、中、晚更新，满足您不间断的阅读需求。

【特别专题】【主题书单】【人物特写】等原创专栏，提供专业、深度的解读和选书参考，回应社会议题，是您了解湛庐近千位重要作者思想的独家渠道。

在每本图书的详情页，您将通过深度导读栏目【专家视点】【深度访谈】和【书评】读懂、读透一本好书。

通过这个不设限的学习平台，您在任何时间、任何地点都能获得有价值的思想，并通过阅读实现终身学习。我们邀您共建一个与最聪明的人共同进化的社区，使其成为先进思想交汇的聚集地，这正是我们的使命和价值所在。

CHEERS

湛庐阅读 App
使用指南

读什么
- 纸质书
- 电子书
- 有声书

怎么读
- 课程
- 精读班
- 讲书
- 测一测
- 参考文献
- 图片资料

与谁共读
- 主题书单
- 特别专题
- 人物特写
- 日更专栏
- 编辑推荐

谁来领读
- 专家视点
- 深度访谈
- 书评
- 精彩视频

HERE COMES EVERYBODY

下载湛庐阅读 App
一站获取阅读服务

图书在版编目（ＣＩＰ）数据

高成长思维 / （美）里德·霍夫曼（Reid Hoffman），
（美）琼·科恩（June Cohen），（美）德伦·特里夫
（Deron Triff）著；毛大庆译. -- 杭州：浙江教育出版
社，2023.7
ISBN 978-7-5722-5942-5

Ⅰ．①高… Ⅱ．①里… ②琼… ③德… ④毛… Ⅲ.
①创业—研究 Ⅳ．①F241.4

中国国家版本馆CIP数据核字(2023)第110831号

上架指导：商业管理

浙江省版权
著作权合同登记号
图字:11-2022-373号

高成长思维
GAOCHENGZHANG SIWEI

[美] 里德·霍夫曼（Reid Hoffman）　琼·科恩（June Cohen）　德伦·特里夫（Deron Triff）　著
毛大庆　译

责任编辑：李　剑

文字编辑：周涵静　苏心怡

美术编辑：韩　波

责任校对：傅美贤

责任印务：陈　沁

封面设计：ablackcover.com

出版发行：浙江教育出版社（杭州市天目山路40号　电话：0571-85170300-80928）

印　　刷：天津中印联印务有限公司

开　　本：720mm ×965mm 1/16

印　张：21		字　数：297 千字	
版　次：2023 年 7 月第 1 版		印　次：2023 年 7 月第 1 次印刷	
书　号：ISBN 978-7-5722-5942-5		定　价：119.90 元	

如发现印装质量问题，影响阅读，请致电 010-56676359 联系调换。